系统论法学新思维

陆宇峰 著

商务印书馆
创于1897
The Commercial Press

目　录

中　篇　推进法学研究的新范式

下　篇　观察法治中国的新工具

自 序

本书上、中、下三篇都有引言，腾出自序的篇幅说点别的。"系统论法学新思维"这个书名读起来可能有些烧脑，这里聊聊轻松的话题，交代一些前因后果，算是高强度脑力劳动之余的调剂品。

一

11 年前，我完成了博士学位论文；9 年前，我完成了博士后出站论文——前者不准备出版，后者没准备好出版。这是我的第一部个人作品，要不是想到自己年近不惑，大概仍然拖延着。

这可能与我潜意识里对于出书的敬畏有关。在我看来，既然留在象牙塔，"立德""立功"就成了奢望，唯一通向"不朽"的道路，只剩下"立言"了。因此"出书"是一件非常神圣的事情。我容忍甚至有点欣赏自己在这个问题上的童心。

但也有另一种可能，那就是要写好一本有关"系统论法学"的书，实在困难重重。这套学说的创始人卢曼，从哲学现象学和自然科学吸收了太多东西，而且明确宣称自己的作品不打算让人一遍看懂。他的奇闻逸事，从"卡片盒笔记系统"到"经费为 0 的 30 年研究计划"，现在流传得越来越广，我只补充保罗·克亚尔讲的一条。这位如今声名鹊起的丹麦教授，年轻时曾通过他的导师，得到了与卢曼见面的机会。那天他如约而至比勒菲尔德大学，跟卢曼在办公室聊了一刻钟。"你们聊了些什么？""这不重要，我只是想告诉你一件趣事。卢曼表面上很礼貌地回答着我的问题，其实一直在悄悄写作，还以为我不知道。"

系统论法学的二代掌门托依布纳（Gunther Teubner），也是这种非凡人物。如果说卢曼让我因为难以准确把握他的思想而缺乏出书的勇气，那么托依布纳则因过于聪明睿智而打击了我写书的信心。由于翻译了他的《宪法的碎片》一书，2016 年我受邀出席"系统理论与社会宪治"国际研讨会，与这位幽默风趣的老人朝夕相处了一个多星期。当时我非常高兴收到邀请，唯一稍感遗憾的，是会议拟在佐治亚，而非纽约、旧金山、洛杉矶这种更适合初次赴美者的观光地举行。但直到我与追随托依布纳的曹勉之微信聊天，才意识到并没有一场美国佐治亚州（State of Georgia）的系统论学术会议。勉之说："'托老'要去格鲁吉亚（Georgia）啊……"正是在格鲁吉亚的旅行中巴上，托依布纳问起我，中国法学界目前在研究什么。听说人工智能的法律人格是我国最近很热的话题，他一下来了精神："这个问题很简单！我十年前写过一篇文章，就讨论'非人类的权利'。人工智能和动物当然都可以被法律赋予权利，只要它们能够被社会系统所涵括，实际地影响社会沟通……"① 他滔滔不绝、手舞足蹈地讲着自己新奇的观点，我不禁倒吸一口凉气，绝望之感油然而生：眼前这位 72 岁的老人，不仅一直追踪着最前沿的学术主题，而且始终保持着理论想象力和穿透力，实在令后学望尘莫及！

看得出来托依布纳在学术上很自负，但他对卢曼景仰至极。在格鲁吉亚期间，晚餐的时候，他常常提议大家："为卢曼干杯！"餐后在高尔夫酒店静谧的葡萄园里散步，他又叫住我："你知道卢曼的名字是什么意思吗？在德语里，'Luhmann'是 light-man，是给我们带来光的人！"这让我想起 2012 年在上海，就曾问起他："您跟卢曼究竟是什么样的关系？为什么您常常提出与他不同的观点？"他很深情地说："卢曼与我，是父亲与儿子的关系。'父亲'告诉我，你必须制造

① 这篇文章是 Gunther Teubner, "Rights of Non-humans? Electronic Agents and Animals as New Actors in Politics and Law", *Journal of Law and Society*, 2006 (4), pp. 497-521。

'区分'，发表跟我不一样的观点。有'区分'，才会受关注，社会才会进步。"当时纪海龙教授也在场，见证了这段对话。当然，那天让海龙印象更深的可能是另一段对话。托依布纳问我：为什么会对系统论法学这套如此艰深的学问感兴趣？是不是20世纪80年代的时候见过卢曼？我解释说，我并没有看起来这么大的年纪，我1983年才出生。

<h1 style="text-align:center">二</h1>

　　回想起来，2005年，我考入清华大学读研究生，在高鸿钧教授的指导下，第一个学期原本是读哈贝马斯的《在事实与规范之间》。当时大家都崇拜哈贝马斯，他的著作有那种"一览众山小"的理论气势，常常几段文字，就把康德、黑格尔、哈特、德沃金这个级别的顶尖学者"批量打发"了。但令我奇怪的是，哈贝马斯花费大量的篇幅，反复批判一个我根本没听说过的人和一套我根本没听说过的学说。卢曼究竟是何方神圣？"自创生"社会系统论究竟讲了些什么？怀揣一颗好奇之心，我四处寻找相关中文材料。但当时可得的卢曼文献，只有《法律的自我复制及其限制》和《社会系统的自我再制》两篇论文，以及《权力》和《信任：一个社会复杂的简化机制》两本小册子。此外就是一些翻译过来的社会学教材，比如特纳的《社会学理论的结构》，介绍了"卢曼的系统功能主义"；还有胡水君的专著《法律的政治分析》，其中一个部分讨论了"卢曼的法律与社会理论"。托依布纳的文献更少，除了张骐教授翻译的《法律：一个自创生系统》，就只剩译文《现代法中的实质要素和反思要素》了。对于理解博大精深的系统论法学来说，这些文献确实太有限了。更麻烦的是，它们还非常难懂。

　　师兄马剑银解决了我最初的困难。2007年，他去中国台湾访学，背回了多本系统论法学的台版书，高鸿钧教授立刻号召师门集体学习。通过反复阅读 Georg Kneer、Armin Nassehi 的著作，鲁贵显翻译的《卢曼社会系统理论导引》，以及洪镰德《法律社会学》的第九章"卢曼：法律的新功能论与自生体系论"、第十章"屠布涅论法律的演展、反思法与自生法"，我发现自己入门了；借助《对现代的观察》《大众媒体的实在》《生态沟通——现代社会能应付生态危害吗?》，尤其是《社会中的法》等卢曼译著，我的脑瓜里出现了一幅全新的世界图景。如果说哈贝马斯曾以其无与伦比的渊博学识震撼了我，那么卢曼则以其横空出世的天才洞见征服了我。他的作品还是那么难读，但一旦啃明白了几段，你就忍不住拍案叫绝！

我很快尝到研究系统论法学的甜头。一年后，师兄鲁楠领衔，携我在《清华法学》和《社会学家茶座》合发了两篇文章，一篇叫《卢曼社会系统论视野中的法律自治》，另一篇叫《卢曼的身前与身后》。我又单独在《清华法治论衡》发表了《风险社会的民主理论》，比较分析了贝克、吉登斯与卢曼的风险社会学，以及卢曼与哈贝马斯的民主观。同年晚些时候，师兄泮伟江从德国法兰克福访学归来，更借助与托依布纳建立的直接联系，通过组织翻译其法律社会学文集，让我进一步感受到了系统论法学在现实问题上的解释力。要知道，自季卫东老师运用系统论深刻阐释法律程序的意义以后，国内已经多年没有出现同类作品了。

师门上下渐渐掀起了学习系统论法学的热潮。2012 年起，高老师干脆在清华开设博士生课程，讨论《社会中的法》。那时我已入职华政，但只要时间允许，都会从上海坐高铁去北京。我心里明镜儿似的，跟着高老师上课，是最省时、最高效、最有收获的读书方式。在读书这个问题上，不论是深入文本细节的耐心，还是提炼核心命题并将之体系化的功底，不论是直观把握抽象概念的悟性，还是举例说明、触类旁通和延伸解释的能力，都没有人可以与高老师相提并论。这是数十年如一日修炼的结果，从法律文化、法治模式、哈贝马斯商谈法哲学到法律全球化、伽达默尔解释学和印度法，围绕每一个研究主题，他都花费一两年功夫集中读遍了所有重要文献。正是这个原因，与其他一流学者相比，高老师的作品并不算多，但其中绝大多数，都是富有知识含量和独到见解的"大作"。看过《清华法治论衡》那几篇骈文体"卷首语"的人，都赞叹高老师横溢的才华，艳羡高老师斐然的文采。但要说经典阅读，他是最肯下苦功夫的一个；要说论文写作，他是绝不卖弄文笔的一个。

他是那种真正"以学术为志业"，充满学术激情的人，会为了卢曼作品的某处理解，打来长途电话讨论一个多小时。这样的长时通话，我清楚记得时间、地点、内容的，就有六次。最近一次是去年冬天，晚上6点左右。当时我和朋友相约，靠"黄牛"排队，刚刚坐进徐汇一家"网红"火锅店，老师电话就来了。没有任何寒暄，他说："我近期读了《复杂》《涌现》和《隐秩序》三本书，涉及卢曼理论的知识背景……"火锅店很吵，我在店外踱着步子听讲，一旁坐着仍在排队的顾客，他们不停搓着手，有说有笑。通话结束回到店里，我的左脸冻僵，右脸却因为接了一个多小时电话热烘烘的，而朋友们已经开始往锅里倒素菜了。

三

越来越多的中青年学者关注系统论法学，形成了一个红红火火的学术共同体。这是我从事系统论法学研究的意外之喜。除了师兄们，除了谦让我先读博士研究生的同级同门兼室友余盛峰，以及师弟兼同事张文龙，这个共同体也包括宾凯大哥，他写了国内第一篇关于系统论法学的博士论文，翻译了卢曼的《法社会学》，最近又组织我们围绕"胡塞尔现象学与卢曼法律系统论"，与哲学家们展开了一场学术讨论；李忠夏大哥，国内系统论宪法学的开拓者，经常代表我们，有一次也拉上伟江，在宪法学界接受学术"围殴"。还有托依布纳的弟子祁春轶副教授，对卢曼法社会学一见倾心的陈洪杰副教授，师从塔玛纳哈但服膺"反身法"学说的刘岳川副教授，以及更年轻的学者王玉薇、刘岩、刘涛、陈肇新和博士生钟浩南、桑田、张希、翁壮壮……当我们成群结队地出席"中丹(丹麦)系统论国际研讨会"(北京，2017年)的时候，与会的欧洲教授们十分惊讶，中国竟有那么多系统论研究者！当我们集体亮相东亚法哲学大会"系统法学与未来法治"分论坛(香港，2018年)的时候，张嘉尹、许家馨等中国台湾地区的知名学者都被吸引到会场发表高见。李广德负责的公众号"法学学术前沿"，还专门开设了"系统论法学专栏"，供这个共同体展示研究成果。我多次感慨，这就是在中国做学问的幸福，无论多么艰深的理论，只要真正有价值，就总能吸引大批志同道合的朋友。

另外一些师友并不专攻系统论法学，但认可并从外部"激扰"我的研究。宪法学家王人博教授，给了我充分的期刊篇幅(近4万字)呈现系统论法学的整个体系，他的尊称"王大爷"确实是我由衷喊出来的。康奈尔大学於兴中教授，给我提供了不少研究线索，特别提醒我比较自由主义者、结构主义者、波普尔与卢曼的法律自主性学说。学科带头人马长山教授，带领我攻关了两个国家级重大课题，引导我运用系统论法学的理论工具，分析法制改革和数字法治等中国问题。屈文生教授支持我办了前20多期"东方明珠大讲坛"，让我有机会求教于众多优秀的系统论法学研究者。北京大学的张翔教授，中国人民大学的王旭教授、丁晓东副教授，中国政法大学的雷磊教授，吉林大学的李海平教授、杨帆副教授，中南财经政法大学的李栋教授，上海交通大学的李学尧教授，中国社会科学院法学研究所的李强师兄，也非常重视与系统论的宪法社会功能学说、基本权利横向效力学说、多元社会宪治学说、反身法学说，以及更一般的法律功能、法律效力、法律价值和系统际"结构耦合"学说展开学术对话。

　　还有一个聚居松江大学城，以陈金钊教授、马长山教授、刘风景教授等前辈学者为首，包括我和马金芳、杨陈、黄涛、杨知文、吕玉赞、戴津伟、彭桂兵、王海军、王涛、徐震宇、张文龙、刘岳川、韩旭至等中青年学者在内的理论法学研究群体。在松江这个孕育了陆机、陆云、陆树生、陆彦章、徐阶、董其昌、陈子龙的人文荟萃之地，这个明代进士数量位列全国第一、明清进士数量位列全国前三的"上海之根"，我们不仅共同举办了十几场全国性会议、几十场青年论坛和上百场读书会，切磋学问、交流心得，每逢家中无事，或有外校专家到访，还总是相约登佘山、辰山、天马山，逛广富林、醉白池、方塔园，游灌顶禅院、西林禅寺，以聚餐会饮作为总结。十年下来，大家都相互提升了不少，彼此之间更是时常挂念，感情非常深厚。这样一种简单纯粹的小日子，令许多曾大驾光临的学界客人羡慕不已。另一位朋友蒋狄青甚至说，松江的学术圈子在上海是独一无二的，在全国也不多。

　　这是属于我的美好生活！

四

　　希望以上文字不至于引起误解，似乎在国际国内众多师友的指导、启发和帮助下，作者"宝剑锋从磨砺出，梅花香自苦寒来"，贡献了一部高水准著作。我不能保证这本书对卢曼、托依布纳的每处阐释都准确到位，对中国法学研究和法治发展的每处观察都有理有据，虽然我尽了很大的努力。但无需多少努力也可以保证的是，由于系统论法学本身新得出奇，这本书基本没有陈词滥调，在一定程度上说，它不大反映当前的学界共识。我深切认识到，能够真诚表达"非主流"的见解，还能够得到包容甚至倾听，实乃学术人生的最大幸事！

在此致谢博士后导师李秀清教授，她是我下一本专著的指导老师，更是我婚礼的致辞人！致谢外公徐敬三先生，作为党龄超过73年的老革命，他以93岁的高龄，拖着大前年动了直肠癌手术的病体，仍然每天坚持读书看报、写字写诗，和88岁的外婆一起，关心我的点点滴滴！致谢梁恩明先生，我少年时每周到他家读小说，成年后又随他游历多国，尽管我至今还是只会写硬邦邦的论文，而他凭借游记《贝加尔湖》获得了"冰心奖"！致谢初中班主任董碧松老师，当年我的写作兴趣，来源于她在班级宣读了我每一篇作文！致谢父亲、母亲、三姨、姨父，他们从没对我"出人头地"抱多大期望，只在乎我的身心健康！致谢岳父，他作为20世纪90年代的川菜特级厨师，在岳母的辅助下让我家成为朋友们欢聚的地方！致谢李莉，她发自内心地喜欢我的每一位师友，每一位师友也都喜欢她。我们的儿子陆纬绅，再过几天就7岁了，我越来越看不出这小子有什么优点，只能确定他像我们一样好客。

这本书献给我的硕士生、博士生导师高鸿钧教授。怕他觉得矫情，就写在这里了。

陆宇峰
2022 年 5 月 3 日

上　篇

△

理解现代法律的新思路

引　言

　　系统论法学的创立者卢曼（Niklas Luhmann），是"自创生"（auto-poesis）社会系统理论的创立者，20世纪最伟大的社会理论家之一。在当代德国，卢曼被誉为"社会学界的黑格尔"，因为他与黑格尔（G. W. F. Hegel）一样，构造了一个抽象晦涩又包罗万象的庞大理论体系。这个体系呈现为超过40部专著和350篇论文，不仅包含一套独树一帜的宏观社会理论，而且将该理论在政治、经济、法律、科学、宗教、艺术、传媒、医疗、生态、教育等问题领域加以全面地具体应用。由于注重吸收20世纪社会学、哲学现象学、生物学、热力学、信息论、系统论、控制论的前沿成果，创造性地使用各种新术语，卢曼的著作还异常令人费解，以至于德国人专门为他编纂了《卢曼词典》。

　　与黑格尔不同的是，尽管从弗莱堡大学获得法学学位后，卢曼从未停止阅读和思考，而且已经开始建立日后声名卓著的"卡片盒笔记系统"，[①] 但他长期从事实务工作，先后担任过州最高行政法院院长助理、明斯特大学行政主管等职务，直到39岁才开始专职学术生涯。1960年，33岁的卢曼利用休假之时赴哈佛大学深造，在社会学巨擘塔尔科特·帕森斯（Talcott Parsons）身边学习如何构建宏大社会理论，

---

　　① 参见 Johannes F. K. Schmidt, "Niklas Luhmann's Card Index: The Fabrication of Serendipity", *Sociologica*, 2018 (1), pp. 53-60。

回国后逐步转向该领域研究，1966 年取得明斯特大学社会学博士学位，1968 年起执教比勒菲尔德大学社会学系。不过，"高龄入行"并没有妨碍卢曼的学术产量和创造力，他对帕森斯"结构—功能主义"社会学的反思，以及同尤尔根·哈贝马斯(Jürgen Habermas) 的论战，很快引起了欧美学界的关注。

1984 年出版的《社会系统》，勾勒了帕森斯之后最宏大的社会理论体系，标志着卢曼进入理论成熟期。这本巨著深刻剖析了现代社会的运作机理，提出了以"自创生"为标志的社会系统论，开启了社会学的"范式转移"。此后卢曼的重要著作《生态沟通》《社会的经济》《社会的科学》《社会中的法》《社会的艺术》《大众传媒的实在》《全社会的社会》都是该书的"分论"，亦即依据"总论"原理对现代社会主要功能系统的逐一论述。

以《社会系统》为界，卢曼的法学思想也可分为两个阶段。前期以 1972 年出版的《法社会学》为代表，关注"法与社会共同演化"，以及现代法的"实证化"和"功能特定化"，着力阐述现代法的"动态"性；后期代表作是 1993 年出版的《社会中的法》，强调现代法"自我指涉""自我观察""自我描述""自我组织""自我再生产"等"自创生"特征，全面论述法律系统基于"运作封闭"的"认知开放"，开辟了法律社会学的崭新视域。

本篇内容主要来自《"自创生"系统论法学——一种理解现代法律的新思路》(《政法论坛》2014 年第 4 期) 和《系统论宪法学新思维的七个命题》(《中国法学》2019 年第 1 期) 两篇已发表论文，但都进行了改动。前八章主要依据《社会中的法》，结合卢曼的"自创生"社会系统理论，参考其前期法学思想，重构系统论法学的理论体系。我将从社会系统理论的基本原理出发，在社会演化的宏大脉络下，勾勒现代法律从全社会"分出"（differentiated）的过程，阐述现代法律由此形成的特定功能、结构、运作模式和价值取向，以及法律系统与作为"环境"的政治、经济等其他功能系统的耦合关系。读者们不难从中感受到，系统论法学将法律的"现代性"阐发到了极致。而这主要是因为，在研究的对象、路径、取向和方法等方面，系统论法学全方位颠覆了传统的法学思维，提供了一种理解现代法律的新思路。

本篇第九章讨论系统论法学的重要分支——系统论宪法学。这样的安排是为了进一步展示，由于形成了理解现代法律的新思路，系统论法学不仅对理论法学产生重要影响，而且可能在部门法学领域形成重要洞见。通过提炼七个核心命题，这一章构建了系统论宪法学的基本体系，清晰呈现其迥异于主流的"规范宪法学"的思维方式：第一，现代宪法的社会功能是"维系功能分化"，这是它负责满足的整体社会需要；第二，现代宪法的"现代性"突出地体现为"效力自赋"，这是它与古代宪法的根本差异；第三，现代宪法位于法律系统与政治等功能系统的"结构耦合"处，这是澄清中国规范宪法学与政治宪法学之争的关键；第四，现代宪法的组织法和基本权利内容都有其"社会的规定性"，这同时挑战了人文理想主义和政治现实主义的宪法观；第五，抵御体制性社会力量的权利才是基本权利，而基本权利有其多重主体和双向效力，在此基础上的讨论，指出了当代宪法理论和宪法实践的盲点所在；第六，除了权力滥用的"政治宪法问题"之外，现代社会还面临大量涉及社会媒介失控的"社会宪法问题"，深入发掘这些问题，有助于揭示现代宪法的未竟事业；第七，为了处理日益复杂的社会宪法问题，现代宪制持续发生模式转换，正在迈向多元主义的未来，从这个角度出发的回顾和展望，可能为探索符合中国国情和世界大势的宪制道路提供有益启示。

第一章
"自创生"社会系统理论

法律系统只是一种"社会系统"（social systems），① 社会系统也只是与"机械"（machines）、"有机体"（organisms）、"心理系统"（psychic systems）并列的系统类型。理解系统论法学，即便不以一般系统理论为开端，也需以社会系统理论为起点。

第一节　社会系统理论的范式转移

百年社会理论史，也可视为社会系统理论史，历经三个发展阶段、两次范式转移。②

第一阶段为"封闭"系统论，将社会视为由部分（parts）构成的整体（whole）。整体大于部分之和，包含各部分及其相互之间的"关系"，后者即社会的"结构"（structure）。三大经典社会理论家之一的涂尔干（Émile Durkheim），可以视为封闭系统论的代表人物。涂尔干认为，由于职业群体之间存在连带关系，专业化的劳动分工不会导致

---

① 卢曼的大量著作已有英译本，术语的译法亦较为统一，本书依据英译本提供重要术语对照。

② 参见 Niklas Luhmann, *Social Systems*, Jr. Johan Bednarz, Dirk Baecker（trans.），Stanford University Press, 1995, pp. 1-11。

现代社会的分裂；他的契约研究则表明，契约的基础是非契约性的，契约的约束力来源不是个人意志，而是意志之外的社会结构。从涂尔干的研究可以看出，封闭范式的主要贡献，就在于揭示了无法还原到部分的社会整体或者社会结构。[①]

第二阶段为"开放"系统论，以系统/环境（system/environment）之分取代整体/部分之分。这从根本上决定了，较之封闭范式，开放范式是分析现代社会的更佳理论工具。首先，整体与部分同质，系统与环境异质，这使开放范式更适合描述多元化的现代社会；其次，为了形成秩序，整体之内必须存在占据中心地位、起支配作用的特定部分，系统之间则互为平等的环境，这使开放范式更适合描述去中心化的现代社会；再次，部分不能解释整体的形成，而系统的内部再分化和子系统的形成，却可以解释为"系统/环境"之分"再进入"（re-en-try）系统的结果，其目的在于化约（reduction）环境复杂性，这使开放范式更适合描述"复杂化"的现代社会；最后，系统与环境之间还存在输入/输出（input/output）关系，与整体决定部分不同，"输入决定输出"意味着，社会结构可以从外部加以计划、管理、控制、改革，这也使开放范式具备了批判和改造现代社会的潜力。

帕森斯的社会理论即采用开放范式，阐述了社会、文化、人格、有机体四种系统互为环境的关系；其中文化系统居于核心，通过输入"价值共识"维持社会系统的结构稳定，从而确保社会系统输出适应（A）、目标达成（G）、整合（I）、潜在模式维持（L）四项功能，故被称为"结构—功能主义"。[②] 卢曼前期亦采开放范式，但与帕森斯不

① 〔德〕Georg Kneer, Armin Nassehi：《卢曼社会系统理论导引》，鲁贵显译，巨流图书公司1998年版，第36—40页。

② 参见〔美〕乔纳森·特纳：《社会学理论的结构》（上），邱泽奇译，华夏出版社2001年版，第32—37页。

同，他眼中的现代社会以"差异"而非"共识"为基础，以"动态"而非"静态"为特征。他的"功能—结构论"颠倒结构与功能的地位，一方面否认现代社会的秩序整合仍然依赖价值共识，另一方面引入功能等值（functional equivalent）原则，指出结构迥异的系统可以相互替代，执行相同功能，由此更加有力地解释了现代社会的高速变迁。

　　第三阶段即为后期卢曼首倡的"自创生"系统论，在"系统/环境"区分之外，引入了"同一/差异"的新区分。自创生范式强调，社会系统是高度复杂的历史机器，在"同一/差异"区分的基础上实现了"自我指涉"（self-reference），能够通过回溯自己指认自己，并使自己区别于其他事物；因此在社会环境的"输入"与社会系统的"输出"之间，并不存在一一对应的线性因果关系。自创生范式以"三段论"扬弃了"封闭"与"开放"范式的对立：正题——系统在运作（operation）层面封闭，通过递回地（recursively）指涉既有要素和结构，实现"自我观察""自我组织"和"自我再生产"；[①] 反题——系统在认知（recognition）层面开放，借助既有要素和结构，感知来自环境的激扰（irritation）；合题——开放立足于封闭，只有经由系统内部结构的"转译"，环境的变动才能激扰系统，使之理解并做出回应。一言以蔽之，系统是自主的（autonomous），但不是自足的（self-sufficiency）。[②]

---

　　① "自我组织"指系统自己界定和变更自己的"结构"，"自我指涉"意味着系统在最基本的"运作"层次上，也是自我界定和自我变更的。参见〔德〕尼可拉斯·鲁曼：《社会中的法》，李君韬译，五南图书出版股份有限公司2009年版，第69页。

　　② 参见 Niklas Luhmann, *Social Systems*, Jr. Johan Bednarz, Dirk Baecker（trans.），Stanford University Press, 1995, pp. 196–209.

社会系统理论的范式转移深受自然科学的影响。[①] 封闭范式源于早期生物学的基本观点，即生命现象不可分解为物理化学过程，有机体作为整体对内部各种要素加以组织。开放范式来自动物生理学研究，后来逐渐成为跨学科的一般理论。但开放论者冯·博塔伦费（Ludwig von Bertalanffy）已经发现，系统拥有自我组织（self-organization）能力，不会完全跟随环境变动；热力学第二定律也从反面说明，如果系统不能建立内部复杂性、维持反熵，就会在与环境的交换过程中丧失能量，走向"热寂"；冯·佛斯特（Heinz von Foerster）等新控制论学者则揭示出，"被控制者"同时控制着"控制者"，系统的运作总是以内部既有状态作为新的起点，不受环境支配。在此基础上，智利生物学家马图拉纳（Humberto R. Maturana）和瓦雷拉（Fracisco J. Varela）提出了"自创生"系统论。二者的细胞学研究表明，细胞依靠递回、封闭的"自我指涉"运作建立内部复杂性，自主调节与环境的物质、能量交换。二者的神经学研究则表明，神经系统通过自我关联到既有的神经活动网络"建构性地认知"外界图像，无法忠实呈现客观环境；系统与环境之间并无直接接触，只能以"共振"方式相互"感应"。运作封闭与认知开放，共同诠释了有机体的自创生属性。

第二节 沟通：社会系统的基本要素

卢曼并未直接移植生物学的有机体自创生理论，而是首先将"自创生"一般化（generalize）为"系统"的普遍特征，然后根据"社会"

---

① 参见〔德〕Georg Kneer, Armin Nassehi：《卢曼社会系统理论导引》，鲁贵显译，巨流图书公司1998年版，第24—34、67—69页。

的特殊性再具体化(re-specify)。因为有机体、心理、社会三种系统分别由"细胞""思想""沟通"构成,不可简单类比。

卢曼从双重意义上否定韦伯(Max Weber)的见解,将社会系统的基本要素界定为沟通(communication),而非单个主体的行动(action)。① 一方面,"沟通"概念的合理性在于预设了"复数主体",毕竟即便是最简单的"社会",其存在的前提也至少需要两个人,且他们之间能够以特定方式进行交流。另一方面,"沟通"也并非"行动"。哈贝马斯尽管也使用"沟通"术语,但仍然将其理解为"沟通行动"(中文通常译作"交往行为"),并且添加了"主体之间基于合理理由达成共识"的含义;② 而卢曼所谓"沟通",则与主体意识截然分离,是作为"信息""告知""理解"三阶段之综合的"社会"过程。③

首先,信息(information)具有社会属性。"思想"只有经由表达,跨越心理系统的边界,才能转化为社会系统中的信息。思想可以有千头万绪,但每次只有一个实现为信息。此刻我的脑子里就有很多念头,比如口渴了想喝茶、晚上的聚餐令人期待、家乡的鱼火锅味道一流……但最终实现为信息的,是我用笔记本电脑写下的这段书稿。只有这段书稿所承载的意义,亦即上述关于信息之社会属性的说明,可能通过出版被传递到社会系统。

其次,信息的传递有赖于告知(utterance),告知也是社会性的存

---

① 参见 Niklas Luhmann, *Social Systems*, Jr. Johan Bednarz, Dirk Baecker (trans.), Stanford University Press, 1995, pp. 137-175; Niklas Luhmann, *Theories of Distinction*, Rasch (trans.), Stanford University Press, pp. 155-168。

② 苏国勋、刘小枫编:《社会理论的诸理论》,上海三联书店、华东师范大学出版社 2005 年版,第 163 页。

③ 参见 Niklas Luhmann, *Social Systems*, Jr. Johan Bednarz, Dirk Baecker (trans.), Stanford University Press, 1995, pp. 412-416。

在。心理系统可以思考如何告知，但毫无疑问，包括手势、语言、图案、文字、数学公式、电信号、编码乃至"表情包"在内，所有能够传递信息的告知方式，都是社会历史的产物和社会演化的成就。而且，在不同的文化中，相同的告知方式，比如一个手势，含义可能迥异。这是因为告知方式绝非自然而然地形成，而是依赖于社会的"约定俗成"。初民被认为生活在不同社会之中，一个重要的原因也在于，部落之间根本没有共享的告知方式，无法正常地相互交流。他们之间，往往彼此视为"非人类"，或者至少也是"非我族类，其心必异"。相反，由于语言的可翻译性，今天地球变成了"地球村"，人类只有唯一的社会——"世界社会"。

最后，信息一旦被告知，即不受告知者的控制，其意义取决于接收者的"理解"（understanding）。理解并非心领神会，而是必须实际表达出来。一方说话，另一方根本没有听见，显然不构成沟通。此外值得强调的是，由于每个心理系统都独立存在，理解也并非主体间的意识重合或者"共识"。父亲批评孩子，孩子置若罔闻，不屑一顾，这是一种理解；女人怨责男人，"直男"却误解为撒娇，这也是一种理解。①

总而言之，在卢曼的语境下，沟通纯粹是社会系统自身选择性运作的产物。虽然任何沟通都以"环境"中至少存在两个心理系统为前提，但其与主体意识以及主体间共识均无直接关系。此种概念界定抽象地构造出"空无一人的社会"，作为有机体和心理系统之综合的"人"，则被归诸社会环境。

---

① 参见〔德〕Georg Kneer, Armin Nassehi：《卢曼社会系统理论导引》，鲁贵显译，巨流图书公司 1998 年版，第 102—111 页。

第三节 社会系统的三种类型

基于沟通的社会系统可分三种类型："互动""全社会"和
"组织"。[①]

（1）互动（interaction）系统出现于"在场的诸个人相互感知时"，
"在场者（the present）优先"是互动的首要特征。[②] 不论与在场者关系
多么紧密，不论对于在场者而言多么重要，缺席者（the absent）最多
只能被讨论，无法参与互动、制造互动中的问题。但缺席者并非毫无
影响，因为人类能够运用语言符号论题化（thematization）缺席者，从
而兼顾互动之外的潜在背景。语言的使用拓展了互动空间，并将互动
时间延伸到过去和未来，从而解除了互动系统与其环境之间的线性关
系。因此，与动物之间弱肉强食的互动不同，哪怕在初民社会，强壮
者面对瘦弱者也未必占据上风，他们之间的互动，总是牵扯到互动之
外的整个社会关系网络。但语言也限制了互动的复杂性：互动双方必
须轮流说话，否则互动就会停滞；每次互动只能处理一个主题，其余
必须"等候"。由于语言造成的时间结构限制，互动系统无法再分化
为同时运作的多个子系统，难以应对更复杂的环境。

（2）全社会（society）系统突破了互动系统的上述局限。全社会不
是所有互动的总和，而是位阶更高的社会系统类型，承载了缺席者之
间的沟通。你在场，或者缺席，全社会就在那里；你互动，或者不互

---

① Niklas Luhmann, *The Differentiation of Society*, Stephen Holmes, Charles Larmore
（trans.）, Columbia University Press, 1982, pp. 71-76.

② 参见 Niklas Luhmann, *Social Systems*, Jr. Johan Bednarz, Dirk Baecker（trans.）,
Stanford University Press, 1995, pp. 412-416。

动，全社会就在那里。没有任何人能够左右全社会，但任何一次微不足道的互动，又都构成对全社会的再生产。欧洲古典哲学在市民社会（societas civilis）意义上理解全社会，将之视为从政治和法律上加以整合的系统，其统一性根植于对共享规范的认同。此种理解无视对主流价值持拒斥态度的边缘人群，更无法解释不依赖于共识的多元社会。卢曼的全社会则包含"所有可理解的沟通"，这一定义以足够的抽象程度覆盖了历史上多种社会形态，为描绘社会演化奠定了概念基础。人类长期生活在多个全社会之中，但随着现代传媒、通信技术的发展以及语言可翻译性的实现，"可理解的沟通"扩展到全球。如前所述，现代全社会只有一个，它既非由多国家构成的沃勒斯坦式"世界体系"，亦非全球化作用下超国界的"公民社会"，[①] 而是以系统形态存在的世界社会（world society）[②]。

（3）除了互动与全社会以外，在复杂社会之中日益重要的，还有第三种社会系统——组织（organization）。组织以特定资格和条件决定成员的进入和退出，从而与全社会相区别，因为"人们无法——像注册进入大学或取消学籍离开大学一般地——进入或离开全社会"[③]。组织将其成员结合为长期存续的群体，借助非人格化的规则，而非个人动机、道德允诺或者伦理共识，稳定高度人为的行动模式。在不复为共同体（community）的现代社会，大多数功能领域都需要利用组织

---

① 参见〔德〕尤尔根·哈贝马斯：《后民族结构》，曹卫东译，上海人民出版社 2002 年版，第 70—125 页。

② Niklas Luhmann, "Globalization or World Society: How to Conceive of Modern Society", *International Review of Sociology*, 1997（1）, pp. 67-80.

③ 参见〔德〕Georg Kneer, Armin Nassehi：《卢曼社会系统理论导引》，鲁贵显译，巨流图书公司 1998 年版，第 56 页。

"制造动机一般化和行为特定化"的能力。① 比如在现代教育系统中，学生向老师提交作业，不是因为他尊重老师、同意老师的见解，或者相信老师能够教给他有用的知识，甚至帮助他得到"救赎"，而是因为他作为学生，必须遵守学校规定的行为准则；又如在现代经济系统中，员工完成雇主分配的任务，不是因为他心地善良、德行高尚，或者认识到这项任务的意义，而是因为他不希望被扣工资或者解雇。

第四节 "全社会"的三种分化模式

法律系统不是"互动"或者"组织"，而是现代"全社会"的子系统。卢曼的"全社会分化"（differentiation of society）理论认为，全社会为了"化约"环境复杂性而内部分化，使系统/环境之分"再进入"自身，形成社会子系统。从系统/环境、平等/不等两组区分看，存在三种全社会分化模式，大致对应三个历史阶段。②

（1）分割分化（segmental differentiation），即在全社会之内建立若干"平等"的子系统。初民社会基于血缘或地域，"分割"为平等的氏族或部落。由于社会规模有限、文字使用缺乏等，社会沟通主要采取面对面的互动形式。不过，在血缘、地域的限制作用下，初民"共同在场"、共同体验世界，"互动"与"全社会"实际上难以区分。

（2）分层分化（stratificatory differentiation），即在全社会之内建立若干"不等"的子系统，形成等级秩序。传统社会根据身份，分层为

① Niklas Luhmann, *The Differentiation of Society*, Stephen Holmes, Charles Larmore (trans.), Columbia University Press, 1982, p. 76.

② 参见 Niklas Luhmann, *The Differentiation of Society*, Stephen Holmes, Charles Larmore (trans.), Columbia University Press, 1982, pp. 232-238。

不等的阶层，但阶层内部平等。比如罗马市民一律平等，与奴隶和外邦人不等。在对外不等的基础上，分层模式又按照"上/下"原则将各子系统等级化排列，在"上"的子系统代表全社会的统一性，负责整合全社会。比如印度的种姓制度——婆罗门位于顶端，在全社会中起支配作用；在下的刹帝利、吠舍、首陀罗附属之，依据距离远近取得自身的社会定位。

分层模式是社会演化的产物。一方面，随着初民社会规模的增长，大量社会成员不再面对面互动，只能依靠分层分化，使沟通在全社会层面延续。比如，一个平民与一名贵族，既不必彼此熟识，也不必深入交流，双方只需互相知道身份，就清楚如何打交道了。因此，当所有社会成员分属不同阶层，人际沟通就被化约为阶层之间的沟通，因此扩展到无数"缺席者"。另一方面，随着初民社会复杂性的增长，军事首领、巫师、长老等角色逐渐特定化，社会成员间的差异开始显现。此时，分层模式通过促进高等阶层的内部沟通，以及增强其支配能力，也有助于避免社会撕裂。

（3）功能分化(functional differentiation)，即在全社会之内建立若干地位相等、功能不等的子系统。现代社会分化为各种功能子系统，政治"生产有集体约束力的决定"，宗教"解释不可理解之事"，科学"制造新知识"，教育"培训职业技能"，医疗"照护健康"。[①] 此种功能差异的根源，在于各子系统皆基于固有"代码"展开运作。

功能分化是更为晚近的社会演化成就。在分层社会中，子系统的定位和稳定化取决于其他子系统，相互依赖性强，自我调整能力弱。

---

① 参见〔德〕尼克拉斯·卢曼:《社会的宗教》，周怡君等译，商周出版社 2004 年版，第 28—29 页。

现代功能子系统则各自承担特定的全社会功能，不受其他子系统运作状态的支配，易于应对高速变迁的外部环境。比如，经济系统只负责社会"短缺的减少"，看不到无关"支付/不支付"的沟通，因此无视高房价引发的政治抗议；但现代经济又面向一切使用"支付/不支付"语言的沟通（比如贷款利率），通过自我调整（比如价格）回应可理解的环境变动。要言之，在功能分化模式下，子系统的独立性和回应性、稳定性和变异性同时得到提高，适应复杂社会的需要。

第二章
社会演化与法律系统的"分出"

第一节　分割社会与原始法

原始法(archaic law)与分割模式相协调。如前所述,初民社会根据血缘和地域,分割为平等的氏族和部落。在血缘与地缘之间,前者为首要原则,后者是其延伸。初民社会一切功能的实现,皆以血缘为自然基础、社会支撑和正当性依据。原始的"互惠"经济、"图腾"宗教、"民主"政治无不如此,原始法也不例外,且因此呈现四项特征:[①]

(1)"效力"(validity)之匮乏。在初民的冲突中,各方归属的血缘群体,以及加害者与受害人的亲疏关系,决定了"法"的实体内容。每次冲突的处理结果都不同,说明法律高度依赖社会结构和社会事实,无法宣称普遍的"效力"。

(2)"暴力性"。在血缘原则的作用下,血亲复仇和决斗都充满暴力色彩。原始法以"族群"而非"个人"为基本单位,各种内部纠

---

① 参见 Niklas Luhmann, *A Sociological Theory of Law*, Elizabeth King, Martin Albrow (trans.), Routledge, 2014, pp. 114-129。

纷只是不具法律意义的"自我伤害";但在族群之间,由于既不存在事实性权威,又不存在共同规范,纠纷往往诉诸暴力。

(3)"相互性",可分"报应"(retribution)和"互惠"(reciprocity)两个方面。由于血缘原则强调亲疏有别,原始法的"相互性"并无平等之意,只是以后续不平等弥补当前不平等的结果。比如复仇往往超出受害范围,引发新的复仇乃至世仇;又如一次性的"双务契约"无法满足初民的需求,只有双方的付出始终处于不平衡状态,才能维持互惠经济。

(4)"仪式化"。初民社会晚期,族群交往日益密切,神明裁判被用于纠纷解决。与巫术一样,"神判"的可接受性来自仪式,而非裁判者的个人声望。在亟须控制暴力的社会发展阶段,法的仪式化有其必然性:只要人们仍然从血缘角度看待纠纷,"理由"就无法促成对裁判的接受,唯一选择是将论证难题转移到无需论证的仪式。

效力之匮乏、暴力性、相互性和仪式化,都是原始法以血缘原则建构社会的后果,表明法律尚未从全社会中分出,必须考虑事实上能否被社会接受、认可和执行。

第二节　分层社会与"前现代高等文明的法"

中国、印度、伊斯兰、古希腊—罗马等前现代高等文明的法(law of pre-modern high cultures)与分层模式相协调。[1]"阶层内平等"和"阶层间不等"的原则,决定了其与原始法的差异。

(1)由于平等对待同一阶层的所有成员,法律在一定范围内获得

---

① 参见 Niklas Luhmann, *A Sociological Theory of Law*, Elizabeth King, Martin Albrow (trans.), Routledge, 2014, pp. 129-147。

了效力。立法者负责颁布一般性的规范，由与之职权分离的裁判者严格适用，血缘关系不再直接左右法律。①

（2）由于高等阶层支配低等阶层，法律在一定程度上消弭了暴力。刑罚操于政治统治者之手，私斗被视为威胁秩序和挑衅公权，私刑也受到严格限制。

（3）由于各阶层地位迥异，"相互性"不再是法律的主导原则。实体法上，类似"礼不下庶人，刑不上大夫"的差别待遇广泛存在；程序法上，高等阶层优势明显，比如在事实不清时应做有利于贵族的判决，又如贵族证言具有更高证明力。

（4）由于裁判者拥有高等阶层赋予的权威，纠纷处理的仪式化色彩也逐渐褪去。1215 年，第四次拉特兰宗教会议禁止教士参加神明裁判，欧洲司法开启了世俗化的进程。英国发展出陪审团审判，欧洲大陆则以纠问制查明事实。

然而，"前现代高等文明的法"严重依附于全社会的等级结构，仍未形成独立的系统。首先，高等阶层总是对立法和司法施加更大影响。即便在平民享有立法权的"共和"时期，罗马贵族也通过垄断法律知识和为裁判官提供咨询，实际掌握着法律。② 其次，低等阶层被排斥到城市边缘和乡村，对法律几无需求；普遍的不识字状况，更使他们难以参与渐趋组织化和专业化的法律发展。再次，法律并未遍及全社会，而是拒绝处理大多数纠纷。比如在英国历史上，"无令状则无救济"的情况一直持续到 19 世纪中叶。高等级阶层通过控制诉讼机会，在法律领域维系阶层分化。最后，国王、教会、领主多种司法

---

① 参见〔德〕尼可拉斯·鲁曼：《社会中的法》，李君韬译，五南图书出版股份有限公司 2009 年版，第 340 页。

② 参见〔德〕马克斯·韦伯：《法律社会学》，康乐、简惠美译，广西师范大学出版社 2005 年版，第 200—215 页。

管辖权并存，法律运转或受制于宗教的势力，或受制于政治的区域性，根本上仍与个别的社会情势紧密联系。

第三节　功能分化社会与现代实证法

适应于功能分化的现代社会，法律呈现出诸多全新特征，下文拟详细论述。此处仅就法律实证化（positivisation）问题略作讨论，因为从法学的内部视角看，现代法最典型的特征莫过于实证化，尤其表现为实证立法的激增。[①]

传统社会的立法只是"任意"的政治命令。在中世纪欧洲，国王通过立法活动人为创制的规则，只有符合自然法所表达的道德或者宗教观点，才能获得"法律"地位。这是由于道德性或者宗教性的自然法反映了全社会的等级结构，以及高等阶层的支配需要，国王的立法必须与之保持一致。相应地，立法只能"宣示"或者"发现"法律。

现代社会则通过立法手段"创制"法律。一方面，功能系统自行其是，冲突频繁：经济造成政治调控的困难，科学无法满足决策的需要，家庭与妇女就业难以协调，军事上理想的武器有违道德……社会解体的风险要求人为、细化的立法。另一方面，已然分离的各子系统又高度互相依赖：经济依赖政治的保障和方向性决策，政治依赖经济发展凝聚"认同"和教育对"社会化"的促成，科学依赖财政激励，

---

① 参见 Niklas Luhmann, *A Sociological Theory of Law*, Elizabeth King, Martin Albrow (trans.), Routledge, 2014, pp. 147-158。

家庭依赖执政党的就业纲领。[①] 此外，系统"自主"和系统际互相依赖的动态平衡，同样仰仗立法的不断调整。19 世纪晚期，西方在契约的自由与限制以及不同侵权行为归责原则之间进行的复杂立法调适，即为例证。

　　符合程序的立法活动就能产出法律，标志着现代法走向实证化，不再诉诸外部的永恒自然。鉴于程序本身就是法律，立法的实证化实际上反映了现代法的"自我再生产"。更全面地说，不仅立法实证化，司法裁判和契约同样如此：即使违背政治意志和社会舆论，终审判决仍然具有"既判力"；只要没有以合法方式解除，不道德的契约也能建立法律关系。更准确地说，现代法不是在静态的结构层面，而是在动态的运作层面实证化；不是立法规则、法院判决和契约文本走向了实证化，而是一切有效的法律沟通发生了实证化，意味着所有法律沟通都只能在法律沟通之内进行内部沟通，不能与外部的宗教、政治、道德沟通直接沟通。实证主义法学正确地区分了"效力"与"实效"，认识到现代法不因缺乏社会支持而失去其法律属性，却又误以为规范的法律效力源于上级规范。从系统理论视角看，效力是法律系统动态统一性的象征（symbol）；法律沟通以效力为媒介相互衔接（link），构成并无上下等级关系的循环网络，从而作为法律系统的要素与其环境相区分。[②] 总而言之，在功能分化社会中，现代法以效力为内部的动态衔接机制，形成了全面实证化的自创生系统。

---

① 参见 Niklas Luhmann, *A Sociological Theory of Law*, Elizabeth King, Martin Albrow (trans.), Routledge, 2014, pp. 148—149。

② 参见〔德〕尼可拉斯·鲁曼：《社会中的法》，李君韬译，五南图书出版股份有限公司 2009 年版，第 110—120 页。

第四节　法律的演化：变异、
选择与再稳定化

法与社会"共生共变"，但并非只是为了适应社会变迁而被动演化。在演化过程中，法律自身的变异（variation）、选择（selection）和再稳定化（re-stabilization）发挥了首要作用，每个演化阶段都受益于既有法律素材的积累，接续了既有法律机制的运转，现代法则完全自主演化。达尔文进化论在此提供了分析框架，其中"变异"涉及法律要素的更新，"选择"涉及法律结构（规则）的建立，"再稳定化"涉及法律统一性的重构，均不受外部操控。[1]

（1）古代法以个案方式处理冲突，"变异"与"选择"无法区分。[2]每次冲突都受具体社会情境特别是涉事血缘群体的实力影响，法律要素不断变异；冲突解决依靠事后规则的创制，而非既有规则的选择。直到类似冲突频繁发生，且出现了"裁判者"和作为社会记忆的"文字"，才有必要和可能储存个案处理的经验。然而，初民社会的裁判者以"占卜"方式使用文字，旨在保存过去的"决疑"知识，并无指引未来生活的目的。[3] 是故，即便在原始法的晚期阶段，面向未来、具有情境不变性、可重复使用的规则仍然十分罕见。

（2）当裁判者角色随着阶层分化固定下来，就可能形成相对独立

---

① 参见〔德〕尼可拉斯·鲁曼：《社会中的法》，李君韬译，五南图书出版股份有限公司2009年版，第276—280页。但自创生系统理论不认同达尔文的"物竞天择"说，强调"天"之于"物"（环境之于系统）没有决定意义。

② 参见〔德〕尼可拉斯·鲁曼：《社会中的法》，李君韬译，五南图书出版股份有限公司2009年版，第291—306页。

③ 参见〔德〕尼可拉斯·鲁曼：《社会中的法》，李君韬译，五南图书出版股份有限公司2009年版，第282页。

于社会环境的裁判系统，原始法也向"前现代高等文明的法"演进。裁判系统的出现至少意味着三项演化成就：首先，高等阶层垄断法官角色，利用权限规范和程序，在并无共识之处宣称代表共识、排除歧见，专门化的规则自此发端。其次，当事各方被迫皆以法律为辩护依据，可能暴露规则间的矛盾，形成变异的契机；法官独立于亲友关系等社会情势，对规则适用进行决断，构成选择的过程；"变异"与"选择"发生分离，法律要素的变动不再总是导致法律结构的明显更新。最后，由于裁判决定不能针对个案和个人，普遍性的法学概念可能成为论证基础。罗马法学甚至开始使用超越个案情境的抽象概念，孕育着一种对抗道德、常识和日常语言的法律文化。

　　但即便是罗马法学家，也并不检验"法命题"的一致性，并不承认抽离个案具体特征的法律体系，并不认为规则只要符合体系即有"效力"。他们预设法律恒定不变，没有"新法优于旧法"的思想，通过拟制（fiction）解决新型案件。中世纪普通法也大量使用拟制，仍然不能解决的案件则被视为"例外"，诉诸"衡平"，不会轻易创设新规则并重构法律体系。所有这一切都表明，在传统法律秩序中，"再稳定化"与"选择"机制尚未分离。

　　（3）通过诉诸"体系"的自主反思，容纳变异的法律素材和被选择的新规则，以便实现法律的"再稳定化"，这种做法始于中世纪晚期的欧洲，得益于印刷术的普及。此前，规则与注释、特权与个别义务、令状与诉权虽然已经得到文字记录，但法律主要以零散的格言形式口耳相传。印刷术使法律素材得以汇编和广泛传布，将其庞杂矛盾摆上台面，才刺激了简化和整理的需要；相应地，法律教义学（legal dogmatics）也才与实务分离，关注法律的体系性和历史融贯性。19世纪，概念法学崛起，法律的反思性进一步增长：整个法律系统都以

"原则"和"体系"的方式加以把握；新的规则被"解释"为抽象原则的具体实现，进而整合到体系之中，不具"可建构性"者遭到排斥。20世纪，层出不穷的立法加速了法律发展，法律的体系性能够不再依靠解释达成，形式性的"效力"又替代实质性的"原则"，将高速变迁的法律不断再稳定化。随着"效力体系"替代"价值体系"，法的自主演化彻底实现，法律系统独立于宗教教义、伦理道德、政治意识形态，从全社会中分出。

第三章
稳定规范性预期——法律系统的功能

第一节　既有的法律功能学说

法律经过长期演化，最终从全社会中分出成为自创生系统，是为了执行何种社会功能？既有学说提供了多种答案，从行为预测、行为控制、行为矫正、纠纷解决直到社会整合，不一而足。但从系统论法学的视角看，这些功能有的并非专属于法律，有的超出了法律的实际能力，且没有一项准确把握了法的"现代性"。

首先，法律只是预测他人行为的依据之一，而且并不可靠。较之其他依据如习惯，法律面向社会沟通容易出现障碍的环节，而非"一向如此"的内容。法律也并不总能得到遵守，正如凯尔森（Hans Kelsen）早已说明的，有效的法律不等于实施良好的法律。[①]

其次，某些法律规范的确凭借惩戒威胁"控制"行为，但"扩展"行动多样性和"赋予"行为能力，才是法的现代性所在。比如，没有所有权、契约、法人等法律制度，交易活动就不可能大规模展

[①] 〔奥〕凯尔森：《法与国家的一般理论》，沈宗灵译，中国大百科全书出版社1996年版，第42页。

开，现代的市场经济就不可能正常运行。按照诺内特（Philippe No-
net）和塞尔兹尼克（Philip Selznick）的类型划分，现代法主要属于"自
治型法"和"回应型法"，与以公共安全为首要目的、以刑法为关注
中心的传统"压制型法"截然不同；① 哈特（H. L. A. Hart）也指出，在
现代法上，"授权性规范"显著增加，"强制性规范"相对减少。②

　　再次，大量现代法虽然对特定行为予以负面评价，却允许行动者
从成本—收益角度做出决定，并无矫正意图。比如，排污权的市场化
机制允许企业通过购买指标，突破环境法的一般规定；又如，交通法
规允许以缴纳罚款为代价在限行期间驾车。

　　复次，法律和政治决策、市场分配、学校教育、医院治疗一样，
只是解决纠纷的社会手段之一。实际上，现代司法处理的，是运用法
律规范建构、依靠合法证据支撑的法律冲突，而非日常冲突本身。马
克思主义法学和批判法学运动甚至揭示出，许多纠纷恰恰是法律的产
物，比如没有保护私有产权的法律，就不会有无产阶级与资产阶级的
矛盾。

　　最后，现代社会既不存在一致认可的价值，也不存在奠定"社会
整合"基础的法律。宪法对自由权的宣称，与其说凝聚了社会的共
识，不如说承认了社会的差异；法律层面的种族平等，也远未保障经
济收入、政治地位、教育水平的实质平等。

　　为了克服既有学说的缺陷，必须区分法律系统的功能（function）
与成效（performance）。"功能"描述系统之于全社会的贡献，"成效"

---

　　① 参见〔美〕诺内特、塞尔兹尼克：《转变中的法律与社会：迈向回应型法》，张志
铭译，中国政法大学出版社1996年版，第37—38页。
　　② 〔英〕哈特：《法律的概念》，张文显等译，中国大百科全书出版社1996年版，
第92—100页。

描述系统之于其他系统的贡献。[1] 法律可能具有保障政治稳定、经济发展、科学繁荣、宗教自由乃至帮助法学研究者谋生等多种成效，但不能替代政治做出"集体决策"，不能替代经济"减少稀缺"，不能替代科学"制造真理"。法律成效的匮乏可能造成某种特定困难，但由于法律与政治、经济、科学一样，都只负责一个社会问题，执行一项社会功能，法律功能的失灵将导致现代社会无法运转。

第二节　"规范性预期"与"认知性预期"

具体说来，法律系统独一无二的社会功能，与时间拘束的社会成本(social costs of time binding)有关。[2] "当下"在"时间"维度拘束"未来"，沟通往往不是一次了结，而是对进一步的沟通抱持"预期"。比如，今天契约签订，预期一年后的契约履行。"时间拘束"会产生"社会"维度的"成本"：未来仍然按照既有预期进行沟通，可能造成损失。比如，原材料涨价导致履行契约在经济上不利。如果社会成本超过收益，预期失落的可能性就大大增加；此时，法律显然有助于对抗社会成本、维持时间拘束，亦即稳定预期。

但一方面，法律从来不是稳定预期的唯一社会机制。人们不惜付出成本，也要按照既有预期行事，既可能出于畏惧法律，也可能由于信仰上帝、珍惜身份、爱护名誉。从抽象到具体，这些机制依次可分

---

① 参见 Niklas Luhmann, *The Differentiation of Society*, Stephen Holmes, Charles Larmore (trans.), Columbia University Press, 1982, p. 238。

② 参见〔德〕尼可拉斯·鲁曼：《社会中的法》，李君韬译，五南图书出版股份有限公司 2009 年版，第 152—158 页。

为价值(values)、纲要(programs)、角色(roles)、个人(persons)四个层次。① 在"价值"多元和"个人"自由的现代社会,稳定预期越发依赖"纲要"和"角色"这两个中间层次,但无论如何并不仅仅仰仗作为特殊"纲要"类型的法律。

另一方面,复杂社会有必要区分各种预期,只让其中一部分形成时间拘束,为未来保留开放性和变异性。根据遭遇失落时人们的不同反应,预期可以进一步分为两种类型:如果采取"学习"态度,重新调整并形成新的预期,即为认知性预期(cognitive expectations);如果反事实(counterfactually)地坚持预期,拒绝做出相应调整,即为规范性预期(normative expectations)。② 法律系统功能在于"稳定规范性预期",且仅仅稳定部分规范性预期。

在现代社会的多种预期稳定机制中,除了法律"纲要"外,都不能在预期失落时拒斥"学习"。对于破坏预期者,人们可以谴责其信仰缺失、罔顾身份、人品低劣、头脑愚笨,却不得不承认"价值""角色""个人"或者非法律"纲要"无效的事实,在往后的生活中吸取教训,改变预期。相反,除非出现革命、战争等极端情形,违法的事实不会导致法律本身无效,下一次面对相同的情况,受法律保护的受害者不用"吃一堑,长一智",而是完全可以继续抱持相同的预期。正是由于法律系统发挥着"稳定规范性预期"的社会功能,现代人才敢于面向"陌生人",做出交易、投资、入学、求医、诉讼、驾驶等风险极高的决定。比较起来,原始法与族群的事实性暴力紧密联系,传统法受制于阶层的事实性影响力,只有现代法脱离了外部的社会脉

---

① 参见 Niklas Luhmann, *The Differentiation of Society*, Stephen Holmes, Charles Larmore (trans.), Columbia University Press, 1982, p. 250。

② 参见 Niklas Luhmann, *A Sociological Theory of Law*, Elizabeth King, Martin Albrow (trans.), Routledge, 2014, pp. 31–39。

络(context)，具备"反事实"的"规范性"(normality)。

第三节 法律作为全社会的"免疫系统"

进而言之，只有在现代社会，法律的功能与成效才相互分离。英格兰王室法庭"通过与领主法院的竞争……使中央王室的权力渗透至社会的基层"的历史，以及通过打击"在斯蒂芬执政期间强占封臣土地的不端领主"，保护"自由民的土地利益与切身利益"，"赢得当事人对于抽象王权的认同和效忠"的历史表明，[①] 只有事实上具有控制行为和解决纠纷的成效，传统社会的法律才可能在一定程度上稳定规范性预期。反过来说，在不以法律作为主要行为准则和争端处理依据的传统乡村，稳定规范性预期的功能就主要不是依靠法律，而是依靠习俗、宗教或者伦理道德加以执行。现代人仍然依据多种社会规范做出预期，但由于社会的复杂化加剧了不同规范性预期之间的冲突，必须从全社会之中分出一个专门的系统，选择性地将其中一部分稳定下来。现代法接过了这项任务，按照固有的标准独立运行，有效防止了人们面对规范性预期冲突不知所措的情况，不能由于成效匮乏而致功能失灵。

现代法的成效是其功能的副产品。由于法律系统支持那些依据法律做出的规范性预期，人们通常会控制与之相反的自身行为，及时化解纠纷，以免遭受惩罚或者卷入诉讼。但这并不能排除有的人为了超额利润无视法律，为了基因实验铤而走险，为了政治目标"公民不服从"。反过来说，法律系统拒斥依据非法律理由做出的预期，客观上

---

① 于明：《司法治国——英国法庭的政治史(1154—1701)》，法律出版社 2014 年版，第 47 页。

使其他社会子系统得以自主运行，有助于它们的专业化发展。现代宪法关于限制国家权力和保障公民基本权利的规定，就是旨在保障政治、经济、科学、教育、宗教等功能系统的自治性，防止权力、金钱、真理、成绩、信仰等沟通媒介相互通约，或者受制于具体的人际关系。

　　将功能和成效联系起来看，法律可谓现代社会的免疫系统（immunization system）。① 这种免疫系统是"事后启动"，且并不试图调整其社会环境，消灭所有矛盾、冲突（病毒）。然而，任何社会冲突只要进入系统内部成为"法律冲突"（抗原），不论何时何地、涉及何人、有何理由，都将依据法律规范（抗体）被识别出来，并一视同仁地加以处理。这样一来，法律系统就使整个社会在无法彻底清除病毒的情况下免于"感染"：一方面，现代社会面对未知的未来，必须借助法律在一定程度上抵御不确定性；另一方面，其他系统能够自主选择是否回应、如何回应各种非法律的诉求，全社会的功能分化才得到维持。

---

① 参见〔德〕尼可拉斯·鲁曼：《社会中的法》，李君韬译，五南图书出版股份有限公司 2009 年版，第 182—184 页。

第四章
代码、纲要、程序——法律系统的结构

从"结构—功能主义"视角看，功能分析仅仅说明，致力于稳定规范性预期的社会沟通具有法律属性。只有连接各种法律沟通的"结构"，才能决定法律的实际"运作"。自创生系统论法学承认功能分析的不足，但否认静态的结构决定了动态的运作，强调法律运作与法律结构均具动态性，不可分割：唯有在运作时，结构才呈现；运作涉及系统要素的再生产，结构涉及要素间关系的动态再生产；系统要素的每一次再生产，都同时再生产要素间的关系即结构。[①] 本章讨论经由系统论法学重新界定的三种法律结构。

第一节　代码化：运作封闭与
法律悖论

第一种结构是引导法律沟通的价值——代码（code）。在"自创生"社会系统理论中，代码特指现代功能系统固有的首要"区分"，

---

① 参见〔德〕尼可拉斯·鲁曼：《社会中的法》，李君韬译，五南图书出版股份有限公司 2009 年版，第 68—73 页。

由一组"对称"的价值构成。① 政治系统的代码为"有权/无权"，经济系统的代码为"支付/不支付"，科学系统的代码为"真理/非真理"，教育系统的代码为"成绩好/成绩差"，大众传媒的代码为"新闻/非新闻"，医疗系统的代码为"疾病/健康"，宗教系统的代码为"内在性/超越性"，艺术系统的代码为"美/丑"。法律系统也二元"代码化"（coding），拒不考虑"合法/非法"之外的第三种价值。

　　这是高度或然性的社会演化成就。首先，前现代社会都对法律的"代码化"保持警惕，在处理规范性预期冲突时，往往回避非此即彼、非黑即白的合法/非法决定，偏好以调解方式缓和冲突，维护社会团结。比如，古代中国的州县长官常常主持"父母官式的诉讼"，以"教谕式的调停"显示超然公正的立场。② 其次，如果必须在相互冲突的规范性预期之间做出决断，诉诸合法/非法代码也不是什么讨巧的选择。原始法的方案是神判仪式，以"神意"作为决断依据；传统法基于社会结构，对合乎伦理或具可执行力者予以正面评价；只有现代法完全基于合法/非法的内部区分进行二阶观察（second-order observation）。当诉讼双方相互指责违法或违约时，现代法官独立地在二阶层次上重新审视，全然不考虑哪一种规范性预期更可能得到社会的外部支持。最后，现代社会也可能拒斥法律的"代码化"。16 世纪的"国家理性"学说主张，主权者必须放弃惩戒某些非法行为，以免危及和平或者统治地位；18 世纪的"浪漫主义"思潮反抗合法/非法二

---

　　① 一切观察（observation）都需运用区分（distinction）。观察"苹果"，就要"不对称"地区分"苹果/苹果外的世界"，然后标示（indicate）"苹果"；观察"女人"，则要"对称地"区分"女人/男人"，然后标示"女人"。运作（operation）同样如此。"观察"属于广义的"运作"，较之狭义的"运作"，其特征在于一般不会造成事物状态的现实变动。
　　② 〔日〕滋贺秀三：《清代诉讼制度之民事法源的概括性考察——情、理、法》，范愉译，载王亚新、梁治平编：《明清时期的民事审判与民间契约》，法律出版社 1998 年版，第 19—53 页。

分，倡导"非利己的犯罪"；① 19 世纪以来，梭罗、甘地、马丁·路德·金鼓励通过"公民不服从"，提醒国家注意合法/非法之外的价值②；20 世纪的德国法学家卡尔·施密特（Carl Schmitt）也认为，主权者有权决定法律的"例外状态"③。不过，通过制定《紧急状态法》等方式，现代法始终尝试以"代码化"消解对代码的反动。

　　"代码化"决定性地确保了现代法律系统的运作封闭。从外部关系看，基于代码的法律沟通产生"划界"效应，排除合法/非法以外的所有第三种价值，形成了"系统/环境"（法律/非法律）的"不对称"区分。在这组区分中，"系统"一面能够衔接后续的法律沟通，"环境"则构成"未标记的空间"，没有法律沟通进行。因此，政治权力的保持、经济利益的增长、大众传媒的舆论，以及道德、宗教、科学上的各种理由，都丧失了与法律的直接相关性。从内部关系看，合法/非法代码是一组"对称"的区分，两面都有衔接能力。换言之，合法/非法区分可以"再进入"自身，或者确认对某种行为的既有法律评价，或者使"合法"变成"非法"，"非法"变成"合法"。比如，"合法"持有的枪支可能被"非法"使用，又如犯罪必须被"合法"认定和处罚。如同中国道家所谓"阴/阳"，法律代码的两面可以但也只能相互跨越，相互转换。内外关系的结合，共同造就了法律系统动态的运作封闭：

---

　　① 参见〔德〕尼可拉斯·鲁曼：《社会中的法》，李君韬译，五南图书出版股份有限公司 2009 年版，第 201 页。

　　② 参见何怀宏编：《西方公民不服从的传统》，吉林人民出版社 2003 年版，第 16—115 页。

　　③ 〔德〕卡尔·施密特：《政治的概念》，刘宗坤等译，上海世纪出版集团 2004 年版，第 5 页。

　　"系统形式的不对称性以及代码形式的对称性，必须在系统
中共同发挥作用。系统形式的不对称性，即使当系统的运作以环
境为导向时，仍然确保了系统的封闭性。代码的对称性则为持续
地跨越那由代码所标示之界限的动作，提供了保障。"①

　　"代码化"的重要后果之一，在于导致了法律系统的"悖论""套
套逻辑"和"矛盾"。②（1）悖论（paradox）是一种无法区别的状态，即
在一组区分的二值之间，一旦选择其中一个，就会立刻陷入对立面。
典型如"说谎者悖论"：克里特岛的埃皮曼尼德斯说，所有克里特岛人
都是说谎者。形成悖论的充分条件有二：一为"自我指涉"，即陈述包
含了陈述者自身，如埃皮曼尼德斯就是克里特岛人；二为"唯一区分"，
如整个陈述只涉及说谎/不说谎之分。法律系统基于合法/非法的唯一
区分，将所有第三种价值排除到环境，使系统内部实现自我指涉，因
此无法避免"合法即非法"的悖论。（2）套套逻辑（tautology）是一种隐
蔽的悖论，"宣称一个差别，它同时又要在这个差别上宣称，这个差别
不是差别"。法律的套套逻辑可以表述为"合法即合法"。这个命题看
似同义反复，没有宣称差别，实则不然。只有区分"合法＝合法"/"合
法≠合法"，才可以标示出"合法＝合法"。（3）当狭义的悖论"合法即
非法"，与套套逻辑"合法即合法"相互联结，就形成逻辑上禁止的矛
盾（contradiction）：在同一个共同体中，在某个时刻、对于某些成员而
言合法的行为，在另一时刻、对于另一些成员来说却非法。"一项行为
既合法又非法"，同样是无法区别的状态，属于广义的悖论。

───────────

　　① 〔德〕尼可拉斯·鲁曼：《社会中的法》，李君韬译，五南图书出版股份有限公司
2009 年版，第 203 页。
　　② 参见〔德〕Georg Kneer, Armin Nassehi：《卢曼社会系统理论导引》，鲁贵显译，
巨流图书公司 1998 年版，第 132—133 页。

　　法律悖论可以构造为五个逻辑步骤：（1）合法/非法以外的第三种价值被排除，"法律"与"非法律"得以区分，"法律"得到标示；（2）根据法律，某些行为被确认为"合法"，呈现"合法即合法"的套套逻辑；（3）上述"合法"行为可能遭到否定，呈现"合法即非法"的悖论；（4）套套逻辑与悖论相联结，一项行为呈现"既合法又非法"的矛盾；（5）矛盾必须再被否定，即呈现"合法"并非"非法"。[①] 此种构造深刻地表明，现代法律系统必须面对层出不穷的悖论，无法从"原则"出发层层演绎，在演化上概率极低；同时也表明，仅仅基于二元代码封闭运作，法律系统将很快陷于停滞。

第二节　纲要化：悖论展开与认知开放

　　正如卢曼所说："代码不具有单纯凭借自身而生存的能力……它们唯有借助一项进一步的区分，才能以自我再制的方式具有生产性。"[②] 为了维持法律系统的持续运转，首先必须在法律系统的另一种结构层次上，即纲要（programme）层次上进一步做出区分，从而展开（unfolding）悖论。此处所谓"纲要"，是补充代码的"语意"和使用代码的条件，亦即分派合法/非法价值的判准（criterion）。

　　"纲要"层次的悖论展开过程，可以构造为对应的五个逻辑步骤：（1）借助"纲要"区分法律与非法律，如抽象地规定有效的契约只关乎当事人的合意；（2）在具体个案中，可能运用"纲要"确认既有法

　　① 参见〔德〕尼可拉斯·鲁曼：《社会中的法》，李君韬译，五南图书出版股份有限公司 2009 年版，第 198—199 页。
　　② 〔德〕尼可拉斯·鲁曼：《社会中的法》，李君韬译，五南图书出版股份有限公司 2009 年版，第 216—217 页。

律，展开"合法即合法"的套套逻辑，如劳动者一方虽然反悔，但劳动契约因存在合意而被确认有效；（3）继而可能依据另一项"纲要"，否定先前认定为合法的行为，展开"合法即非法"的悖论，如裁定一项虽然达成合意，但工时约定过长的劳动契约无效；（4）套套逻辑与悖论相联结，造成逻辑上禁止的矛盾，如由于达成合意的契约先后被确认和否认，因此"既有效又无效"；（5）引入进一步的"纲要"排除矛盾，如关于特定契约有效标准的强制性规定。

前现代法律也存在纲要化（programming）现象，但或者以放弃全社会的普遍法律化为前提，或者以法律纲要与全社会结构的依附关系为代价。[①] 前者如古罗马和中世纪英国，只处理合乎"程式"或者"令状"的纠纷；后者如中世纪欧洲大陆，法律纲要以"自然法"形态出现，反映了高等阶层在政治地位、劳动分工、土地所有等方面的社会优势。只有现代法律纲要不仅扩展到整个全社会，而且脱离具体社会脉络实证化。在功能分化的背景下，一方面，各种功能系统均以固有纲要衔接固有代码，政治以"意识形态"区分有权/无权，经济以"价格"区分支付/不支付，科学以"方法论"区分真理/非真理，法律则以"权利"区分合法/非法。另一方面，法律系统借助法律纲要，自己处理自己的效力问题，比如"新法废除旧法"作为法律纲要，决定了不同时间产生的法律纲要何者有效。

"纲要化"不仅具有展开法律悖论的作用，而且通过促成法律系统的"认知开放"，弥补了"代码化"造成的"运作封闭"。[②] 在代码层次上，法律系统无视环境，无视合法/非法以外的任何价值，具有确

① 参见〔德〕尼可拉斯·鲁曼：《社会中的法》，李君韬译，五南图书出版股份有限公司2009年版，第217—218页。
② 参见〔德〕尼可拉斯·鲁曼：《社会中的法》，李君韬译，五南图书出版股份有限公司2009年版，第218—219页。

定性；在纲要层次上，法律系统认知环境，"汲取"非法律价值，具有变异性。纲要层次保障了系统的"学习"能力，使之不至于在获得自主性的同时，丧失对于环境的适应性和敏感度。比如，借助"立法"纲要，法律得以"认知"政治系统的诉求，特别是政治公共领域的民主意志和民主意见；借助"契约"纲要，法律得以"认知"经济系统的需要，特别是市场经济领域的供求关系。没有这些内部纲要，任何环境因素都不能被法律系统识别，不能形成推动法律系统变迁的契机。

但法律系统并非经由"纲要化"而与环境"融合"，无法"如其所是"地认知其环境。首先，由于法律纲要的实际含义只能依靠系统自身界定，诸多日常经验遭到扭曲。比如"动机""故意""因果关系"等刑法术语，"善意"等民法术语，都与日常语言存在差异。其次，由于各种法律纲要构成相互关联的循环，诸多社会诉求遭到排斥。比如，高利贷契约虽然有助于解决民间融资问题，但因违反强行法规定而不受法律保护。再次，由于法律纲要的固有特点，诸多社会问题遭到无视。比如，现代法只救济或大或小的现实权利侵害，无法控制或有或无的潜在风险。[①] 最后，法律纲要拒绝认知诸多社会事件，比如民事案件"不告不理"，又如超过时效的债务只是"自然债务"。归根结底，法律系统无法全面认知环境，所认知的环境也不是客观存在，而是法律纲要的主观建构。

尽管如此，法律系统的结构还是呈现鲜明的两面性：从"代码"角度看，法律是封闭和确定的；从"纲要"角度看，法律是开放和变异的。系统论法学对于法律结构两面性的揭示，超越了"形式主义法学"与"现实主义法学"之争，也符合现代人的法律意识，即一方面

---

① 参见〔德〕尼克拉斯·鲁曼：《对现代的观察》，鲁贵显译，左岸文化出版社2005年版，第150—155页。

不允许法院诉诸合法/非法以外的价值，另一方面却在较高程度上容忍判决可预测性的缺乏。[1]

第三节　法律作为"条件性纲要"

"纲要"可分目的性纲要(purpose-specific programme)和"若……则"形式的条件性纲要(conditional programme)，法律系统要执行其社会功能，就只能使用后者。

目的性纲要诉诸未来才能获知的因果关系，既无法稳定规范性预期，又无法化约法律系统的环境。比如，倘若必须依据裁判的未来后果，而非"构成要件"来判断一项行为是否构成犯罪，法官将无所适从，错漏百出。也可以认为，目的性纲要涉及自然的因果性，适合投资、医疗、行政等决定，这些决定作为"手段"是否符合"目的"，必须接受现实的检验；条件性纲要则涉及人为的因果性，即"法律上的因果关系"，法律系统由此成为繁琐机器(trivial machine)，免于环境的检验和操控。[2]

20世纪福利国家的法治困境，正是源于将法律作为实现社会目标的工具。亚里士多德认为"目的"是事物发展的必然终点，现代的"目的"却关乎对未来的想象，其优势在于多样化，不必固守传统路径，劣势则在于主观化或曰意象化(intentionalizing)，以及缺乏手段/目的匹配性的准确知识。是故，福利国家为了避免法官恣意裁判，往往在立法

---

① 参见〔德〕尼可拉斯·鲁曼：《社会中的法》，李君韬译，五南图书出版股份有限公司2009年版，第219—220页。

② 参见〔德〕尼可拉斯·鲁曼：《社会中的法》，李君韬译，五南图书出版股份有限公司2009年版，第220—221页。

规范中设定符合目的之手段，实际上再度采用"若……则"形式。

　　另一些情况下，福利国家要求法官行使"自由裁量权"，根据立法目的灵活裁判案件。为此法官不得不利用非法律的目的性纲要，特别是关于"事实上的因果关系"的科学或者经验知识，论证裁判的正当性。比如依据"经济条件对儿童成长影响最大"的统计学成果，判决抚养权归属父母双方中收入较高者。这样一来，裁判决定就被暴露在经验批判之下，"唯有职务上的权威，亦即必须做成决定之强制，才使得该决定成为有效"①。换言之，由于必须否定无法达成目标的目的性纲要，裁判效力仍然依赖一种特殊的条件式纲要，即一项权限规范（norm of competence）：若判决系由法官依法做出，则判决有效。此时，"纲要化"与"代码化"的区分接近临界点，丧失悖论展开功能，法律事务"退回到那个或许会被观察者成为套套逻辑的状态：法律就是那些被法律标示为法律的东西"②。

第四节　通过"程序"的正当化

　　法律悖论不仅因目的性纲要而濒临暴露，在疑难案件情况下，多项可适用的条件性纲要也可能导致代码分派的困境。法律系统为此设置了第三种结构——程序，以便利用系统内部制造的"反身性"（reflexivity），将"恣意"的司法判决正当化。③

---

　　① 参见〔德〕尼可拉斯·鲁曼：《社会中的法》，李君韬译，五南图书出版股份有限公司 2009 年版，第 226 页。
　　② 参见〔德〕尼可拉斯·鲁曼：《社会中的法》，李君韬译，五南图书出版股份有限公司 2009 年版，第 227 页。
　　③ 参见〔德〕尼可拉斯·鲁曼：《社会中的法》，李君韬译，五南图书出版股份有限公司 2009 年版，第 230—234 页。

　　第一，程序能够"拖延时间"，使法律系统不必立即判定合法/非法，暴露决断色彩。在疑难案件中，由于任何决定都难以获得法律共同体的支持，"以时间换空间"的策略尤其重要。第二，程序从日常冲突的自然存续时间中，截取法律上的"起点"与"终点"，以高度人为的方式建构法律系统的专属"时间"。"起诉"开启程序，"判决"终结程序，随着程序的推进，日常冲突被化约为易于处理的法律冲突。第三，在程序进行期间，法律系统呈现不确定性，暂停对代码值的严格分派，有意制造悖论。程序利用悖论的不确定性，吸引诉讼各方的参与和竞争，使之将目光投向未来。等到程序终了之时，法律系统恢复确定，作出被视为"参与"和"竞争"之结果的判决，基于代码的悖论亦得到展开。

　　与司法程序一样，立法程序也是法律系统的内部结构，也具有正当化的能力。立法的正当性并非源于社会共识，或者上位法的规定，只有立法程序能够阻止进一步的质疑。从这个意义上讲，整个法律系统都是"自我正当化"的。现代法利用立法、司法程序的反身性，通过暂时搁置决定，最终做出"正当"决定。古典哲学曾以"内在强制/外在强制"区分道德与法律，但道德并非没有外在的惩戒手段，法律完全可以促成内在动机。二者的真正区分在于，与"合法/非法"的法律决定不同，"善/恶"的道德判断无法经由程序实现正当化。

　　此外，在法学家看来，程序法的功能是保障实体法的实施。这种观点属于法律系统的自我描述，旨在维护法律的统一性，无法说明未能保障实体正义的程序为何仍然是程序。系统论法学的外部描述则揭示出，程序的功能在于制造并维持系统在一段时间内的不确定性，从而弥补法律代码的僵硬确定性，避免暴露法律系统自己决定了何为法律。

第五章
司法作为法律系统的"中心"

从"内部再分化"的角度，也可以理解现代法的自创生属性。司法、立法、契约三种子系统的相互分离，提升了法律系统的内部复杂性，使之得以独立于其环境。更重要的是，现代司法具有决断属性，不仅不是立法的附庸，而且占据法律系统的中心。

第一节　现代司法的"决断"属性

初民社会，立法与司法无法区分："神判"既是规则创制的过程，又是个案处理的过程；复仇基于族群实力，而非已有规则；"神判"仪式或者复仇行动完结之时，"法律"或者"判决"同时产生。在传统社会，为了防止偏私，保障阶层内部平等，立法与司法初步分化。①但传统司法依附于歧视下等阶层的立法或法律解释，从属于贵族的政治支配权力，以致权利义务、举证责任、证据证明力皆因身份而异。与此同时，立法往往划定可诉诸司法的纠纷范围，比如"有令状才有救济"的格言，就意味着法律只在"打扰国王宁静"时介入干预。②

---

① 参见〔德〕尼可拉斯·卢曼：《法院在法律系统中的地位》，陆宇峰译，《清华法治论衡》2009年总第12辑，第120—121页。

② 参见〔英〕R. C. 范·卡内冈：《英国普通法的诞生》，李红海译，中国政法大学出版社2003年版，第37—78页。

然而，随着现代社会功能分化的展开，法律全面负责规范性预期的稳定化。相应地，普通法系废除令状制度，大陆法系掀起法典化浪潮，"有权利就有救济"成为新的宣言。现代法调整一切社会关系，禁止以立法缺漏为由，拒绝裁判案件。《法国民法典》甚至明确规定："法官借口法律无规定、规定不明确或不完备而拒绝裁判者，得以拒绝审判罪追溯之。"注释法学派应运而生，在近一个世纪的时间里，他们运用形式逻辑和演绎方法，为法官提供既符合立法者原意，又有助于弥补漏洞的成文法解释。

在"禁止拒绝审判"原则下，现代法律系统内部分化，司法子系统与立法子系统相互分离。现代司法具有决断属性，不再是立法的附庸，或对立法规范的单纯适用。施密特以"决断"指称一种机缘性的政治决策行动，[①]其特征有三：从性质上看，做出决断本身比如何决断更为重要；从来源上看，决断不是既有原则的逻辑演绎；从内容上看，决断的结果未被预先决定，因此并非唯一。现代司法符合上述三项特征：第一，现代社会"禁止拒绝审判"的根本原因在于，法律面向整个全社会，独自稳定规范性预期。任何诉诸法院的纠纷都必须得到明确处理，在两造之间明确分派合法/非法地位，否则社会沟通就会陷入失范(anomie)境地。较之违法泛滥的失序状态，失范的社会危害更为严重，不仅意味着不知他人可能如何行动，而且意味着不知他人应当如何行动，由此导致互动风险急剧上升，全社会系统走向停滞。第二，在阶层身份丧失固化作用的现代社会中，社会变迁异常迅速，面对无可预知的未来，立法规范总是存在漏洞。立法不足与司法全能之间的矛盾，决定了司法常常面对大前提缺失的窘境，不可能是逻辑演绎的过程。第三，现代立法语言的抽象性，消解了司法裁判的确定性。历史上的"令

---

　　① 参见〔德〕卡尔·施密特：《政治的概念》，刘宗坤等译，上海世纪出版集团2004年版，第125—133页。

状"归纳了类型有限的案件情境，经验主义的古代司法并无确定性之虞；当法律覆盖所有社会关系，以致立法规范必须使用抽象语言时，法官就很难依据具体情境确定其唯一含义了。

从诉讼常识、裁判实践和时间维度，也可以说明现代司法的决断属性。首先，如果立法预先决定司法，大量纠纷就不会进入法院，"诉讼爆炸"更不可能出现。其次，无论普通法系还是民法法系，立法规范的含义都无法脱离个案抽象地确定，而是必须首先参酌典型案例加以凝练，再在本案中进行确认。[①] 鉴于复杂社会没有完全相同的案件，在此种裁判实践中，立法规范的辐射范围实际上不断发生隐蔽的变动。最后，司法适用立法规范的陈旧观念仅仅涉及两个时间维度——仿佛规范已成过去，未来的事实只要满足其构成要件，就可以与之连接并得出唯一结论。然而，现实之中只存在转瞬即逝的当下，过去和未来都是当下的时间视域(horizon)。法院必须立足当下的具体情境，一方面重构过去的立法规范，另一方面考虑本案裁判的未来影响，进而做出决断。[②]

第二节 现代司法的中心地位

在现代社会中，司法与立法的分离体现为两种"程序"的分化，得到包括宪法在内的制度保障。立法程序贯彻民主原则，取向于协商、共识；司法程序贯彻竞争原则，取向于辩论、对抗。然而，由于古典政治哲学的影响，作为主权构成要素的立法权，至今仍被视为高于司

---

① 参见〔德〕尼可拉斯·鲁曼：《社会中的法》，李君韬译，五南图书出版股份有限公司 2009 年版，第 248 页。

② 参见〔德〕尼可拉斯·卢曼：《法院在法律系统中的地位》，陆宇峰译，《清华法治论衡》2009 年总第 12 辑，第 128—129 页。

法权。系统论法学的观点恰好相反：司法位于法律系统的"中心"。

首先，"中心"最终处理法律系统的悖论。立法纲要能够提供合法/非法的判准，展开代码层次的悖论，但不会自动起效。法律系统必须依靠司法自主使用纲要，实际负责"若……则"运算，连接系统认知的事实与规范。现代法律解释学表明，立法规范的多重含义无法借助"立法者意志"获得统一，需由法官解释加以确定。现代法教义学表明，立法规范存在于动态、开放的教义学体系之中，并非孤立命题，其定位依靠法官的选择。法律论证理论暴露出更为尖锐的问题：当一个案件同时适用多条立法规范，司法裁判最终取决于法官的进一步区分，即对本案与既有案件是否相同做出决断。①

其次，"中心"再生产法律系统的统一性。在西方哲学传统上，"统一性"系指事物的所有内部要素皆可溯源唯一的原则、理念或者目的。但在系统论法学视野下，法律统一性不再意味着下级规则来源于上级规则的演绎，而是表明系统回溯既有法律沟通，制造新的法律沟通，在循环、递回的网络中自我再生产。② 这种基于运作差异再生产的法律统一性，只能依靠司法维系。一方面，立法不断制造规范间的矛盾，司法考虑在同样有效的规范之间，何者相对于个案更为适当；另一方面，司法立足当下重构过去和未来，借助法律解释将抽象的立法规范的意义具体扩展到新的案件，并依据对未来后果的预测对其加以确定或调整。在司法审查的场合，法院还基于"上位法""宪法价值""立法权限"等法律理由，通过肯定或否定特定立法规则的法律效力，再生产法律系统的统一性。

---

① Niklas Luhmann, "Legal Argumentation: An Analysis of its Form", *Modern Law Review*, 1995(3), pp. 285-297.

② Niklas Luhmann, "The Unity of the Legal System", in Gunther Teubner (eds.), *Autopoietic Law—A New Approach to Law and Society*, Walter de Gruyter, 1987, pp. 13-35.

最后，"中心"维护法律系统的运作封闭。立法面向非法律诉求和实质理由持续开放、不断变更，司法却以其特有的能力抵御环境压力。① 至少包括四项能力：（1）"既判力"的终结论证能力。"既决案件不得再起诉"使法官免于无穷无尽的论证，任何质疑生效判决的外部说辞，均无分派合法/非法价值的实际效果。（2）"程序"的规避实质性决定能力。"对抗制诉讼"将真相交由当事各方及其律师进行建构，证据规则将事实与可采信的证据关联，在辩诉交易中，法官甚至通过简单的程序审查就能裁判案件。（3）"组织化"的风险转移能力。作为组织系统的法院转移了个人风险，法官的裁判仅需符合组织的内部规则，就被视同于法院本身的行动。（4）"职业化"的风险吸收能力。由于律师广泛介入诉讼，日常纠纷在正式提交法院之前已经得到法律的过滤；法律顾问对契约进行合规审查，设计避免诉讼的法律手段，以其预防性实践减轻法院裁判的压力。

第三节　"中心"与"边缘"的协同运转

较之占据中心位置的现代司法，现代立法位于法律系统的"边缘"，且与"契约"子系统并行。古代契约附属于立法，是法律的"语义"而非"语法"，比如罗马法上的契约等于一个单纯的"约定"加上一个"债"，后者是"应负担履行义务的法锁"，由立法明确规定。② 但在契约自由原则作用下，现代契约与现代立法一样，都是独立的法律再生产机制，都是法律系统的"语法"。尤其自 20 世纪以

---

① 参见〔德〕尼可拉斯·鲁曼：《社会中的法》，李君韬译，五南图书出版股份有限公司 2009 年版，第 137 页，第 147—150 页。

② 参见〔英〕梅因：《古代法》，沈景一译，商务印书馆 1996 年版，第 182—183 页。

来，不仅个人之间法律关系的建立主要依靠契约，在重要的社会组织内部和组织之间，在政治立法"鞭长莫及"的跨国和全球领域，规范性预期的稳定化也越来越仰赖通过契约"自我生产的法律"。

中心与边缘相互分离又协同运转，共同维系了法律系统的内部张力。①

第一，中心封闭，边缘开放。在法律系统的边缘，立法和契约面向环境认知开放，形成法律纲要。立法纲要主要是认知政治意志的结果，契约纲要主要是认知经济需求的产物，二者均使法律系统对环境变迁保持敏感。但司法中心具有封闭性，在连接"规范"与"事实"的裁判过程中，道德、政治、经济等外部理由均无直接相关性。

第二，中心必须做出决定，边缘不必。即便在立法不足或约定不明的情况下，法院也要判决所有已经受理的案件。但议会既不必决定私人领域的诸多事项，又不必随时回应公共领域的诸多诉求。同样地，契约自由既保障在任何时刻、与任何人、就任何事订立契约的权利，也保障拒绝缔约的权利。

第三，中心稳定，边缘变动。现代立法脱离神圣和自然的渊源，获得了可变性。"不可变更"的宪法规范，不过意味着严格的修宪程序。契约与无可选择的身份相对，具有打破血缘、阶层所凝固起来的社会关系，不断扩展互动的能力。然而，生效判决哪怕缺乏败诉方的认同，或者遭遇舆论的批评，也不会再予更改。

第四，中心诉诸差异，边缘容纳合意。在民主政治条件下，立法连接公共领域的"商谈"；如果关涉道德、伦理事项，甚至需要基于相同理由的共识。在市场经济条件中，作为私人领域利益博弈的结

① 参见〔德〕尼可拉斯·卢曼：《法院在法律系统中的地位》，陆宇峰译，《清华法治论衡》2009 年总第 12 辑，第 139—144 页。

果，契约也必须基于合意；"重大误解"和"诈欺"等扭曲合意的情况，则将契约置于效力待定的状态。但司法总是取向于差异，法院做出裁判决定的根本保障并非合作和相互理解，而是被告与原告、律师与法官、证人与当事人的不同角色分配，以及各自在诉讼程序上的不同地位分配。

第五，中心分化，边缘不分化。在立法子系统中，尽管政党日益成为表达政治意见的主导力量，但任何公民个人都有平等的参与权利；议长主导议会程序，但不像行政长官那样对下属发号施令。在契约子系统中，缔约者是权利地位平等的主体；生效契约不论标的大小，都具有相同的效力。只有司法子系统内部再分化，且分割、分层、功能分化三种类型并存，形成了不同地域、审级、专业的法院体系。地方与中央法院、初审与上诉法院、普通法院与铁路、海事、军事等专门法院在各自范围内充分行使职权，它们相互之间最多只是监督与被监督的关系，不存在领导与被领导的关系，它们的生效判决都具有终局性。

总而言之，经由"中心/边缘"的内部再分化，法律系统维系了五组内部张力，得以在不脱离环境的同时自创生运作。

第六章
重新界定"正义"

自我正当化的法律可能偏离正义，这是系统论法学特别容易受到的质疑。实际上，现代法仍然谨守正义，只是正义的内涵发生了改变。

第一节 自然法学说中的正义

自然法上的"正义"可分两种基本类型："交换正义"与"分配正义"。社会系统理论认为，交换正义起源于分割社会——在地位平等的氏族、部落之间，社会沟通以"相互性"为首要原则，"所取"不应超过"所予"，报复当以伤害程度为限；分配正义起源于分层社会——在地位不等的阶层之间，社会沟通以"各得其所"为首要原则，高等阶层享有特权，低等阶层承担更重的义务与责任。当然，在阶层内部，交换正义依然适用。①

在两种前现代社会中，正义均为整个全社会的共同标准。交换正义遍及分割社会的所有功能领域，不仅是法律的基础，也是经济、道德、宗教的基础。原始经济强调"互惠"，原始道德强调"己所不欲，

---

① 参见〔德〕尼可拉斯·鲁曼：《社会中的法》，李君韬译，五南图书出版股份有限公司 2009 年版，第 257 页。

勿施于人",原始宗教强调以供奉换取庇护。同样地,分配正义主导了分层社会的各种社会关系,贵族不仅拥有法律特权,而且在政治地位、经济资源、道德评价上占据优势,甚至垄断科学知识、艺术标准、神的恩宠。

按照柏拉图、亚里士多德的古代自然法传统,正义尤其表现为与全社会结构相适应的普遍道德。"法律必须合乎正义",就是必须符合全社会的道德原则,这些道德原则维护着高等阶层的利益与价值观念。如果统治者制定的规则不正义,从实效角度看,可能由于缺乏社会支持而难以实施;从效力角度看,也可能不具备法律的属性。"恶法非法"说的核心,就在于否认非正义规则的法律属性。

但自中世纪晚期始,正义与全社会结构发生分离。古典自然法学家洛克(John Locke)、卢梭(Jean-Jacques Rousseau)、康德(Immanuel Kant)均以"自然状态"而非"社会状态"作为出发点,试图从个人或者主体之间的社会契约中发现正义。康德诉诸主体的方案最为激进,他将社会契约置于先验基础——理性之上,从而完全与事实性的全社会结构分离。① 从实质含义上看,尽管古典自然法学家的"正义"仍然具有道德性质,并且是现代宪法的道德基石,但与高等阶层特权相联系的分配正义消失了,交换正义也更多地意味着契约自由,而非中世纪的"公平价格"。

20世纪下半叶,鉴于极权国家利用实证法推行暴政,"新自然法学派"再度调动"恶法非法"说的道德批判潜力。然而,随着功能分化的展开,道德日益多元化,统一的正义观念已然分崩离析。一方面,分配正义在福利国家的政治系统中重生,但不再依据静态的阶层

① 参见〔美〕艾瑞克·托马斯·韦伯:《新旧社会契约论》,《国外理论动态》2012年第5期,第37—50页。

身份，而是依据个人随系统和情境变动的弱势地位；另一方面，交换正义退缩到经济系统中，沦为交易自由的补充，甚至是维持效率的手段。受此影响，在法律与政治、经济系统的"结构耦合"部分，如税法和反垄断法中，分配正义和交换正义仍然活跃；但在法律系统的中心，法院一视同仁地使用条件性纲要，既否认任何特权，也不关心交易各方能否共赢。

新自然法学家无疑看到了正义内涵的变迁。罗尔斯（John Rawls）改进康德诉诸"具有道德禀赋的主体"的社会契约，以"程序主义"假设替代"先验主义"假设，论证了作为"无知之幕"下的理性共识的正义；[1] 富勒（Lon L. Fuller）提出"程序自然法"的概念，注重"内在于法律的道德性"，将实质正义深藏于法律系统有效运转的形式要求之中；[2] 德沃金（Ronald Dworkin）仍然强调正义与道德、政治共识的一致性，但也主张从法律原则、宪法基本权利和普通法的整体性诠释中寻求正义。[3] 总而言之，新自然法学家要么聚焦"形式正义""程序正义"而非"实质正义"，要么在正义问题上弱化了法律与道德、法律与全社会的关联。

第二节　法律系统中的正义

卢曼更为明确地论述专属现代法律系统的正义。

---

① 参见〔美〕约翰·罗尔斯：《正义论》，何怀宏等译，中国社会科学出版社 1988 年版，第 136—141 页。
② 参见〔美〕富勒：《法律的道德性》，郑戈译，商务印书馆 2005 年版，第 40—111 页。
③ 参见〔美〕德沃金：《法律帝国》，李常青译，中国大百科全书出版社 1996 年版，第 201—245 页。

首先，正义是法律系统的自我观察和自我描述，取向于系统的统一性。① 如前所述，效力涉及运作层面的统一性，只要每项运作都指涉"现行有效法"，法律就是统一的系统。"正义"则涉及观察和描述层面的统一性，且为法律系统内部的观察和描述，无关外部道德。前现代社会，人们共享伦理观念，且法律与道德尚未分离，道德属性的"正义"保障了法律的统一；在功能分化的现代社会中，道德呈多元化发展，并被合法/非法代码排斥到法律系统之外，其外部观察和描述参差不齐。

其次，正义存在于法律系统的"纲要"层次。法律代码无关正义问题，在不同时间或空间，同样的行为既可能合法，也可能非法；正义涉及合法/非法的判断标准间的关系，即法律纲要的统一性。但正义既不是与刑法、民法、契约并列的纲要，也不是实证法之外的"正当法"，不能直接用于案件裁判。当普通法不符合道德式的正义时，衡平法作为"国王的良心"登场，这种中世纪场景已成遗迹。正是由于正义既非法律代码，亦非普通的法律纲要，因此至今被误解为法律的道德基础乃至全社会的原则。

复次，正义不是从外部调整和控制法律的道德规范。现代法自主吸纳道德价值，不受道德的直接干预。在立法场域，一方面，诸多道德主张标准过高，不被接受为强制性的义务；另一方面，即便某些道德价值在公共领域中形成共识，也必须经由宪法原则和立法程序的双重过滤，才能形成立法规范。在司法场域，道德规范不可能像法律规范那样得到援引，在两造间直接分派合法/非法地位。道德要么像专家知识那样，作为事实进入司法场域；要么在法律论证过程中发挥作

---

① 〔德〕尼可拉斯·鲁曼：《社会中的法》，李君韬译，五南图书出版股份有限公司2009年版，250页。

用，亦即作为在多项可适用的法律规范之间选择本案裁判规则的
理由。

最后，法律系统的正义无法调整和控制环境。法律不能要求政治
统治者保持政策连续性，不能统一经济参与者的交易价格，更不能强
迫人们信奉同一套伦理学说。

第三节　正义的纯粹"形式性"

在法律系统中，纯粹形式性是正义的典型特征。与自然法的观点
不同，正义并非实体价值或者原则。从古希腊开始，正义始终诉诸法
律决定的一致性，但现代法律的正义仅仅从形式上要求"相同情况相
同处理，不同情况不同处理"。比较起来，简单社会依据无可改变的
阶层出身（分配正义），或者高度稳定的公平价格（交换正义），决定
何为相同情况，何为不同情况；现代法律的正义虽然也考虑社会结构
特别是功能系统的差异（比如区分民事与商事纠纷），却更多地诉诸
变动的社会情境，不断将事实大体相同的案件判断为"不同"，反之
亦然。① 换言之，对于现代法而言，正义具有公式（formula）的特点，
没有对相同或者不同预先做出实质性的决定。

纯粹形式性的正义导致法律系统的"偶联性"（contingency）。古
代自然法认为，正义之法符合世界的理念或本质，亦即万事万物的必
然性或不可能性；古典自然法也主张，正义之法是永恒不变的理性
法，维护平等、自由等不可剥夺的人权。然而，理念、本质不依赖现
象存在，自由和平等却只能相对界定，理性也随情境变迁不断变动，

---

① 参见〔德〕尼可拉斯·鲁曼：《社会中的法》，李君韬译，五南图书出版股份有限
公司 2009 年版，第 255—256 页。

没有"必然性"或"不可能性"。模态逻辑学将"一切既非必然又非不可能的事物"界定为"偶联性"，① 系统论法学借此概念对必然性和不可能性加以双重否定，强调正义之法不仅不必符合"自然"，且其规范性恰好要求与自然而然之事保持距离。应对社会复杂性的加速增长，正义开辟全新可能性的趋势益加明显，在实证化的法律系统中，规范、决定、理由、解释、论证皆获得了可变性。

卢曼由此认为，正义是法律系统的"偶联性公式"。多种现代功能系统中都存在"偶联性公式"，以便"决定不可决定之事"，亦即促成决断。科学中的"有限性"、经济中的"稀缺性"、法律中的"正义"，都既引导着系统的决断，又没有预先决定其内容；既保障了决断的形式一致性，又掩盖了实质上的变异性。进而言之，由于一切决定皆为决断，偶联性公式"不能被理解为成长公式，或者一种关于系统之被期许的发展走向的宣示"：科学总是再生产有限性，经济总是再生产稀缺性；真理总是有限，商品总是稀缺。同样地，法律要么是正义的系统，要么不是。"法律越来越正义"的愿望，"唯有当人们倾向于忽略系统中的成本、负面效应、官能障碍、风险、片里的强化等等事情时，才能够成立"。②

然而，正义并非所有法律子系统的偶联性公式。现代议会不断破坏立法决定的一致性，以"法不溯及既往"原则作为弥补，依靠民主政治掩盖其非正义性。在市场经济规律的作用下，价格和供求关系也控制着变化无常的契约。唯有位于法律系统中心的司法，由于远离政治系统和经济系统，必须接受正义的支配。归根结底，正义就是"相

① 〔德〕尼克拉斯·鲁曼：《对现代的观察》，鲁贵显译，左岸文化出版社 2005 年版，第 107 页。

② 参见〔德〕尼可拉斯·鲁曼：《社会中的法》，李君韬译，五南图书出版股份有限公司 2009 年版，252—255 页。

同案件相同处理，不同案件不同处理"，体现正义理念的不是立法或契约，而是法院对这些法律纲要的二阶观察。毕竟，变动不居的纲要无法自动适用于个案，司法必须通过既有案件解释其含义。最终决定个案裁判的并非抽象规则，而是法院对本案与前案相同/不同的判断。要言之，司法"中心"借助二阶层次上的正义，审查位于边缘的立法和契约，从而实现整个法律系统的"自我控制"。①

---

① 参见〔德〕尼可拉斯·鲁曼：《社会中的法》，李君韬译，五南图书出版股份有限公司 2009 年版，第 265—266 页。

第七章
法律系统与其他功能系统

以上主要涉及法律系统的内部关系，本章讨论其外部关系。系统的外部关系可分两种：一为"系统/环境"关系；二为系统与其环境中的各种功能系统的关系，亦即"系统际"关系。本章着重法律的系统际关系。

第一节　系统际的关联模式

在"系统/环境"这组区分中，环境并非客观存在，而是系统的主观"建构"。任何社会系统都面对独一无二的环境(the environment)，并且单方面地制造了与其环境的关系。首先，环境不是一个运作的统一体，而是系统运作所排除的所有事物的统一，"其他的一切"。其次，从原理上讲，环境总是比系统来得复杂，形成系统就是为了"化约环境复杂性"；也正是由于人面对着无从把握的复杂世界，才需要建立社会系统化约"世界"的复杂性。最后，环境"不能感知、处理或者影响系统"，系统虽然经常无视环境，但自主地将环境中的特定变动转译为内部信息，进而加以认知或者做出回应。① 同样

---

① 参见 Niklas Luhmann, *Social Systems*, Jr. Johan Bednarz, Dirk Baecker (trans.), Stanford University Press, 1995, p. 182。

地，在法律系统的运作过程中，一方面，代码之外的所有价值都被排除到环境，不予理会；另一方面，环境的特定变动被建构为"法律事件"，对系统内部的既有状态产生激扰（irritation），迫使系统自我调整。

与"系统/环境"关系不同，"系统际"关系涉及两个自创生系统。二者之间界限清晰，各自构成运作封闭的循环网络，拥有不同的"频率"。因此，系统际关系具有高度选择性，绝非点对点的输入/输出关系，或者说线性因果关系。尤其在功能分化的现代社会中，各种功能系统都"自我再生产"，代码、纲要、程序等结构上的限制，导致其相互关联唯有在"共振"这种例外情况下才可能发生。风险社会的形成，根本原因之一，就在于自创生的功能系统之间缺乏共振，一种系统的运作无法在另一种系统中产生预期中的影响，比如政治和法律的干预难以调控经济，科学的澄清难以改变大众媒体的舆论。

但系统结构并非只是限制或者排除了系统际的关联。经过长期的社会演化，系统之间发展出一些相互对应、高度敏感的结构。它们在为系统屏蔽大量环境事件的同时，也聚焦另一系统的特定变动，从而提升了二者之间的共振能力。卢曼借用物理学上的"结构耦合"（structural coupling）概念，说明系统际的此种关联模式。风险社会的另一重要成因，就在于太多功能系统之间存在结构耦合，以致系统的细微变化引发连续共振，产生意料之外的蝴蝶效应。更严重的问题是，相互耦合的结构仍然从属于不同系统，在不同的运作循环网络中自我再生产，具有因系统而异的意义，不会促成系统际的相互协调。

法律系统也只能通过结构耦合与其他社会系统相互关联。篇幅所限，下文仅举两例。

第二节 法律与经济

中世纪欧洲社会，分层模式占据主导地位，法律与经济以土地为中介紧密结合。地产的多寡与政治地位的高低、法律特权的大小相对应；国王、领主、教会各自在其领地范围内行使人身支配权和审判管辖权。然而，随着土地的货币化，法律与经济逐渐分化。不同于使用次数有限、使用价值因人而异的实物，货币具有彻底、同等的再使用性，确保了支付能力的无障碍流动并构成循环网络，对于经济系统从全社会中的"分出"至关重要。土地由货币进行经济性评价，并在登记制度的基础上自由流转，从根本上埋葬了附着于土地之上的法律特权。最终，"就是土地……人们也只是为了货币才拥有它们。一直要到这一刻，经济才……分化出来成为这样一个系统"[①]。基于拥有/不拥有、支付/不支付两组代码，现代经济成为专门负责减少稀缺的自创生系统，与负责稳定规范性预期的法律彻底分离。

19世纪末，利益法学派的"利益"概念提升了法律之于经济环境的敏感度。但法律归根结底不是经济，法律上的利益无法被货币衡量，不能成为支付的对象。现代法对利益加以均质化和抽象化，一律区分为"受法律保护/不受法律保护的利益"，漠视其具体经济特征，尤其是经济的核心要素"价格"。相反的情况，被称为"腐败"。换言之，经济与法律各自认知和自主调整"利益"，前者以"利润最大化"为目标，后者以"正义"或曰"决定一致性"为宗旨；法律规范和司

---

① 〔德〕尼可拉斯·卢曼：《社会之经济》，汤志杰、鲁贵显译，联经出版事业公司2009年版，第70页。

法判决，都不会因为违背经济目标而无效。① 就此而论，利益法学、持"经济还原论"的法经济学，以及研究法律如何引导和管控经济的社会学法学，都误解了现代法律与现代经济的关联方式。系统论法学认为，法律与经济彼此分离，只能基于所有权和契约两项机制，以结构耦合的方式相互影响。②

现代所有权制度的形成，经过了经济与政治逐渐脱钩，进而与法律耦合的漫长历程。中世纪欧洲，由于土地被用于信用担保，具备了一定程度的可流转性，融合地权与家长支配权的"家产制经济"开始瓦解；但在广泛的"庄园经济"和"捐赠经济"中，世俗和宗教统治者的政治支配权尚未与地权分离。16—17 世纪，欧洲封建制崩溃，货币经济初步替代庄园经济，新兴民族国家开始以重商主义模式参与国际贸易，但主要目标仍然在于开辟王室财源和巩固政治统治。18世纪，所有权基础从政治支配向自然权利转移，却又与选举权等政治权利结合，并在市民社会语境下成为政治参与的唯一正当利益。直到19 世纪初，以《法国民法典》为标志，所有权才意味着自由地利用市场机会的可能性，适应于经济系统自创生的基本前提——明确谁对于特定财富具备处分能力。现代所有权制度一方面切断对共识的要求，使权利主张得以对抗其他一切人的意志；另一方面区分事实上的占有与法律上的所有，排除习惯、暴力等非货币因素的财产合法化效果，最大限度地保障了基于"拥有/不拥有"代码的经济沟通。19—20 世纪的殖民时期，所有权制度在世界范围内迅速推进并最终巩固，就是

---

　① 对福利国家非法律化（delegalization）、非形式化（deformalization）和非职业化（deprofessionalization）趋势的批判，参见〔德〕尼可拉斯·卢曼：《法律的自我复制及其限制》，韩旭译，李猛校，《北大法律评论》2000 年第 2 辑，第 463 页。
　② 参见〔德〕尼可拉斯·鲁曼：《社会中的法》，李君韬译，五南图书出版股份有限公司 2009 年版，第 495—508 页。

出于上述两点原因。

　　仅仅从静态角度确定财产所有远远不够，经济系统的分出还需保障基于"支付/不支付"代码的动态交易网络。法律与经济的另一项耦合机制——现代契约制度应运而生。鉴于身份之于社会整合的重大意义，古代社会对财富流转设置了无数障碍。比如罗马法从形式上严格控制契约效力，且将契约划分为若干类型；缺乏规定形式的约定不会成为契约，非法定类型的契约不能强制执行。又如英国，直到16世纪中叶，法院才借助约因理论突破令状对契约的束缚。存在对价就认定契约有效的做法，以及法官对"约因"不断扩大的解释，逐渐推动了契约自由。然而，现代契约的效力基础既非"形式"亦非"约因"，仅仅是"当事人意思表示一致"。在现代社会中，所有基于支付/不支付的经济沟通都可以受到契约保护，所有缔约行动都只需考虑市场因素。此种围绕契约实现的结构耦合，从经济的一面看，是由于货币经济在动态层面的封闭运作，要求从交易中排除支付/不支付之外的价值衡量，漠视身份的事实性影响以及第三方的干涉；从法律的一面看，则是由于现代契约拟制了缔约各方的平等，并以"合同相对性"为基本原则。当然，契约的经济和法律意义也只能在各自的封闭网络中界定。直到20世纪，司法也并未任由契约受市场管控，而是自主解释当事人意思，甚至可以依据"善良风俗"等法律理由宣告契约无效。

第三节　法律与政治

　　与民族国家崛起的历史相适应，古典政治哲学将法律与政治视为统一体。从16世纪下半叶开始，为了巩固民族国家的政治主权，实践层面上要求"对法院实施中央集权的政治控制，清除领主权利、教会法、社团法，或者至少是所有适用特殊法律的法庭"①。而在理论层面，霍布斯（Thomas Hobbes）从反抗权问题出发，论证法律与政治结盟的必要性，指出如果允许每个人都诉诸自然法和自然理性，法律就会毁掉作为自身前提的和平。直至今日，滥觞于此的"法律的政治概念"仍然深刻地影响着政治学、法学和社会学等研究领域。但也存在另一种截然相反的极端见解，源自对法律扩张现象的观察。鉴于现代社会"不存在没有法律的领域，不存在无法进行法律规制的管理形式，不存在不受调整的恣意与暴力的领地"②，19 世纪早期的"自由法治国"理念将政治视为法律的附庸，认为政治应当被驯服为纯粹的法律执行者；国家只是法律的建构，旨在以政治方式创造实施法律的社会条件。

　　系统理论同时批判"法律的政治概念"和"政治的法律概念"，认为现代政治基于有权/无权代码封闭运作，负责生产有集体约束力的决定，与法律彼此分离。首先，法律基于"分权"制度拒绝政治控制，政治否认诉诸反抗权的法律干预；其次，法律沟通依赖法官、律师、法学家的精英知识，政治沟通离不开政党、选举等民主机制；再次，在政治系统的中心，国家主动做出面向公众的一般政治决定，在法律系统的中心，法院"不告不理"，被动做出面向个案的具体裁判决定；复次，主权者进行价值权衡和目标选择等实质性决断，法官凭借程序和主观权利回避类似问题；最后，面对社会变迁，政治迅速展开自我调整，法律则通过事实认定、法律解释和法律论证缓慢发展。

---

　　①　Niklas Luhmann, *Law as a Social System*, Klaus A. Ziegert（trans.）, Oxford University Press, 2008, p. 359.

　　②　Niklas Luhmann, *Law as a Social System*, Klaus A. Ziegert（trans.）, Oxford University Press, 2008, p. 368.

然而，如同法律与经济，法律与政治也在彼此分离的前提下进行结构耦合。前者存在于私法层面，后者存在于公法层面。近代以来，罗马法的"公/私"之分之所以重新得到重视，就是因为政治与经济发生了系统分化，进而与法律分别耦合。现代私法早于现代公法形成，原因之一则在于中世纪晚期，农业贵族虽然在经济领域让步于资产阶级，却迟迟不肯交出政治性的特权和地方性的司法裁判权。直到16世纪，随着贵族阶层陷入财政困境，被迫向中央集权的领土国家转让权力，现代公法才渐具雏形。①

现代宪法从根本上促成了法律与政治的结构耦合。1787年的美国宪法试图解决一个全新问题，即在缺乏传统的情况下，如何填补英国殖民者留下的中央权力真空。故与古代英国的宪法性文件不同，美国宪法的效力基于宪法自身，而非历史性的政治习惯。这种新型宪法充满了的悖论和套套逻辑：自己宣称自己的法律属性，而且是最高的合法性；自己确立"新法优于旧法"原则，又将自己排除适用；自己既规定自己不可变更，又设定修正自己的条件和程序；自己设置特定机构和程序，以审查普通法律是否与自己一致。②

不过，正是由于悖论和套套逻辑的存在，现代宪法才开启了法律与政治的自主运作和相互间的结构耦合：在法律系统中，宪法被理解为最高制定法，所有法律最终接受司法的合宪性审查；在政治系统中，宪法被视为最高主权的宣称，既是政治统一和稳定的象征，又是授权议会和政府改变政治和法律现状的工具。这样一来，法律独立地生产规范和判决，政治也独立地生产有集体约束力的决定，均排斥道

---

① 参见〔德〕尼可拉斯·鲁曼：《社会中的法》，李君韬译，五南图书出版股份有限公司2009年版，第512页。

② 参见〔德〕尼可拉斯·鲁曼：《社会中的法》，李君韬译，五南图书出版股份有限公司2009年版，第514—515页。

德、习惯、宗教的干预。由此产生的各自的悖论、套套逻辑和恣意，则由两个系统相互加以掩饰和转移：政治决断因法律系统的存在而得到合法化，法律决断因政治主权的存在而获得正当性和强制力。①

　　基于宪法的结构耦合同时限制和提升了政治系统的能力。一方面，宪法排除了政治权力行使方式的诸多可能性，比如贪污受贿、为了巩固统治而垄断经济或者制造恐怖，以及违反宪法原则和程序进行决策；另一方面，只要接受相关限制，政治就能利用实证法，将权力扩展到传统上无法想象的范围，并且不断推翻已有决定。政治系统的成就提升很快引发了不安情绪，以至被迫开启民主化转型，此即1791 年美国《权利法案》出台的背景，表明过于强大的权力再生产不能单独依靠宪治的动员能力，必须借助政治系统的内部再分化，即形成官僚制的国家、组织化的政党、自由的公众。②

　　在政治民主化的情况下，较之位于中心且运作封闭的司法，位于法律系统边缘且认知开放的立法更具敏感度优势。进入福利国家时代之后，即便在普通法国家，法律发展也更多地依赖政府和议会的法律制定，而不是法院的案件裁判。③ 法律与政治的共振效果明显增强：经由政党的媒介，公众意见在议会中得到表达，只要满足法律的相关程序和实体要求，就能转化为具有政治强制力的"立法"规范。但归根结底，由于司法决定了如何适用和解释相关立法，并能够对立法进行违宪审查，政治仍然只能对法律形成"激扰"。

---

　　① 参见〔德〕尼可拉斯·鲁曼：《社会中的法》，李君韬译，五南图书出版股份有限公司 2009 年版，第 518—521 页。

　　② 参见 Niklas Luhmann, *The Differentiation of Society*, Stephen Holmes, Charles Larmore (trans.), Columbia University Press, 1982, pp. 138-165。

　　③ "保持立法在法律创制过程中的主动性——同时将确保法律随时更新的普通法功能归还法院"的主张，参见〔美〕盖多·卡布拉雷西：《制定法时代的普通法》，周林刚、翟志勇、张世泰译，北京大学出版社 2006 年版，第 1—4 页。

第八章
系统论法学的特色与贡献

在当代法律思想谱系中,"自创生"系统论法学特色鲜明、自成一派。

从研究对象看,系统论法学考察法律系统自主界定的法律,而非法学家以分析方式定义的法律。随着本体论哲学的衰落,现代法学普遍放弃了对法律本质的探求,理性法学(古典自然法学)、概念法学、利益法学、实证主义法学、现实主义法学、法社会学、新自然法学各自作为观察者,主观地分析法律的边界。由此造成的后果是,各种法学理论并非讨论同一种意义上的法律,彼此间的争执与批判"顶多使各自的理论武器更为锐利"①。卢曼则认为,由于法律系统本身就是观察者,系统论法学必须进行二阶观察,亦即观察法律系统自主观察的法律,这种法律是唯一的现实存在。

从研究路径看,系统论法学抛弃"上/下"等级图式,以"内/外"平等图式描述现代法的统一性。与前现代的宇宙论一致,古代自然法学诉诸"永恒法/自然法/神法/人定法"的等级。各种现代法学理论,为了描述法律的统一性,同样采用了前现代的路径:理性主义法学诉诸"理性/非理性""善/恶""暴力/文明"的高下;实证

---

① 〔德〕尼可拉斯·鲁曼:《社会中的法》,李君韬译,五南图书出版股份有限公司2009年版,第36页。

主义法学诉诸"上位法/下位法""初级规范/次级规范"的阶序；概念法学、新自然法学诉诸"原则/规则"的层次；利益法学和经济分析法学诉诸"效益"或者"成本—收益"的基础地位。卢曼则认为，不论是具有决定意义的外部原则，还是发挥统摄作用的内部规范，都无法维持法律的统一性。现代法不是建立在特定支点基础上的静态的规则体系，而是动态的运作系统，只能依靠基于"代码"的法律沟通，不断划定"系统/环境"的"内/外"界限，从而再生产自身的统一性。

从研究取向看，系统论法学拒斥规范性，坚守事实性。法理论和法教义学都旨在协助法律系统的运作，都取向于法律系统固有的规范性，亦即对法律主体应当如何行动做出安排。系统论法学则是社会学的分支，不研究那些无法直接从法律运作之中实证观察到的东西，"它的诉求对象是科学本身，而非法律系统"，其"各项概念要能标示各种可被观察的事态"，避免陷入"理念""价值""规范""应然"等描述层次。① 不过，与传统的社会学不同，系统论法学没有止步于研究与规范截然对立的事实，而是进一步探索"法律系统如何自主区分事实/规范"这项"事实"，因此并不排斥各种内部视角的法律学说，反而将它们作为法律系统的组成部分加以考察。说得更明白一点，系统论法学观察着法律系统内部各种法律学说对应然的观察。借助二阶观察，卢曼总是见他人所不见。

从研究方法看，较之一般的法社会学，系统论法学不满足于简单套用社会理论的概念或者实证方法。系统论法学不是社会学在法学领域的小试拳脚，恰恰相反，由于自觉地将法律视为全社会的子

---

① 〔德〕尼可拉斯·鲁曼：《社会中的法》，李君韬译，五南图书出版股份有限公司2009年版，第50页。

系统，系统论法学完全能够促进社会学乃至社会理论的发展。系统论法学也不满足于简单分析法与社会。这种提法预设了二者的分离，却无法说清为何全社会仍然可以影响法律。卢曼主张聚焦"社会中的法"，既追问作为环境的全社会如何影响法律系统，又不必模糊二者的分化。毕竟"法律沟通"既区别于其他社会沟通，又是社会沟通的一种类型；全社会既是法律系统的环境，又包含了法律系统。

系统论法学的贡献，在于将法律的"现代性"阐发到了极致，对传统法学思维造成了全方位冲击：（1）只有在功能分化的现代社会中，法律才呈现系统形态，具有"自创生"属性；（2）在现代社会中，也只有法律能够稳定规范性预期，因此与道德、宗教、习惯等社会规范彻底分离；（3）法律系统运作封闭，将"合法/非法"之外的价值排除到环境，无视来自政治、经济、科学、大众媒体的干预；（4）法律系统认知开放，以"结构耦合"方式与其他系统相互关联，但系统与环境之间不存在"输入/输出"关系，系统际的协调困难也无法克服；（5）在法律系统内部，现代司法具有决断属性，占据中心地位，不再是立法的附庸和单纯的法律适用；（6）作为专属法律系统的自我控制机制，"正义"只是负责法律决定形式一致性的"偶联性公式"，无关道德和其他实体价值。

系统论法学的局限与其方法论特色和理论贡献并存。借用卢曼本人的观点，由于使用特殊的复杂区分，系统论法学看到了其他理论没有看到的事物，但其盲点也恰恰源于此种特殊区分，能够被使用另一种区分的二阶观察者察觉。首先，按照"系统/环境"的僵硬二分，法律要么是系统，要么不是系统，遗漏了从无到有的过渡阶段。从经验上看，无论在早期现代社会，还是在法治欠发达的当代国家和地区，法律都存在一种"半自创生""半系统"的状态，特别表现为未与政治权力和政党意志明确分离。其次，由于取向于"事实"，系统论法学容易止步于描述问题，缺乏批判性和建设性。比如，卢曼揭示了法律与其他系统相互冲突的必然性，论及"自创生"法律系统无视外部诉求，导致了弱势群体的边缘化境遇，但他并没有提出改变这种可悲境遇的理论方案。最后，在飞速变迁的社会现实面前，系统论法学也必须与时俱进。比如，尽管卢曼曾经提及"世界社会的法律系统"，但毕竟没有看到各种法律部门多面向的全球化现象。

卢曼在世时，系统论法学已经走出德国学界，受到英语世界的重视；大量英译著作相继问世，意大利（1987）、美国（1991）、荷兰（1991）还相继召开了专题国际研讨会。[1] 卢曼过世以后，汉语学界的译介工作也如火如荼地推进。更重要的是，经过托依布纳等学者的努力，系统论法学不断向前发展。首先，改进后的系统论法学区分法律系统"自治"程度的差异，认为现代法经历了从自我观察、自我描述、自我组织、自我调整到自我再生产的演化过程，一步一步走向"自创生"。[2] 其次，系统论法学进入法律全球化的研究领域，观察法律在全球层面与经济、科学、体育、医疗、互联网系统的"结构耦合"现象，有力地阐述了新商人法、知识产权法、体育法、卫生法、互联网法律等多元全球体制（regimes）的形成机理，预示着现代法的未来发展趋势。[3] 最后，更具批判性和建设性的"社会宪治"学说兴

---

① 洪镰德：《法律社会学》，扬智文化出版社 2001 年版，第 387 页。

② 〔德〕贡塔·托依布纳：《法律：一个自创生系统》，张骐译，北京大学出版社 2004 年版，第 32—36 页。

③ 〔德〕贡塔·托依布纳：《魔阵·剥削·异化——托依布纳法律社会学文集》，泮伟江、高鸿钧等译，清华大学出版社 2012 年版，第 30—117 页。

起，主张扩大基本权利的效力范围，在传统的"政治宪法"之外发展"社会宪法"，进而缓解"系统际"冲突，提升功能系统对边缘人群的"再涵括"能力。① 正如下一章将会看到的，在此基础上，"系统论宪法学"日渐成熟。

---

① 参见 Gunther Teubner, *Constitutional Fragments: Societal Constitutionalism in Globalization*, Oxford University Press, 2012, pp. 136-139。

第九章
系统论宪法学

"系统论宪法学"是一个简称，在本书的语境下，特指运用 1980 年代以后趋于成熟的"自创生"社会系统理论阐释现代宪法现象的学说。这套学说无疑可以追溯至古老的宪法社会学传统，但从两方面情况看，又确实可能给当代的宪法学研究带来新思维。

一方面，宪法社会学式微已久，随着系统论宪法学的异军突起，这个传统才重回学界视野。源于启蒙运动的规范宪法学，因凸显"人"的主体性而获得形而上学的正当性，几个世纪以来逐步奠定了正统地位，并牢固占据当代主流。其基本特征，在于结合宪法文本，将人的自由、平等或者尊严作为不证自明的基本原则，在此基础上展开形式逻辑的演绎分析，构造以人权保护为核心的宪法教义学体系。它试图整合理性自然法学与实证主义法学的双重旨趣，兼顾宪法的价值理想与实证效力。[①] 但规范宪法学远不是现代宪法学的全部，从社会理论开端的经典作家孟德斯鸠（Montesquieu）、伯克（Edmund Burke）、萨维尼（Friedrich Carl von Savigny）、边沁（Jeremy Bentham）、黑格尔和早期马克思（Karl Marx），到古典时期的社会学家滕尼斯（Ferdinand Tönnies）、涂尔干、韦伯和法学家狄骥（Léon Duguit）、奥

---

① 参见林来梵：《从宪法规范到规范宪法》，商务印书馆 2017 年版，第 4—8 页。

里乌(Maurice Hauriou)、施密特，都针锋相对地主张从社会结构和社会功能而非先验知识和演绎逻辑出发，理解现代宪法的形成。只不过，1945年以后，出于对极权主义的怵惕，形式主义的规范理论占据了宪法理论的中心，宪法社会学的传统则近乎被遗忘了。[①] 宪法社会学在当代西方的复兴，很大程度上归功于系统论宪法学的发展：以创始人尼可拉斯·卢曼为原点，前辈之中，系统论巨擘帕森斯强调宪法是社会结构稳定化的重要资源；同辈之中声名最盛的哈贝马斯，不仅一生都在批判地借鉴卢曼的"自创生"社会系统论，而且其早期关于宪法正当性的研究，已经引入了宪法的功能分析；[②] 晚近以来，宪法学家迪特儿·格林(Dieter Grimm)、马丁·莫洛克(Martin Morlok)、克里斯·桑希尔(Chris Thornhill)等在卢曼的影响下写作，以托依布纳为中心的后卢曼系统论宪法学阵营，更是提供了关于当代宪法令人瞩目的复杂论述。然而，所有这些重要变化，在中国的宪法研究者中间，还只是刚刚引起关注。

另一方面，人文视角的规范宪法学自不待言，除了系统论宪法学之外，其他秉持社会视角的宪法社会学，包括我国近年来持续活跃的"政治宪法学"，[③] 都未能全面阐明现代宪法的社会基础问题。我国的政治宪法学可以溯源至卡尔·施密特，[④] 而施密特的宪法理论本身就

[①] 参见 Chris Thornhill, *A Sociology of Constitutions: Constitutions and State Legitimacy in Historical-Sociological Perspective*, Cambridge University Press, 2011, pp. 1-8。

[②] 参见〔德〕哈贝马斯：《公共领域的结构转型》，曹卫东等译，学林出版社1999年版，第255—266页。

[③] 参见田飞龙：《中国宪法学脉络中的政治宪法学》，《学海》2013年第2期，第21—31页。

[④] 也有论者认为，施密特的政治宪法学强调"只是在事关生死存亡的例外状态时，相对的宪法律才可得以悬置，而固守绝对的宪法"，但中国政治宪法学者"将例外状态常态化了"，"已经偏离了施密特的路径"。参见李忠夏：《中国宪法学方法论反思》，《法学研究》2011年第2期，第166页。

是导致 1945 年以后宪法社会学传统一度衰落的重要原因。施密特从作为社会分支的政治出发理解宪法，通过区分"绝对宪法/相对宪法""宪法/宪法律"，将宪法内容归因于政治决断，将宪法效力归因于制宪权，不仅在学说上严重偏离现代宪法原则，而且在实践中遭遇了背弃自由法治国理想甚至正当化纳粹独裁的批判。① 与政治宪法学不同，系统论宪法学尽管也不满足于规范宪法学对自由、平等、人权、法治等"大词"的意识形态说明，但倡导立足于作为整体的"全社会"展开二阶观察，破解现代宪法的社会"源代码"，帮助现代宪法在保持体系安定性的同时，提升社会回应性。② 这是一种全新的宪法学思维，旨在以重新界定宪法功能为起点，构造一个宏大的理论体系，其内在逻辑是：现代宪法独特的社会功能决定了它在时间、空间、事物三个维度的内涵和特征，这些内涵和特征使之得以处理现代社会固有的宪法问题；全面理解现代社会面对的宪法问题，才能准确把握现代宪治的实践历史和当下发展，合理预测现代宪治的未来走向；与此进程相应的宪治模式转换，反过来又取决于在不断变迁的社会环境之中有效执行现代宪法功能的客观需要。

第一节　现代宪法的社会功能：
维系功能分化

如前所述，现代宪法的社会功能分析是系统论宪法学的逻辑起

---

① 参见〔德〕卡尔·施密特：《宪法学说》，刘锋译，上海人民出版社 2005 年版，第 25—28 页；黎敏：《宪法的多种面孔与守护宪法的不同制度模式——凯尔森与施密特论战的主要问题意识及当代意义》，《华东政法大学学报》2018 年第 2 期，第 102—105 页。
② 参见李忠夏：《宪法教义学反思：一个社会系统理论的视角》，《法学研究》2015 年第 6 期，第 18—22 页。

点。在系统论宪法学看来，既有的相关学说存在三项严重缺陷。第一项缺陷涉及"成效"与"功能"之分。前者是宪法之于诸社会子系统的积极影响，后者则是宪法负责满足的整体社会需要，或者说宪法试图解决的全社会问题。那些认为宪法的功能在于保障民主政治、市场经济、法律自治、教育公平、科学自由、医疗发展的学说，都因片面聚焦宪法之于个别社会子系统的成效而犯下范畴错误，错失了宪法在全社会层面不可替代的贡献。第二项缺陷涉及"目的"与"功能"之别。"许多法学著作常常像教皇权威讲话般将法律肩负的社会使命表述成具有必要的道德目的……混淆了功能与目的这两个概念"①，罗杰·科特威尔（Roger Cotterrell）的上述判断同样适用于宪法学。自由主义倾向的宪法学强调，宪法的功能在于限制权力、保障自由，然而宪法岂非也旨在通过形塑"利维坦"式的现代国家，合法垄断古代社会的弥散性权力，使政治权力的触角得以延伸到传统上从未涉足的领域?② 共和主义倾向的宪法学则强调，宪法的功能在于建构国家、整合社会，然而现代宪法究竟旨在缔造千人一面的同质共同体，还是一个由异质个体组成的社会，鼓励人的自由发展和自我实现?③ 将规范性的制宪目的等同于事实性的宪法功能，必然由于目的的多样性而误入绝对化的歧途。第三项缺陷涉及宪法功能与现代社会组织原则的关联。除了完全忽略此种关联的观点之外，将宪法功能理解为维护高等阶层统治的学说，至少要面对无视现代宪法确立的"法律面前人人平

---

①　〔英〕罗杰·科特威尔：《法律社会学导论》，彭小龙译，中国政法大学出版社2015年版，第71页。

②　此处涉及政治宪法学所谓"立国"问题，更准确地说，是"国家建构"问题。参见高全喜、田飞龙：《政治宪法学的问题、定位与方法》，《苏州大学学报》（哲学社会科学版）2011年第3期，第73—74页。

③　参见〔德〕斐迪南·滕尼斯：《新时代的精神》，林荣远译，北京大学出版社2006年版，第19—23页。

等"原则，以及现代社会已然发生"从身份到契约"之历史变革的质疑；将宪法功能理解为划定"政治国家/市民社会"界限的学说，也无法避免现代社会远不只是经济性的"市民社会"的批评。[①] 一言以蔽之，现代社会既非由几个阶层构成，亦非由国家和市场、政治和经济两个部分构成。

　　重新界定宪法的社会功能，首先应当澄清现代社会的组织原则。[②] 以此为前提，才谈得上区分宪法的成效、目的与功能。为了化约人口和资源等外部因素导致的环境复杂性，每个社会都必须按照一定的原则组织起来，也就是都必须按照一定方式，经由内部再分化形成秩序；不同程度的环境复杂性，又迫使不同社会采用不同的组织原则，以不同方式进行内部再分化。初民社会按照"分割分化"原则加以组织，通过横向分出地位平等的诸氏族、诸部落，化约较低程度的环境复杂性；古代社会按照"分层分化"原则加以组织，通过纵向分出地位不等的诸阶级、诸阶层，化约较高程度的环境复杂性；现代社会按照"功能分化"原则加以组织，通过分出政治、经济、法律、宗教、科学、教育、体育、大众传媒等地位平等、功能不等的诸功能系统，化约极高程度的环境复杂性。[③] 抛开"原始宪法"这个法人类学话题不谈，如果承认不论是经验性的宪法还是规范性的宪法，都反映了全社会的基本秩序，那么至少在跨过文明的门槛之后，宪法就一直

---

　　① 黑格尔即从经济角度认识市民社会，将其理解为"需要的体系"及其保障机制。参见〔德〕黑格尔：《法哲学原理：或自然法和国家学纲要》，范扬、张企泰译，商务印书馆 1961 年版，第 203 页。黑格尔之后，经由马克思、葛兰西、帕森斯、哈贝马斯的批判，市民社会概念有了新的发展。参见何增科：《市民社会概念的历史演变》，《中国社会科学》1994 年第 5 期，第 70—80 页。

　　② "社会组织原则的解释"，参见〔德〕尤尔根·哈贝马斯：《合法化危机》，刘北成、曹卫东译，上海世纪出版集团 2009 年版，第 20—27 页。

　　③ 参见 Niklas Luhmann, *The Differentiation of Society*, Stephen Holmes and Charles Larmore (trans.), Columbia University Press, 1982, pp. 229-254.

发挥着维系相应社会组织原则的功能。古代宪法往往涉及君主、贵族、教士、平民之间的利益划分，其功能就在于维系分层分化。

现代宪法的功能则在于维系全社会的功能分化。以承认奴隶制合法性的 1787 年美国宪法为代表，某些现代宪法确实残留了利益分配的痕迹，但它们已经不是不同社会阶层相互妥协的产物，而是不同经济形态相互竞争的产物。在功能分化原则的主导作用下，作为全社会子系统的严格意义上的阶层逐渐消失了。今天所谓"贫困阶层""权贵阶层"，不过是指特定经济收入水平或者特定政治参与程度的分散个体，迥异于那种决定了不可改变的身份归属、职业选择、婚恋对象、言行准则、受教育机会和权利义务范围，且将其成员高度整合的古代阶层。现代宪法需要处理的全社会问题，不再是如何根据"上/下"区分安排各阶层之间的关系，使整个社会围绕高等阶层这个"中心"形成稳定的秩序；而是如何保证所有功能子系统都能按照各自的"代码"和"纲要"独立运作，在彼此运行不悖的条件下形成"去中心化"的秩序，使整个社会及其全部人口从各领域的高度专业化和理性化中获益。

由此也就不难说明，为何限制权力或者整合社会，都只是宪法的目的。一方面，现代宪法自诞生之初，就特别强调限制政治权力，这并不是因为政治固有道德上的"恶"性，而是因为现代政治作为强大的功能系统，往往放任"有权/无权"的系统理性侵犯其他功能系统的自治边界，破坏全社会的功能分化。的确，现代宪法通过权力分立的组织法设计，通过赋予公民政治权利和政治自由，在政治系统内部促成国家与政党、公共领域的"中心/边缘"再分化，[①] 有效限制了政治权力。但潜藏在权力限制背后的问题导向，则是排除其他社会系统

———————————

① 参见 Niklas Luhmann, *The Differentiation of Society*, Stephen Holmes, Charles Larmore (trans.), Columbia University Press, 1982, pp. 166-189。

自主运作的障碍，维系全社会的功能分化。是故当功能分化的维系不是要求限制权力，而是要求加强权力的时候，现代宪法也毫不犹豫地做出了符合其全社会使命的选择：罗斯福逼迫美国联邦最高法院调整宪法解释以释放政府干预空间的故事早已耳熟能详，作为"宪法性承诺"，他的《第二权利法案》同样旨在扩大公共权力，抑制自由放任时期资本主义经济持续增长的负外部性。[①] 较之 1919 年《魏玛宪法》和东德社会主义宪法，德国《基本法》尽管因缺少社会权利条款而饱受诟病，[②] 但为了降低过度膨胀的经济理性之于教育、医疗等社会系统功能发挥的负面影响，保障"公民符合人权之最低生存条件"，该法第 20 条确立了"社会福利国家原则"，为在家庭政策、教育政策、环境政策、能源供给等领域扩大行政权力创造了宪法前提。[③] 另一方面，现代宪法建构"国家"和"人民"，确立人民主权和民主原则，也并不像它宣称的那样是在全社会层面施加整合，而是仅仅在政治这个次级层面施加整合。在现代宪法框架下，政治固然只有经由公共意志的民主形成过程获得正当性，才能不断产出"有集体约束力的决定"，但现代宪法并没有将其他社会系统纳入民意控制，并没有要求经济、宗教、艺术等领域团结一致、统一行动。恰恰相反，绝大多数现代宪法坚决保障契约自由、信仰自由和艺术自由，明确拒斥政治特有的共识机制跨界运转。

　　民主政治、市场经济、法律自治和科学研究自由，之所以属于现代宪法的成效，原因仍然在于它们只是功能分化的下位指标。取向于

　　① 参见〔美〕凯斯·R. 桑斯坦：《罗斯福宪法——第二权利法案的历史与未来》，毕竞悦、高瞰译，中国政法大学出版社 2016 年版，第 58—88 页。

　　② 参见胡锦光主编：《外国宪法》，法律出版社 2011 年版，第 174—175 页。

　　③ 〔德〕彼得·托比亚斯·施托尔：《经济宪法和社会福利国家》，陈梦晓译，《中德法学论坛》2009 年总第 7 辑，第 6—8 页。

功能分化的现代宪法并不为任何特定社会部门服务，并不试图促进任何特定社会理性的最大化。不受约束的市场经济曾给全世界带来恶果，甚至要为 20 世纪的两次大战负责，这一点如今几乎没有异议，其教训早已记录在宪法变迁的历史之中。如果观察得更全面一些，不难看出宪法也被用于控制极端的政治民主，以抵御"多数人暴政"，此即各国通过普通法院、宪法法院或者宪法委员会实施的违宪审查制度；不难看出宪法也被用于矫正极端的法律自治，以适应经济社会的发展需要，19 世纪晚期以来欧陆的自由法运动和美国的实用主义法学、社会学法学思潮，都聚焦这个问题；① 当前尤为重要的，则是在科学研究与捍卫人的尊严、保护生态环境之间划出宪法界限。② 从这个意义上讲，所有宪法成效之总和，同样不是现代宪法的功能。为了维系现代社会的功能分化，现代宪法既要构成性地奠定诸社会子系统的自治基础，又要限制诸社会子系统天然的扩张主义倾向，防止它们相互侵犯运作边界，在全社会内部释放离心力量。

第二节　现代宪法的现代属性：
效力自赋之法

维系功能分化的社会功能迫令，从时间维度决定了现代宪法的现代属性。与众多宪法史家不同，系统论宪法学者即便并未一概否认古代宪法，也是对现代宪法与古代宪法的"断裂性"给予了特别的重

---

① 参见陆宇峰：《美国法律现实主义：内容、兴衰及其影响》，《清华法学》2010 年第 6 期，第 87—88 页。

② 参见韩大元、王贵松：《谈现代科技的发展与宪法（学）的关系》，《法学论坛》2004 年第 1 期，第 111—112 页。

视。"一直要到十八世纪末期，人们才发明……那自此以后被称为'宪法'的东西。"①诸如1215年《大宪章》这样的古代宪法文件，尽管对于议会制度的形成、人权的保障、法治的早期发展功不可没，却并不被视为现代宪法的起源。②

当然，现代宪法之所以体现了"现代性"，既不是因为出现在历史学家眼中的现代时期，也不是因为产生于资产阶级革命，确立了符合资产阶级利益的新原则。"英国革命100多年后，宪法才作为18世纪美国革命和法国革命这两次伟大革命的光辉业绩而产生"③，迪特儿·格林一句话否定了上述两种过度简单的看法。然而，当他区分"经验意义上的宪法"与"规范意义上的宪法"，认为只有后者属于现代宪法的时候；甚至当他进一步补充说明，较之古代宪法，现代宪法在法律体系中占据了至上地位、面向从全社会中分出的专门的政治系统、标志着政治秩序之根本改变的时候，也仍然没有完全抓住现代宪法的"现代性"特质。所有这些描述，都有助于理解现代宪法与古代宪法在形式、内容、功能、效力和社会条件方面的巨大差异，但都未能把握二者具有决定意义的"古今之分"。

现代宪法真正令人惊异的地方，在于它们从效力来源上讲，堪称"无中生有之物"。包括1215年《大宪章》在内，一切古代宪法的效力，都来源于既已存在的传统。这些传统可能是划定了统治范围的古老政治习惯，也可能是遭遇统治者单方面背弃的古老法律，比如规定贵族应当接受"同等人"审判的封建法，或者1100年的《亨

---

① 〔德〕尼可拉斯·鲁曼：《社会中的法》，李君韬译，五南图书出版股份有限公司2009年版，第513页。

② 法律史学者的不同意见，参见程汉大：《〈大宪章〉与英国宪法的起源》，《南京大学法律评论》2002年第2期，第14—29页。

③ 〔德〕迪特儿·格林：《现代宪法的诞生、运作和前景》，刘刚译，法律出版社2010年版，第7页。

利一世宪章》，又或者宣告教会自由和教士特权的教会法。^① 正如耶利内克（Georg Jellinek）所说，"《大宪章》……并不包含任何新的权利"^②。英国 1689 年的《权利法案》也不例外，这项宪法文件的效力来自此前几个世纪的宪法性惯例，其实质贡献仅仅在于以成文的方式，重申了被詹姆斯二世践踏的议会权利和自由。^③ 而与古代宪法相比，北美从 1776 年发布《独立宣言》起，无论是以 1780 年马萨诸塞宪法为代表的州宪法，还是 1787 年的美国联邦宪法，它们在创制之时都面临一种亘古未有的态势，即其效力无法诉诸任何传统；亟待它们填补的，正是脱离英王主权控制之后的政治法律真空。大革命时期的法国与此类似，自 1789 年"路易十六对 8 月 5 日通过的议会法令和《人权宣言》一概不予批准"之后，^④ 尤其自 1793 年 1 月 21 日路易十六被送上断头台之后，一系列令人眼花缭乱的宪法文件的基本目标已经不是"复兴旧法国"，而是"建立新法国"。它们的效力同样无法诉诸传统，亦即无法诉诸任何可以往前追溯的法秩序基础。

更准确地说，现代宪法的现代性根植于一个具有奠基作用的套套逻辑：它们自己赋予自己效力，它们的效力源于自身。首先，自然之声、理性之光、上帝意志、人民公意、民族历史、文化传统或者社会契约，都不是现代宪法的效力来源。^⑤ 无论宪法文本的宣示多么真

---

① 参见何勤华、王涛：《〈大宪章〉成因考》，《法学家》2017 年第 1 期，第 94—100 页。
② 〔德〕格奥尔格·耶利内克：《人权与公民权利宣言——现代宪治史上的一大贡献》，中国政法大学出版社 2012 年版，第 35—36 页。
③ 法律史学者的不同意见，参见于明：《"旧法律"还是"新权利"？——1689 年英国〈权利法案〉再研究》，《清华法学》2022 年第 2 期，第 139—155 页。
④ 〔法〕乔治·勒菲弗尔：《法国革命史》，顾良、孟湄、张慧君译，商务印书馆 2010 年版，第 137 页。
⑤ 从历史学意义上讲也是如此："美国革命和制宪创造了美利坚民族和美国共和政体，而不是相反。"〔美〕查尔斯·霍华德·麦基文：《美国革命的宪法观》，田飞龙译，北京大学出版社 2014 年版，第 11 页。

诚，无论其背后的政治哲学和法哲学多么深刻，无论其传递的观念拥有多么坚实的社会基础，都改变不了一项制度事实：在宪法问世之前，这些反映制宪目的的修辞仅仅停留在实证的、规范性的法律体系之外；现代宪法自主选择了自然法学、历史法学或者法政治学的种种叙事，以便赋予自身"宪"的效力和"法"的属性。一切相反的描述都无非立国神话，旨在向法律系统外部转移"效力自赋"的套套逻辑，掩饰现代宪法的悖论性开端。其次，制宪权也不是现代宪法的效力来源。从社会历史的角度看，制宪者从来不可能真正代表全体人民创制宪法；从法律历史的角度看，鉴于任何有效的权力都源于既有的法秩序，而制宪者从一开始就以其创制"最高新法"的姿态与旧秩序彻底决裂，制宪权在宪法生效之前也并不存在。① 反倒是制宪权来源于它自己的产品，亦即现代宪法本身；现代宪法在赋予自身效力的同时，也就溯及既往地宣告了制宪者及其制宪权的合宪性。最后，鉴于哈贝马斯程序主义的商谈法哲学影响十分巨大，有必要指出制宪程序同样不是现代宪法的效力来源。这个观点甚至无需严肃论证，瞥一眼"对外贴上了封条"的费城制宪会议就足够了："代表们穿着呢绒燕尾服，不仅关上房门，而且紧闭窗户，宁可汗流浃背，唯恐隔墙有耳。"② 毫无公开性可言的制宪程序，一点没有影响 1787 年美国宪法的效力。

　　"效力自赋"的套套逻辑产生了诸多重要后果，标志着现代宪法与古代宪法分道扬镳，在时间维度上取向于未来。③ 这里只需简要提

---

① 参见〔美〕马克·图什内特：《比较宪法：高阶导论》，郑海平译，中国政法大学出版社 2017 年版，第 17—21 页。

② 〔美〕詹姆斯·麦迪逊：《辩论：美国制宪会议记录》，尹宣译，译林出版社 2014 年版，第 3 页。

③ 有政治宪法学者正确强调了"宪法权威的法律拟制"，指出宪法权威不在于"人民的正当性和革命的历史正义"，但最终仍然没有坚持"套套逻辑"，而是诉诸"一个终结革命并守护革命成果的宪制结构"。参见高全喜：《论宪法的权威——一种政治宪法学的思考》，《政法论坛》2014 年第 1 期，第 43—53 页。

及：现代宪法不仅赋予自身效力，而且是最高效力，以其为根本法的实证法律体系自此发端；相应于这种具有内部效力层级构造，取消了"自然法/人定法"或者"永恒法/自然法/神法/人法"之分的封闭体系，现代宪法确立了"新法优于旧法"原则，又将自己作为该原则的例外排除适用；现代宪法由此主张乍看之下颇似自然法的不可变更性，却又一面自己规定了变更自己的程序条件，对宪法修改施加自我控制，一面自己发展了判定法律是否符合自己的机构，经由合宪性审查以及为此不得不启动的宪法解释持续更新自己。要言之，现代宪法基于"效力自赋"的根本套套逻辑，形成了更多需要在宪法实践中不断展开的套套逻辑，[①] 从而摆脱了过去的束缚，呈现出无可预知的多重面向和无可消弭的不确定状态，此即其"现代性"所在。

再一次强调，现代宪法的社会功能决定了它"效力自赋"的基本特征和面向未来的现代属性。这是因为，宪法的效力倘若来源于外部，法律系统就将成为附属品，无法实现自主的封闭运作；不论这个外部来源是政治、道德、经济、科学还是宗教，都必然受到宪法的额外加持，成为凌驾于其他功能领域之上的新的社会中心。这也是因为，宪法的运作倘若不是建立在一系列套套逻辑的基础上，从而割断了与过去的关联，面向开放的未来，整个法律系统就从根本上丧失了变动的可能，无法随着社会变迁持续展开自我调整，回应维持诸功能系统动态均衡的全社会需要。所有这一切只有一个后果，即功能分化原则的崩溃。

---

① 〔德〕尼可拉斯·鲁曼：《社会中的法》，李君韬译，五南图书出版股份有限公司2009年版，第514—515页。

第三节 现代宪法的空间位置：
系统际耦合结构

较之时间属性，现代宪法的空间位置更少受到关注。但这个问题，其实是我国规范宪法学与政治宪法学当下争论的真正焦点。这场争论大概不会有什么结果，因为一方将宪法视为法律现象，一方将宪法视为政治现象，双方对宪法的空间定位不同。[①] 系统论宪法学则认为，现代宪法既非单纯的政治现象，亦非单纯的法律现象。[②] 为了维系功能分化，同时防止政治对法律决定的随意支配和法律对政治空间的过度压缩，现代宪法只能位于法律系统与政治系统的结构耦合处。由于共有现代宪法这一结构，两个功能系统呈现为耦合状态。

"耦合"不是融合，而是一种选择性的关联关系。现代宪法没有将政治与法律"融"为一体。恰恰相反，政治与法律的各自独立和彼此分离，是现代宪法维系全社会功能分化的主要成就之一，此即现代法治的社会学含义。[③] 这尤其体现在，在两种社会脉络之下，宪法具有截然不同的意义。对于法律脉络而言，宪法是最高制定法，统摄所有普通法律，与它们共同构成效力上呈现为凯尔森所谓"金字塔形态"的规范体系，支撑着法律系统的封闭运作。对于政治脉络而言，宪法则是双重政治工具：从改变秩序现状的意义上讲，它是实际的政

---

① 由此呈现"宪法意义上的人民"与"宪治民主的体制"之对峙。参见〔美〕彼得·C. 考威尔：《人民主权与德国宪法危机——魏玛宪治的理论与实践》，曹晗蓉、虞维华译，译林出版社 2017 年版，第 178—185 页。

② 有学者已经讨论了"介于'司法化'与'政治化'之间的宪法"，参见李忠夏：《基本权利的社会功能》，《法学家》2014 年第 5 期，第 28 页。

③ 参见鲁楠、陆宇峰：《卢曼社会系统论视野中的法律自治》，《清华法学》2008 年第 2 期，第 63—67 页。

治工具，只要得到宪法的最高授权，政治权力就可以排除各种阻碍，强势介入社会控制、社会治理或者社会改革；从维持秩序现状的意义上讲，它又是象征最高政治权力的工具，宪法通过宣示国家主权，确认了一个独立、统一的权力体系，古代社会由领主、教会、宗族、行会掌握的那些社会权力，由此被排除出政治系统之外，甚至被视为非法暴力。①

　　基于宪法的耦合作用，政治与法律可能发生共振。② 共振的字面含义相对简单，即二者之间不存在输入/输出的线性因果关系，它们仅仅在合宪的前提下，才因频率一致发生同步变化。反过来说，由于宪法的过滤效应，政治系统的立法和政策决定并不都能转化为法律，法律系统的司法决定也并不都能获得政治支持。共振的引申含义则需稍作解释：不论政治决定还是法律决定，归根结底都是"恣意的决断"，因为它们都暗含着自我决定的套套逻辑。政治决定的依据既不是法律，也不是道德伦理、宗教教义、经济利益、科学真理、媒体舆论等外部标准，而是政治系统自身的"有权/无权"代码，以及由既有政治决定构成的递归网络。正如在多党政治条件下，政策制定的最终考量就是能否贯彻本党宗旨和赢得选举，哪怕这些政策将给其他社会领域或者特定人群（比如美国的"白人下层"）带来不利影响，③ 又或者根本就不符合法律——要知道，一项无法通过合法性审查的提案也可能极富政治意义。法律决定的依据也不是包括政治在内的任何外部标准，而是"合法/非法"代码以及法律沟通的历史。正如在现代

---

　　① 参见〔德〕尼可拉斯·鲁曼：《社会中的法》，李君韬译，五南图书出版股份有限公司2009年版，第515—519页。
　　② "结构耦合"与"共振"，参见〔德〕尼克拉斯·鲁曼：《生态沟通——现代社会能应付生态危害吗?》，汤志杰、鲁贵显译，桂冠图书公司2001年版，第27—36页。
　　③ 参见〔美〕小尤金·约瑟夫·迪昂：《为什么美国人恨政治》，赵晓力等译，上海人民出版社2011年版，第74—95页。

法治条件下，法院按照法律系统内在的正义公式，亦即"同案同判，不同案不同判"的原则保护合法的利益，[①] 哪怕非法的利益对于经济政治发展更具重要性。这些恣意的决断并非不理性，反而完全出于特定系统的内在理性，但它们必须得到掩饰或者展开，否则难免遭受外部的质疑。现代宪法在政治与法律之间造成的共振效果，就起到了这样的作用——以不违反宪法为前提，经由宪法的中介，政治决定从法律系统那里获得合法性，法律决定从政治系统那里获得执行力，二者相互转移决断的恣意。[②] 现代社会日益增长的复杂性和日益加剧的风险，由此也被分担到政治和法律两个肩膀上。美国宪法曾经的力量，就在于通过建构基本权利体系，将社会议题去政治化，这悖论式地提升了政治系统的治理成效。美国宪法当下的麻烦，则在于随着二战后国内外环境的变动，这种悖论关系被破坏了，"陷入去政治化和泛政治化的双重困境之中"。[③]

此外也不应当认为，法律系统与政治系统的所有耦合结构都是宪法。二者之间既存在持久、紧密的耦合，也存在松散、暂时的耦合，此即宪法与普通立法的区别。一项上调税率的普通立法，固然对日常生活影响巨大，但既不关乎根本的政治架构，也并非短期之内不可改变的法律规范。而在我国 2015 年修订的《立法法》中，税率法定则是一项宪法性原则。该原则造成了政治与法律之间持久的结构耦合，因为从此以后，政府部门调整税率的决定，即使得到经济学家的一致认可

[①] 参见泮伟江：《作为法律系统核心的司法——卢曼的法律系统论及其启示》，《清华法治论衡》2009 年总第 12 辑，第 164—168 页。

[②] 更长的套套逻辑展开链条，被概括为"政治问题法律化、法律问题司法化、司法问题程序化"。参见高鸿钧：《美国法全球化：典型例证与法理反思》，《中国法学》2011 年第 1 期，第 31 页。

[③] 余盛峰：《美国宪法的力量和弱点——社会系统理论的观察视角》，《比较法研究》2016 年第 6 期，第 77 页。

或者权威媒体的无保留支持，只要没有全国人民代表大会及其常务委员会的同意，就不能产生法的效力；该原则也造成了政治与法律之间紧密的结构耦合，因为它围绕税率调整这一事项，在行政机关与立法机关之间进行了权力再分配，亦即在政治系统的内部，形成了"以权御权"的反思性。换言之，作为持久、紧密的耦合结构，税率法定既在政治系统之中形成了"权力之于权力"的反思，使政府征税权受到人大立法权的二阶控制；又在法律系统之中形成了"法律之于法律"的反思，使税率规则受到程序性宪法规则的二阶控制。① 是故从空间维度出发，也可以将现代宪法界定为法律系统与政治系统双重反思性的联结。② 这样的空间定位更准确地反映了现代宪法的功能要求，即通过正式化诸功能系统的自我反思机制，维系全社会的功能分化。

第四节　现代宪法的内容要求：
社会的规定性

除了时间和空间维度之外，维系功能分化的任务还从事物维度对现代宪法予以限定。在这个问题上，系统论宪法学再次对规范宪法学和政治宪法学持保留意见：前者认为宪法的内容规定性来源于人的价值理想，后者认为宪法的内容规定性来源于政治的现实秩序，双方从制宪权是否受"超实定的法原则"拘束的议题出发，展开了一系列争

---

① 类似于哈特所谓"第二性规则"对"第一性规则"的控制。参见〔英〕哈特：《法律的概念》，张文显等译，中国大百科全书出版社1995年版，第81—100页。

② 参见〔德〕贡塔·托依布纳：《宪法的碎片：全球社会宪治》，陆宇峰译，纪海龙校，中央编译出版社2016年版，第120—128页。

论。① 系统论宪法学支持规范宪法学的隐含预设，即并非任何反映政治力量对比关系的事实性描述都可以成为宪法的规范性内容，但强调是"社会"而不是"人"划定了此处的边界。

现代宪法的组织法，只能是那些同时构成和限制着政治权力的规范。原因并不在于这样的规范符合人权保障的目标，而在于现代社会需要一个既能够封闭地自主运作，又不至于侵犯其他社会系统自主运作的政治系统，以便持续做出有集体约束力的决定。在功能分化的现代社会中，只有政治系统能够做出有集体约束力的决定，历史上长期与政治一道进行集体决策的那些社会领域，早已无法以其意志向全社会发号施令；反过来说，现代政治必须在脱离宗教、道德、宗族、阶层支持的苛刻条件下，保证它频繁做出的决定在领土国家范围内产生被广泛认同的约束力。完成如此艰巨的使命，必须仰赖内容特定的宪法组织法。

现代的宪法组织法应当将合法权力排他地授予政治系统。从抽象层面看，这是通过建构国家和宣示主权，亦即宣示在领土范围之内通常被归属于"人民"的最高权力。宪法拟制出单数的人民，使人民成为国家主权的主体和政治意志的唯一正当来源，从根本上保障了权力体系的统一性。从具体层面看，这是通过设置各项政治权力，以及行使政治权力的国家机关。宪法由此构造出居于政治系统中心地位的国家组织，排除了各种社会力量的外部干预。② 现代国家作为组织系统出现的重要后果之一，就在于权力持有者与其社会身份、社会背景的制度性隔离。公职的授予与阶层等级、宗教信仰、经济收入脱钩，公

---

① 参见〔日〕芦部信喜：《制宪权》，王贵松译，中国政法大学出版社 2012 年版，第 35—45 页。

② 此处涉及对"国家"的位置及其与宪法关系的新理解，而"宪法与国家关系的'疏远'是 30 年宪法发展中值得反思的问题"。韩大元：《宪法实施与中国社会治理模式的转型》，《中国法学》2012 年第 4 期，第 22 页。

职人员被课以"特殊的职务忠诚义务"，正是古代政治向现代政治变迁的明显征兆。[①]

组织法还应当将政治系统的自我反思机制加以宪法化。一类是"水平控制机制"，既包括国家机关内部的控制，比如政府的合议组织、议会的"两院"、我国法院的审判委员会；也包括国家机关之间的控制，比如议会任免政府官员和弹劾总统之权、政府在紧急状态下解散议会或超越议会实施独裁之权、法院的行政审判和司法审查之权。另一类是"垂直控制机制"，既包括联邦制下联邦与州的权力分配，也包括我国《宪法》第3条第4款以原则方式在中央与地方之间进行的国家机构职能划分，还可能包括我国2018年《宪法》修正案对于人大监督与监察监督关系的特殊安排。[②] 在这场经由修宪和立法展开的监察体制改革中，为了避免人民代表大会制度丧失垂直控制的效果，必须依据代议机关自治性原则设立监察权行使的禁区，并"对监察人大代表持谨慎态度"。[③] 所有这些自我反思机制如果缺乏组织法的正式保障，不仅可能造成政治系统肆意侵犯其他社会系统的危险，而且可能导致政治系统自身陷于崩塌的风险。阿克顿勋爵的理解并不深刻：不受权力控制的绝对权力，不只是意味着绝对的腐败，而且还意味着权力未能在政治系统内部形成"二阶控制"的封闭循环，只得跨越政治的边界，寻求十分不稳定的外部因素作为合理性支撑。这种合理性支撑替代不了控权机制的合法性支持，无论是卡里斯玛式的个人权威，还是经济建设的成就或者高水平的福利分配，都不仅具有政

---

① 〔德〕马克斯·韦伯：《支配社会学》，康乐、简惠美译，广西师范大学出版社2010年版，第24页。

② 宪法对政治权力加以"水平控制"与"垂直控制"的二分法，参见〔美〕卡尔·罗文斯坦：《现代宪法论》，王锴、姚凤梅译，清华大学出版社2017年版。

③ 秦前红：《国家监察法实施中的一个重大难点：人大代表能否成为监察对象》，《武汉大学学报》(哲学社会科学版)2018年第6期，第145—147页。

治本身无法左右的高度或然性，而且从来不能保证政治在"同意"的基础上持续做出有集体约束力的决定。在功能分化社会中，正如物质资源的再生产问题只能在经济系统内部解决，权力资源的再生产问题也只能在政治系统内部解决。

现代宪法关于基本权利的内容，同样源于功能分化的社会组织原则。启蒙运动固然变革了社会的观念，使自由平等的思想深入人心，但绝不应该相信，直到17世纪以降，人类才在理性主义哲学家或者自然法学家的呼唤之下觉醒，发现了人生而平等自由的真理，进而经过斗争和革命，以宪法形式确认这些真理。恰恰相反，正如韦伯所说："自然法是经由革命所创造出来的秩序的一种特殊的正当性形式。"① 社会系统论则进一步指出，社会结构决定了社会语意。启蒙思想家的真正发现，毋宁是与即将到来的现代社会相适应的社会意识，这与柏拉图洞察了与古希腊社会相适应的社会意识——"金银铜铁血统论"异曲同工。从分层分化向功能分化的社会剧变，客观上要求打破等级秩序，将作为个体的人从旧式阶层解放出来，以个人身份涵括到新兴的诸功能系统。② 正是由于现代功能系统各自执行独一无二的全社会功能，各自取向于自身能量的最大化，各自试图涵括全部

---

① 〔德〕韦伯：《法律社会学》，康乐、简惠美译，广西师范大学出版社2005年版，第300页。

② 此处涉及四个概念："人（Human）"指有血有肉的人类；"个体（Individuum）……指个体性作为现代中自我描述的特有模式"；"个人（Person）是指社会沟通所'发送到'的对象，这个对象因系统及处境而有不同"；"涵括（Inklusion）是指个人对特定沟通的参与"。参见〔德〕Georg Kneer, Armin Nassehi：《卢曼社会系统理论导引》，鲁贵显译，巨流图书公司1998年版，第216页。"个体"或者"个体性"作为现代社会的特殊语意，不难理解。值得特别说明的是，在社会系统论的语境下，"个人"并非有血有肉的"人"，而是后文所谓"人格体"，或者古典社会学所讲的"角色"。作为意识系统和有机体系统的综合体，作为社会系统的外部"环境"，有血有肉的"人"并不直接参与社会系统的运作。"人"只能通过他们的社会"面罩"，即"个人""人格体"或者"角色"被社会系统"涵括"；在功能分化社会中，即被各种功能系统分别"涵括"。

人口，① 才产生了通过宪法保障个人的人身自由，以及个人之间的契约自由的现实需要。也正是由于较之传统社会按照"上/下"标准划定的各阶层，现代社会诸系统只有功能之分，没有地位之别，才产生了通过宪法确认"公民在法律面前一律平等"的现实需要。倘若公民因职业的不同而有宪法权利的差别，功能系统之间的水平分化就被破坏了，其结果是社会的再中心化；倘若公民因民族、种族、性别、家庭出身、宗教信仰、教育程度、财产状况的差别，而有参与政治生活、开展经济活动、从事科学研究或者接受公平审判的不同宪法机会，政治、经济、科学、法律系统的自主性就被破坏了，其结果则是社会的再阶层化。

概而言之，宪法通过保护基本权利，至少以五种方式维系着现代社会的功能分化。一是创造功能分化社会持续存在的前提，比如对人的尊严和职业自由的保护，就为作为社会环境的人划出了行动空间，使之得以在脱离阶层脉络的情况下稳定自我呈现，这支撑着社会沟通的不断延续；② 二是奠定特定功能系统的自治基础，比如对所有权和契约自由的确认，就在静态和动态两个层次上推动了基于"拥有/不拥有""支付/不支付"代码的封闭运作，这对现代经济的涌现起到了构成作用；三是抵御其他功能系统的外部干预，比如科学研究自由、宗教信仰自由和结社自由，就帮助各种社会领域巩固了自己的边界，防止了真理、信仰、审美等社会媒介被权力媒介异化；四是推动功能系统的内部反思，比如选举权与被选举权在政治系统

---

① 分层社会绝不允许这种多重涵括，"人们要不是属于这个阶层就是属于另一个阶层"。参见〔德〕Georg Kneer, Armin Nassehi：《卢曼社会系统理论导引》，鲁贵显译，巨流图书公司 1998 年版，第 206 页。

② 参见〔德〕托马斯·莱赛尔：《法社会学导论》，高旭军等译，上海人民出版社 2011 年第 5 版，第 120 页。

的边缘建构了选民和政党，言论、出版、集会、游行、示威自由在政治系统的边缘建构了公共领域，这些子系统与国家组织的内部再分化，提升了政治系统的自我反思能力；五是促进功能系统的"再涵括"，比如《魏玛宪法》、社会主义宪法以及《经济、社会和文化国际权利公约》所特别强调的劳动权、受教育权、社会保障权和参与文化生活权，都有助于被经济、教育、医疗、科学系统所排除的弱势群体得到再涵括。

关于最后一种方式，此处不得不稍作展开：各种经济社会权利，一般被认为对应于基本权利的受益权功能和国家的给付义务，[①] 但仅仅这样理解，很可能加剧"社会福利国家温情主义的副作用"，导致"假定的受益者在他的自主生活空间里反过来又受到了限制"。[②] 经济社会权利所承担的艰巨任务毋宁是促进"再涵括"，也就是帮助被经济、教育、医疗、科学系统"抛离"或者说"排除"的人口，重新回归现代生活。诸功能系统总是按照自身代码和纲要旁若无人地自主运行，不断将掉队者予以排除，而且"这样的排除，也会对'涵括到其他领域中'这件事情，产生阻碍"[③]。这种趋势如果无法得到遏制，最终必然腐蚀功能分化本身，其后果比"再阶层化"还要严重。因为那些遭到排除者，并不是跌落到了一个与其他阶层稳定沟通的较低阶层，而是根本不再与其他人共同生活在现代社会。西方发达国家长期无法消灭的贫民窟和黑社会现象，已经对此敲响了警钟。

---

① 更深入的讨论，参见张翔：《基本权利的受益权功能与国家的给付义务——从基本权利分析框架的革新开始》，《中国法学》2006 年第 1 期，第 21—36 页。

② 〔德〕尤尔根·哈贝马斯：《包容他者》，曹卫东译，上海人民出版社 2002 年版，第 303 页。

③ 参见〔德〕尼可拉斯·鲁曼：《社会中的法》，李君韬译，五南图书出版股份有限公司 2009 年版，第 636 页。

第五节　基本权利的社会原理：
性质、主体和效力

与组织法问题不同，仅仅讨论基本权利内容的社会规定性还远远不够。截至20世纪上半叶，现代宪法的各种组织法框架已经全部亮相历史舞台，它们是大会政府、议会制、内阁政府、总统制、指导性政府等有限类型及其变体。但自20世纪下半叶以来，在各国宪法中，在各项国际公约中，在各种宪法判例中，从环境权、和平权、隐私权、知情权、媒体自由和媒体多元化、同性恋权、死的权利，[①] 直到当前热议的数据权利，[②] 基本权利的清单仍然在不断拉长，以至于格伦顿(Mary Ann Glendon)把权利话语视为"穷途末路的政治言辞"[③]。更严峻的情况是，在基本权利的基本性质、主体范围、效力对象等原理问题上，林林总总的大量学说只是增加了混乱。基本权利与自然权利、天赋人权、公民权利、宪法权利的术语混用，从一个侧面把这种理论乱象展现得淋漓尽致，唯有再度诉诸现代宪法的社会功能，方可予以辨明。

首先，基本权利何以"基本"？已有的答案都不令人满意。因为它们是"自然状态"下的权利？这种观点把政治权利和社会权利排除在外。因为它们是"人之为人"的权利？这种观点如此空洞，最多只

---

① 参见郑贤君：《基本权利原理》，法律出版社2010年版，第366—373页。

② 参见丁晓东：《什么是数据权利？——从欧洲〈一般数据保护条例〉看数据隐私的保护》，《华东政法大学学报》2018年第4期，第39—53页；刘泽刚：《欧盟个人数据保护的"后隐私权"变革》，《华东政法大学学报》2018年第4期，第54—64页。

③ 参见〔美〕玛丽·安·格伦顿：《权利话语——穷途末路的政治言辞》，周威译，北京大学出版社2006年版，第1—23页。

具有修辞意义。因为它们关联着国家赋予的公民资格？这种观点预设了基本权利可以收回的可怖推论。因为它们被写入宪法而非普通法律文本？这种观点无异于宣称基本权利可以任由立法者做技术性的处置。系统论宪法学强调，区分基本权利与非基本权利有其社会必要性：前者面临"匿名沟通的魔阵"① 亦即各种社会体制的威胁，需要根本大法的保护；后者面临个人的威胁，普通法律提供的保护已经足够。跳出法学的归因思维看，政治权力等体制性力量，既不是源于特定的个人行动者，也不是源于特定的集体行动者，而是源于"特殊化的普遍沟通媒介"②，以及超越个人和集体意志的系统动力，具有无可比拟的巨大破坏潜能。这就是为何同样涉及所有权问题，盗窃只是由刑法加以处理，危及他人财产安全只是由侵权法加以处理，而私有财产的征收征用却必须附加公共利益、法律保留、适当补偿、正当程序等宪法限制。政府官员背后的强大体制性力量，与试图保护私有财产的弱小个人力量形成鲜明对比，严重威胁了作为基本权利而非民事权利的所有权。

其次，谁是基本权利的主体？传统宪法学已经发现了基本权利主体范围的扩大态势，但仍然坚持人才是基本权利主体的教条，它们要么是自然人，要么是法律拟制的人即法人，要么是"自然人相对松散的集合"即非法人组织。③ 然而，如果为了执行维系功能分化的宪法任务，基本权利应当保护所有遭受体制性力量威胁者，那么基本权利的主体范围就不能够局限于人。托依布纳出于这样的考虑，阐述了基

---

① 参见〔德〕贡塔·托依布纳：《魔阵·剥削·异化——托依布纳法律社会学文集》，泮伟江、高鸿钧等译，清华大学出版社 2012 年版，第 201—204 页。

② Niklas Luhmann, *Trust and Power*, John Wiley, Sons, 1979, p. 113.

③ 参见于文豪：《基本权利》，江苏人民出版社 2016 年版，第 86—113 页。

本权利的多元主体。① 首先是制度。要维系艺术、宗教、家庭等功能领域的制度完整性，必须赋予这些制度基本权利，抵御政治向各种自治社会过程的肆意扩张。其次是"人格体"。要维持法律、经济、教育、医疗、大众传媒、科学、体育等功能系统内部的自主沟通空间，必须赋予法官和律师、公司和商人、教师和学生、医生和患者、媒体和记者以及科学研究者、运动员等人格体基本权利。最后才是人，要捍卫有血有肉的自然人的身心完整性，防止他们的生命权、健康权、良心自由、思想自由、人格尊严受到政治权力的侵犯，同样应该赋予他们基本权利，也就是严格意义上的人权。德国基本法中所谓"人的尊严不可侵犯"，其原初含义即与"极权主义的经历"联系在一起。② 对人的保护，既不能替代对制度的保护，也不能替代对人格体的保护。人只是社会的外部环境，人格体才是社会的内部构造，才能实际进入各领域的社会沟通。一个人可能对应于多个人格体，作为多种角色参与方方面面的社会生活。③

托依布纳突破基本权利主体范围的教条，似有贬低人的嫌疑，可能会引起人文主义规范宪法学的反感。但他毕竟依据现代宪法的功能原理，阐明了赋予制度和人格体基本权利的理由。他没有一以贯之回答的问题，反倒是为何赋予自然人基本权利：如果人不过是社会的环境，那么宪法保障人权与维护社会功能分化有何关系？卢曼的答案是，从分层分化向功能分化的社会变迁，摧毁了等级、教会、社团、

---

① 参见〔德〕贡塔·托依布纳：《宪法的碎片：全球社会宪治》，陆宇峰译，纪海龙校，中央编译出版社2016年版，第169—170页。

② 〔德〕克里斯托夫·默勒斯：《德国基本法：历史与内容》，赵真译，中国法制出版社2014年版，第48页。

③ "人""人格"与"人格体"概念辨析，参见王锴：《论宪法上的一般人格权及其对民法的影响》，《中国法学》2017年第3期，第104—105页。

家族等中间制度。在此背景下，只有通过人权保护创造出自由行动的空间，"无根之人"才能相对稳定地"自我呈现"，为社会沟通的持续展开提供基本条件。① 反过来说，倘若没有基本权利保护人的身心完整性，人就无法摆脱中间制度的羁绊，自由参与各领域的社会实践，为功能分化社会贡献能量。这些中间制度的长期影响，反映为阻碍诸功能系统全面涵括的各种传统观念，至今仍保存在我们民族的文化记忆之中："重义轻利"和"无商不奸"阻碍了经济系统的全面涵括，"息讼"和"冤死不告状"阻碍了法律系统的全面涵括，"君子不器"阻碍了科学系统的全面涵括，"好男不当兵"阻碍了军事系统的全面涵括，"女子无才便是德"阻碍了教育系统的全面涵括。除此瑕疵之外，托依布纳的多元主体论无疑带来了新的思维，并且启发人们面向未来，去思考宪法是否应当赋予自然环境、动物乃至人工智能基本权利。② 对于这些议题，此处只能简单指出：关键并不在于它们是不是人，能不能像人一样思考，有没有近似于人的感觉、感情和理性，而在于体制性力量是否威胁着它们，这种威胁又是否危及现代社会的功能分化。

　　最后，基本权利只有指向国家的纵向效力吗？围绕世纪之交的齐玉苓案，以及近期在民法典编纂过程中出现的民法与宪法的关系问题，我国法学界已经结合美、德、日等国的理论和实践，对此展开了初步的讨论。③ 世界范围内比较明确的是，在过去几十年中，美国联

---

　　① 参见 Michael King, Chris Thornhill（eds.）, *Luhmann on Law and Politics*, Oxford-Portland Oregon, 2006, p. 104。

　　② 参见 Gunther Teubner, "Rights of Non-humans? Electronic Agents and Animals as New Actors in Politics and Law", *Journal of Law & Society*, 2006(4), pp. 497—521。

　　③ 晚近的争论，参见黄宇骁：《论宪法基本权利对第三人无效力》，《清华法学》2018 年第 3 期，第 186—206 页；李海平：《论基本权利对社会公权力主体的直接效力》，《政治与法律》2018 年第 10 期，第 109—123 页。

邦最高法院试图通过扩大解释国家行为回避这个话题，德国的宪法学说和宪法裁判则否定了这种意见。① 德国法学家普遍认为，基本权利既是"确保个人自由免受公权力干预"的主观权利，也是"以人格及人性尊严能在社会共同体中自由发展为中心"的客观价值秩序，应当"有效地适用于各法律领域"。② 这样一来，基本权利就不仅可以纵向地对抗国家，而且可以横向地对抗作为第三人的私主体。③ 他们的争论仅仅在于，具有横向效力或者说第三人效力的基本权利，应当作为裁判依据直接适用（以 1957 年德国联邦劳动法院"单身条款案"为代表），还是通过民法概括条款的中介间接适用（以 1958 年德国联邦宪法法院"吕特案"为代表）。德国主流学界认同间接适用，因为这种学说兼顾了私法自治与宪法至上，且体现了宪法法院对立法机关的适度尊重，符合权力分立的逻辑。④

系统论宪法学支持基本权利的横向效力，也支持基本权利横向效力的间接适用，但认为既有的论证都不充分。以"客观价值秩序"作为证成横向效力的理由，不过是重申了宪法在法律体系中的最高地位，重申了宪法之于普通法律的反思性，这仅仅考虑了法律系统的一面。麻烦在于社会的一面：一旦承认基本权利的横向效力，就必须承认侵犯基本权利的力量既来源于政治系统，也来源于经济等功能系统；必须承认除了政治之外，其他社会领域也存在个人无力抗拒的体

---

① 参见钱福臣：《德、美两国宪法私法效力之比较》，《求是学刊》2013 年第 1 期，第 111—118 页。

② 参见张翔主编：《德国宪法案例选释（第 1 辑）：基本权利总论》，法律出版社 2012 年版，第 20—47 页。

③ 也有德国民法学者仍然认为，"基本权利的相对人只能是国家"。〔德〕克劳斯-威尔海姆·卡纳里斯：《基本权利与私法》，曾韬、曹昱晨译，《比较法研究》2015 年第 1 期，第 194 页。

④ 更多的讨论，特别是对基本权利"间接水平效力"的进一步区分，参见李秀群：《宪法基本权利水平效力研究》，中国政法大学出版社 2009 年版，第 110—172 页。

制性力量，它们根植于现代社会各功能系统的内在动力和固有媒介。

　　这就颠覆了传统的宪法概念，前文的宪法定义也需要加以相应修正：作为政治与法律耦合结构的宪法，只是特殊的"政治宪法"；经济与法律的耦合结构也是宪法，可以称为"经济宪法"；其他社会系统与法律系统的耦合结构同样是宪法，它们是形形色色的"社会宪法"或曰"部门宪法"。进而言之，如果政治宪法是政治与法律"双重反思性"的联结，那么社会宪法就是诸社会系统与法律系统"双重反思性"的联结；如果政治宪法指向权力之于权力的反思性，那么经济宪法就应当指向货币之于货币的反思性（依靠中央银行的货币调控），科学宪法就应当指向研究之于研究的反思性（依靠认识论和方法论的学术检验），互联网宪法就应当指向代码之于代码的反思性（依靠互联网名称与数字地址分配机构的域名分配），① 其他社会宪法也应当将目标系统的自我反思机制予以正式化。归根结底，系统论宪法学否定基本权利在私法领域的直接适用，不是基于私法自治或者权力分立的考量，而是深刻怀疑原本用于驯服政治权力的基本权利，如果没有加以适当的意义转换，使之在不同社会脉络中"再具体化"，可能并不足以驯服其他体制性社会力量。② 倘若不是出于这个理由，那么基本权利横向效力的间接适用论，就真的成了"私法学者在私法领域'偷着乐的自白'"了。③

----

　　① 参见连雪晴：《互联网宪治主义——域名争议解决中的言论自由保护新论》，《华东政法大学学报》2018 年第 6 期，第 67—76 页。

　　② ICANN（互联网名称与数字地址分配机构）专家组对网络空间基本权利的"再具体化"，参见 V. Karavas, G. Teubner, "www. CompanyNameSucks. com: The Horizontal Effect of Fundamental Rights on 'Private Parties' within Autonomous Internet Law", *Constellations*, 2005(2), pp. 262-282。

　　③ 汪进元：《基本权利的保护范围：构成、限制及其合宪性》，法律出版社 2013 年版，第 39 页。

第六节　无关权力的宪法问题：
失控的社会媒介

　　基本权利横向效力引出的"社会宪法"概念，完全逾越了传统宪法学的视野，可谓系统论宪法学新思维指导下的最重要发现。的确，如果功能分化社会并不存在中心或者"顶点"，那么政治与法律的结构耦合有何特殊之处，须得独占"宪法"的名号？在政治哲学和法哲学领域，哈贝马斯倒是认真思考过这个问题。他争辩说，政治和法律并非自组织的封闭系统，二者扎根于作为交往行为网络的"生活世界"，通过凝聚生活世界的社会共识，并将表达共识的日常语言加以法律形式的转换，导控真正自成一体的经济和公共行政，最终实现全社会整合。[①] 在这样的现代社会模型下，政治宪法自然应当垄断根本法的地位。但政治真的如此万能吗？过度自信的计划经济实践早已提供了深刻的教训。今天的宏观调控，与其说是从政治上引导和调控经济，不如说是利用货币、财政、税收等经济手段刺激经济。宗教、科学、艺术、传媒、体育呢？面对这些社会领域，当代政治也学会了尊重它们自己的运行规律。如果它们存在自己的宪法问题，就应当有它们自己的社会宪法。

　　历史清楚地表明，并不只有政治系统及其权力媒介的扩张，才可能威胁全社会的功能分化，造成实质性的宪法问题。宗教是另一个例证："马丁·路德和马基雅维利从教俗两翼完成了'让上帝的归上帝，

---

　　① 参见〔德〕哈贝马斯：《在事实与规范之间——关于法律和民主法治国的商谈理论（修订译本）》，童世骏译，生活·读书·新知三联书店 2011 年版，第 436—439 页。

让恺撒的归恺撒'的理论准备。"① 1517 年的路德宗教改革，之所以被认为开启了近代历史，就是因为它引致了基督教的分裂和新教的产生。作为现代政治起源的民族国家，这才得以摆脱罗马教会的全面控制逐步形成，直到经过"三十年战争"，在 1648 年《威斯特伐利亚合约》中获得法律确认；政治系统的内部复杂性这才得以提升，以至于君主不能再被视为众多权力持有者之一，而是必须被视为独立于宗教力量、拥有绝对主权的国家象征。② 宗教改革也开启了"知识与宗教信仰迅速分离的时代"，此后"决定人们世界观的不再是《圣经》和梵蒂冈而是科学和实践经验"，这为科学系统的分出创造了条件。③ 韦伯则谈到了新教天职观与资本主义兴起，亦即经济系统分出之间的耦合关系④——"天职观"对世俗职业劳动和谋利行为的认可，实为具有宪法意义的宗教自我限制。

现代经济系统分出之后，为了最大限度地释放自身能量，同样不惜破坏其他社会领域的自治空间。恩格斯（Friedrich Engels）著名的"婚姻契约"批判，矛头就是指向资本主义经济对婚姻自由和家庭关系的扭曲；20 世纪初美国的"扒粪运动"，控诉了金钱媒介对政治运作和大众传媒的操纵；20 世纪末中国"甲 A"联赛的赌球丑闻，以及当前公众对教育和医疗市场化的质疑，也揭示了经济逻辑泛滥的恶果。而自 1825 年英国货币危机以来，经济危机的周期性爆发，其本

---

① 马剑银：《中世纪欧洲封建法的前世今生》，《比较法研究》2015 年第 3 期，第 181 页。

② 参见 Niklas Luhmann, *Essays on Self-Reference*, Columbia University Press, 1990, p. 167.

③ 〔德〕乌维·维瑟尔：《欧洲法律史——从古希腊到〈里斯本条约〉》，刘国良译，中央编译出版社 2016 年版，第 381—382 页。

④ 参见〔德〕马克斯·韦伯：《新教伦理与资本主义精神》，彭强、黄晓京译，陕西师范大学出版社 2002 年版，第 55—70 页。

质则是经济内在的加速增长螺旋导致的系统崩塌，这从另一个方向侵蚀着功能分化。

　　近几十年来，在高度功能分化的西方国家，就连从前处于弱势地位的科学、大众传媒和法律系统，也不再仅仅呈现被动防御的姿态。在摆脱宗教和政治的束缚之后，它们强势闯入其他社会领域，不择手段地复制"自私的基因"，带来了大量"新宪法问题"。哈贝马斯所谓"作为意识形态的技术与科学"，说的是科学对政治的"殖民"，"科学化的政治的技术统治论模式……把政治统治还原为合理的行政管理，只能被设想为以全部民主为代价"；[①] 尼尔·波兹曼（Neil Postman）所谓"娱乐至死"，说的是政治、宗教、体育、教育沦为大众传媒的附庸，"不管是什么内容，也不管采取什么视角，电视上的一切都是为了给我们提供娱乐"；[②] 托依布纳则在诺内特、塞尔兹尼克、昂格尔（Roberto Unger）等人的基础上，讨论了福利国家法律系统的过度扩张，"法律发展了实质理性，其表现是特殊主义、结果导向、工具主义的社会政策路径以及从前自主的社会进程正日益变得法律化"[③]。

　　进入新世纪，随着信息技术的迭代升级，互联网涌现为全新的社会系统。这个社会系统迅速完成了对线下世界的全盘再制，正在试图让整个社会臣服于"代码"的控制。这就是为何网络"乌托邦主义"还没过去，网络"敌托邦思潮"已经来袭：面对互联网之于政治、法律、经济、金融制度以及个人身心完整性的侵蚀，莫斯可（Vincent Mosco）对"数字化崇拜"提出了警告，基恩（Andrew Keen）反思了

---

　　① 〔德〕哈贝马斯：《作为"意识形态"的技术与科学》，李黎、郭官义译，学林出版社1999年版，第103页。
　　② 〔美〕尼尔·波兹曼：《娱乐至死 童年的消逝》，章艳、吴燕莛译，广西师范大学出版社2009年版，第77页。
　　③ 〔德〕托依布纳：《现代法中的实质要素和反思要素》，矫波译，强世功校，《北大法律评论》1999年第2辑，第610页。

"网民的狂欢",施尔玛赫(Frank Schirrmacher)讨论了"网络至死"的危机,戴维德(William H. Davidow)分析了"过度互联"的威胁……所有这一切,都揭示了互联网时代的新宪法问题。① 宪法学家桑斯坦(Cass R. Sunstein)也以一部接着一部的著作,忧心忡忡地讨论了互联网给隐私权、言论自由乃至整个民主体制带来的宪法挑战:"信息超载"悖论式地产生了"信息茧房",② 随之而来的"寒蝉效应""社会流瀑效应"和"群体极化"现象,③ 造成了虚拟社群不可弥合的分裂、基于充分信息和不同选择的自由的异化、纠错机制的失灵和谣言的泛滥,以及"协商群体的惊人失败"。④

　　更棘手的新宪法问题来自互联网社会系统的自治规则——"数字法"。今天,人们的网络生活主要不是依靠以文字为媒介的国家法,而是依靠以代码为媒介的数字法。数字法作为"软法",却比任何"硬法"都还要"硬",它在很大范围内决定了网络用户的权利义务,并且依靠电子手段保障实施。因此,当莱斯格(Lawrence Lessig)为数字法欢呼,跟着瑞登博格(Joel Redenberg)鼓吹"代码就是法律"的时候,甚至当他意识到必须处理数字法与知识产权、隐私和自由言论之间关系的时候,⑤ 他还是低估了事情的复杂性:现代宪法确立了立法权、司法权、行政权的职能分离,这是任何现代国家都不能否定的政治原则,但互联网企业兼有数字法的制定者、执行者、适用者身份,

――――――――――

　　① 对网络"敌托邦"思潮的介绍,参见陆宇峰:《网络公共领域的法律舆论:意义与限度——以"微博上的小河案"为例》,《社会科学研究》2014年第1期,第2—3页。

　　② 参见〔美〕凯斯·桑斯坦:《网络共和国》,黄维明译,上海人民出版社2003年版,第39—43页。

　　③ 〔美〕卡斯·R.桑斯坦:《谣言》,张楠迪扬译,中信出版社2010年版,第8页。

　　④ 〔美〕凯斯·R.桑斯坦:《信息乌托邦——众人如何生产知识》,毕竞悦译,法律出版社2008年版,第47页。

　　⑤ 参见〔美〕劳伦斯·莱斯格:《代码2.0:网络空间中的法律》,李旭、沈伟伟译,清华大学出版社2009年版,第6—8页。

"三权合一";国家法从来不曾拥有绝对的实效,这给边缘人群挑战"恶法"的行动留下了具有宪法意义的实际自由空间,构成法律进步的重要源泉,但数字法却能够借助电子手段完美执行;文字写成的国家法总是存在解释的余地,法院可以经由解释微调国家法,使之适应社会变革的需要,但"0/1"代码写成的数字法极度僵硬,拒绝解释。纯粹的数字法之治根本不是兼顾形式正义与实质正义的现代法治,而是高度独裁和彻底形式化的法制,这种法制在此前的整个人类历史上都还没有出现过。①

所有这些宪法问题,不论旧的还是新的,都无关政治权力的滥用。它们关乎社会媒介的失控,它们的始作俑者,不是基于"有权/无权"代码的权力媒介,而是基于"超越性/内在性""支付/不支付""真理/非真理""信息/非信息""合法/非法"代码以及"0/1"代码的各种社会媒介。各种社会媒介一旦失去宪法的控制,同样可能严重冲击功能分化原则。这是整个传统宪法学共同的盲点:规范宪法学狭隘地聚焦权力限制,自然对此视若不见;并不强调权力限制的政治宪法学,也因受施密特的影响,而对此漫不经心。施密特以为"任何宗教、道德、经济、种族或其他领域的对立,当其尖锐到足以有效地把人类按照敌友划分成阵营时,便转化成了政治对立"②,亦即以为社会宪法问题即使存在,也最终会转化为政治宪法问题。哈贝马斯和福柯(Michel Foucault)延续这一政治宪法学思路,创造了"社会权力""毛细管权力"等概念。但政治之外诸功能系统的所谓权力,最多只

---

① 此外,"智能互联网"对权利义务关系的"根本性重塑",带来了更具冲击力的新宪法问题。参见马长山:《智能互联网时代的法律变革》,《法学研究》2018 年第 4 期,第 25—33 页。

② 〔德〕卡尔·施密特:《政治的概念》,刘宗坤等译,上海人民出版社 2004 年版,第 117 页。

是一种不准确的类比，并不意味着"自己的意志即使遭到反对也能贯彻"，① 并不等同于丈夫对妻子、法官对当事人、雇主对雇员、教师对学生、医生对病人、记者对读者、僧侣对信徒、互联网巨头对网民的支配。通过自身固有的抽象媒介形成沟通网络的功能系统，与借助抽象社会媒介获取支配利益的具体行动者，不是一回事；与个体的或者集体的行动者不同，功能系统不需要贯彻自己的意志，不试图成为剥削个人或者其他社会领域的支配者，它们眼中除了"自私基因"的无限繁殖，根本没有别的东西。这不是政治宪法问题，而是独特的"社会宪法问题"，必须依靠专门的宪法加以解决。

第七节　现代宪治的模式转换：
迈向多元主义

指出传统宪法学理论没有认真对待社会宪法问题，丝毫不是暗示，300多年来的人类宪治实践没有严肃处理社会宪法问题。社会宪法问题与政治宪法问题一样，关系着全社会功能分化的维系，不可能被实践忽略。可惜的是，在对现代宪治历史的研究中，受政治中心主义思维的束缚，这些实践即便并非湮没不闻，也称得上是隐而不显。

运用系统论宪法学的新思维，从处理社会宪法问题的不同方式出发，重新书写现代宪治的变迁历史，意义十分重大。首先，现代宪治的模式一下变得丰富多样。那些着眼于控制各种社会动力的宪法实

① 〔德〕马克斯·韦伯：《社会学的基本概念》，上海人民出版社2000年版，第85页。

践，即使未能成功驾驭政治权力，也不必再出于"名义宪法""语义宪法"的理由，[①] 简单否定其宪治的属性。退一步说，如果它们确实存在严重缺陷，以至于辱没了"宪治"之名，那么摘下意识形态的有色眼镜，至少也看得更清楚一点。其次，大多数现代宪治模式，只要还试图把政治权力关进宪法制度的笼子，都无非在政治权力的分配、选举权利的赋予、民主程序的设计、法治原则的保障等方面做文章，但各种宪治模式对社会宪法问题的重视程度、处理方式却截然不同，其实际效果也天差地别。从异处入手，更能够把握现代宪治的模式转换。最后，经过几百年的发展，可以说现代宪治已经找到了驯服政治利维坦的适当方法，但还很难说找到了驯服各种社会利维坦的适当方法。从这个角度总结既往的经验教训，可能为未来的宪治探索打下更坚实的基础。

最早出现在现代历史上的宪治模式，是"自由主义宪治"这种原教旨"正统"。按照它的基本预设，至少在经过资产阶级革命以后，社会已经成为原子式的个人随机相遇的场所，不存在组织化、制度化的结构，相应地也就不存在社会宪法问题。政治宪法问题是唯一的宪法问题，为了解决这个问题，保障"政治国家/市民社会"的清晰界分就够了。因此宪治的要求仅仅是"宪治"，亦即通过组织法构造独立于军事力量、经济财富、宗教权威的政治权力，并以法治限制之；通过向个人赋予消极的基本权利，对抗政治权力的恣意行使，为私人行动划出自由空间。至于这个空间的内部事务，则属于私法而不是宪法的领地。但市民社会从来不是自由行动的空间，革命铲除了封建时

---

① 〔美〕卡尔·罗文斯坦：《现代宪法论》，王锴、姚凤梅译，清华大学出版社 2017 年版，第 150 页。

代的中间制度，各种功能系统和功能组织继之而起。① 放纵后者的事实性力量，尤其是经济能量的日益膨胀，其结果是 19 世纪晚期以降的过度"两极分化"，以及席卷全球的工人运动、社会主义革命和世界大战。

　　20 世纪 30 年代的大萧条之后，作为矫正"自由主义宪治"弊端的最激进方案，"集权主义宪治"模式应运而生。这种模式长期被打上"专制""独裁"的标签，完全取消宪治的资格。但在系统论法学看来，这种模式正视了社会宪法问题的严重性，试图将包括经济在内的社会制度从宪法上正式化，并依靠强大的政党抑制它们的离心倾向，实现全社会的政治整合。作为现代宪治模式之一，它不仅没有绝对拒斥功能分化，而且致力于消除功能分化的阴暗面——资本主义经济无节制发展带来的社会冲突。它的错误毋宁在于另外两个方面：一是将诸社会领域全盘组织化，这种策略取消了功能系统内部"职业组织中心"与"业余自发边缘"的再分化，窒息了系统的反思能力和理性化潜力。② 比如经济的合理化，显然不能仅仅依靠哪怕是细致分工的企业组织，而是还必须再分化出"市场"，后者为生产提供了真实的需求信息，使之敏感于千变万化的经济内环境。二是迫使诸社会领域的正式组织服务于政治目标，这种策略短期内有利于"集中力量办大事"，却最终导致了社会整合从涂尔干所谓"有机团结"向"机械团结"的倒退，付出了丧失社会适应性和创造性的长期代价。与前现代社会系诸高等阶层的单一理性相比，现代社会的理性分散呈现在诸

---

　　① 参见〔德〕贡塔·托依布纳：《宪法的碎片：全球社会宪治》，陆宇峰译，纪海龙校，中央编译出版社 2016 年版，第 169—170 页。
　　② 互联网时代的例证，参见陆宇峰：《中国网络公共领域：功能、异化与规制》，《现代法学》2014 年第 4 期，第 27—29 页。

功能系统的多元脉络下，试图以政治理性替代经济理性、法律理性、科学理性，本身就是非理性。①

　　二战后的"福利国家宪治"模式，汲取了"自由主义宪治"和"集权主义宪治"的双重历史教训。这种模式保持了更大的政治克制，除了将教育、科学、医疗和广播电视宪治化为"半国家体制"外，尽可能不干扰其他社会领域特别是经济领域的自治。这种模式也不轻视社会宪法问题，而是以一种新的方式致力于社会的宪治化：政治宪法上的基本权利，被允许发挥横向效力，指向私人行动者；政治宪法上的民主原则，也被径直引入各社会领域。但这种模式还是没有真正尊重功能分化的原理和各功能系统的自主性，因为它只是简单照搬了政治系统的宪法控制机制。② 在经济、科学、教育部门引入选举权、政治自由、代表制和民主决策程序，尽管不能算是计划经济式的政治干预，但仍然造成了政治自我反思机制特别是多党竞争机制的错配，导致大学等社会部门沿着各政党的路线方针内部分裂。

　　集权主义宪治和福利国家宪治都还只是正视了"社会宪法问题"，20世纪30年代德国弗莱堡学派倡导的"秩序自由主义宪治"，则发现了"社会宪法"本身。秩序自由主义宪治学说否定竞争秩序可以脱离政府保护的法制框架持续运行，在此前提下，它探索了由财产、契约、竞争、货币等基本制度构成的"经济宪法"，但主张国家只能在卡塔尔和垄断破坏了竞争的情况下，以普遍的法治形式介入干预。经过一定改造后的秩序自由主义宪治学说，奠定了艾哈德"社会市场经

---

① 参见 Niklas Luhmann, *Observations on Modernity*, William Wohbrey（trans.）, Stanford University Press, 1998, pp. 22–43。

② 这也造成了宪法对普通法律的"辐射损伤"，参见〔德〕马丁·莫洛克：《宪法社会学》，程迈译，中国政法大学出版社2016年版，第55页。

济"的理论基础，为西德在二战之后的迅速重建做出了巨大贡献。①
但秩序自由主义宪治模式的缺陷同样明显：其一，经济宪法本身的正
当性存疑，它是理性选择哲学的产物，而不是任何意义上的民主决策
或者协商对话的产物。其二，经济宪法只有基本制度的内容，没有基
本权利内容，旨在释放而非驯服经济动力。它有效排除了对自由竞争
的政治干扰，却无法抑制经济系统对其他社会领域制度完整性的威
胁。其三，经济宪法只是诸社会宪法之一，不能像弗莱堡学派主张的
那样适用于社会整体。简单地说，社会全面市场化的后果，与全面政
治化并无二致。

20世纪70年代以来，除了新古典自由主义浪潮席卷全球的时
期，在德国、荷兰、瑞典和意大利，"自由法团主义宪治"模式都获
得了大量实践。② 这种模式的要旨，在于政治宪法与企业、工会、行
业协会、职业组织、大学、大众媒体的"部门宪法"分工合作、良性
互动。③ 政治宪法保障利益群体自由形成"社会法团"，参与正式政
治过程，不像"国家法团"那样，被控制法团数量和强制成员资格；
政府向社会法团让渡管理权力，支持它们通过"内部宪法"即部门宪
法自我规制，真正承担公共职能；资方、管理层、劳动者之间的利益
协调依靠"雇员共同决策"，跨领域的利益协调依靠"新法团主义谈
判"，二者都起到了抵御功能系统扩张的作用；政治和法律只是为利
益协调提供公平的程序，或者致力于各方的力量再平衡。与秩序自由

---

① 参见赵小健、陈倩莹：《弗莱堡学派和宪政经济学》，《欧洲研究》2008年第4
期，第119—121页。
② 参见〔德〕贡塔·托依布纳：《法律：一个自创生系统》，张骐译，北京大学出版
社2004年版，第147—150页；安超：《瑞典的新法团主义与经济发展：经验及启示》，
《北京行政学院学报》2015年第4期，第63—68页。
③ 德国的"部门宪法"，参见赵宏：《部门宪法的构建方法与功能意义：德国经验
与中国问题》，《交大法学》2017年第1期，第66—69页。

主义宪治不同，自由法团主义宪治执行了推动功能系统自我奠基和自我限制的双重任务。但这种模式的局限性仍然明显，它主要适用于需要"利益协调"的经济领域，难以扩展到其他社会领域；在实践中，大型法团的内部宪法也往往缺乏民主性和代表性。

未来属于"多元主义宪治"模式。多元主义宪治吸收既有宪治实践的合理因素，并按照功能分化的内在要求，进一步向前推进。在这种模式下，政治系统除了继续通过政治宪法构成并限制政治权力之外，仅仅履行两项重要职责。

一是确认各社会领域的部门宪法，使它们的扩张态势和离心倾向接受自我约束。① 这些部门宪法应当以规训特定的社会媒介为目标，决定基本权利在不同社会脉络下的适用空间和具体意义，并在互联网等新兴社会领域发展必要的新型基本权利；② 应当以实现各社会领域自我规制为目标，适应教育、科研、医疗、体育、大众传媒的发展规律，分别设计以专业人员为决策主体，投资者、管理者、普通雇员乃至服务接受者多方参与的组织法，向创制、审议其内部"软法"的机构授予相应权力，规范化它们的决策程序（艺术等无需组织化的社会领域是例外）；应当以全面提升各社会系统内部反思性为目标，既不像以往一样简单地二分"国家/社会"，也不像当前一样随意地模糊"公域/私域"，而是"在不同的意义世界内对社会进行多样的区分"，

---

① 法官基于宪法义务而在个案中对法律进行合宪性解释，也可能是在中国宪法框架下发展部门宪法的有益尝试。参见张翔：《两种宪法案件：从合宪性解释看宪法对司法的可能影响》，《中国法学》2008 年第 3 期，第 114—116 页。

② 就宪法学的发展而言，这里涉及建立各种"部门宪法学"或者"部分宪法学"的必要性和方法论问题。在这个问题上，我国台湾学者苏永钦与张嘉尹共同强调："从实存秩序切入，去认识整理该秩序的根本、最高与结构规范，而不是从规范本身切入，去做体系化的工作。"参见张嘉尹：《再访部门宪法学——一个方法与理论的反思》，《法律方法与法律思维》2016 年总第 9 辑，第 5 页。

切实保障诸系统职业组织领域与业余自发领域的分化。①

　　二是协调跨社会领域的组织合作，解决功能系统之间的理性冲突。功能分化之于现代人类，既是祝福，也是诅咒。西方发达国家都还没有找到全面抑制功能分化的副作用，特别是妥善处理诸系统运作冲突的宪治措施，这是现代社会一再发生人权灾难的根本原因；中国特色社会主义的宪治实践则有望在汲取西方教训的基础上，立足自身制度优势，发现真正的出路。一方面，经过四十年的改革开放，中国也已迈入功能分化社会，也已发生功能系统相互冲突的现象。经济系统负外部性的剧烈释放，以及货币媒介向政治、法律、教育、医疗、科学、体育、大众传媒、家庭甚至宗教等领域的扩张，无不反映出事态的严重性。② 另一方面，西方国家频繁发生金融危机、生态危机、隐私危机、科技伦理危机和社会整合风险的现状表明，仅仅依靠司法机关的宪法裁判和权力机关的宪法监督，诉诸"以宪法解释为核心的合宪性控制机制"，并不足以有效应对各种地位平等的功能系统带来的多元主义挑战。③ 对于中国来说，考虑到"违宪审查机构受理的案件不同程度地带有一定的政治性"，而正在推进的合宪性审查工作又必须贯彻"政治问题不审查"的原则，④ 情况更是如此。在此背景下，2018 年的《宪法》修正案确认"中国共产党领导是中国特色社会主义最本质的特征"，不宜错误理解为"逆功能分化"的方案。恰恰相反，

---

　　① 〔德〕贡塔·托依布纳：《多元现代性：从系统理论角度解读中国私法面临的挑战》，祁春轶译，《中外法学》2013 年第 2 期，第 263—264 页。
　　② 参见李忠夏：《宪法变迁与宪法教义学——迈向功能分化社会的宪法观》，法律出版社 2018 年版，第 149 页。
　　③ 参见王旭：《"法治中国"命题的理论逻辑及其展开》，《中国法学》2016 年第 1 期，第 101—103 页。
　　④ 参见秦前红：《合宪性审查的意义、原则及推进》，《比较法研究》2018 年第 2 期，第 70—71 页。

这是中国应对多元主义挑战的不二选择。中国共产党基于国家宪法明确规定的领导地位，在依据政党组织的部门宪法即党章自我规制的前提下，在保障各种社会组织功能自治的前提下，运用历史形成的社会权威和超强的社会动员能力，通过促进和协调跨领域社会合作的方式发挥领导作用，解决功能分化社会必然存在的系统际冲突，可能探索出一条符合多元主义原理、符合中国基本国情、符合未来发展需要，兼顾社会主义价值与现代性"双重目标"① 的独特宪治道路。

① 参见王人博：《中国现代性的椭圆结构——"八二宪法"中的"建设者"述论》，《文史哲》2018 年第 2 期，第 69 页。

中　篇

△

推进法学研究的新范式

引　言

　　系统论法学是"社会理论法学"的重要分支。与聚焦法律内在形式的实证主义法学、关注法律外在价值的自然法学，以及借助社会科学工具研究法律运行的经验法社会学都不同，社会理论法学强调运用宏观社会理论分析法律现象，是推进当代中国法学研究的新范式。

　　对于以马克思主义为指导的中国法学来说，运用宏观社会理论分析法律现象，从来不是一项陌生的工作。法的阶级性、法与国家的关系、法的形成和演化，这些只可能从社会理论角度提出并回答的问题，早已进入大学甚至中学教科书；20 世纪 80 年代，发掘包括但不限于马克思主义经典作品中的法律社会学资源，"从社会整体和发展过程的角度揭示法律的本质属性和基本规律"，一度成为重要的研究计划；[1] 20 世纪 90 年代，随着市民社会理论的引入，现代法的经济基础、社会动力、文化条件等问题，也得到了比较充分的思考。[2] 尽管如此，由于两方面的原因，真正堪称"社会理论法学"的研究，直到新世纪才正式展开。

　　一方面，只有在新世纪以后，才出现了对国内法学"囿于法律闺

---

[1]　赵震江、季卫东、齐海滨：《论法律社会学的意义与研究框架》，《社会学研究》1988 年第 3 期，第 36 页。

[2]　代表性作品，参见马长山：《从市民社会理论出发对法本质的再认识》，《法学研究》1995 年第 1 期，第 41—48 页。

房""陷入形而上学""沉迷经验考察"三重困境的普遍不满，试图寻找适合解释中国日益复杂的社会和迅速变迁的法律的理论新资源，以"观察法律与社会的复杂关系，分析法律与社会的关联互动，追问法律的正当性基础，探求法律发展的未来趋势及其终极命运";① 也才有学者意识到，实证主义法学、自然法学、社会法学"轮流坐庄"的时代已经过去，全球法学正在进入百家争鸣的"无王期"，社会理论法学可望发挥开辟新疆域、拓展新视野、指引新方向的巨大潜力。②

　　另一方面，也只有在新世纪以后，我国法学研究者才开始全面阅读孟德斯鸠、马克思、涂尔干、韦伯、埃利希（Eugen Ehrlich）、帕森斯、阿伦特（Hannah Arendt）、哈贝马斯、卢曼、福柯、布迪厄（Pierre Bourdieu）、吉登斯（Anthony Giddens）、贝克（Ulrich Beck）、鲍曼（Zygmunt Bauman）等作者的经典作品，建立现代社会理论的概念谱系和知识储备；才有意识地把孟德斯鸠、马克思、阿伦特、哈贝马斯、福柯等作者的社会理论从其哲学思想、政治学说中剥离出来，用于指导法学研究；才初步形成探索"社会中的法"的理论自觉和方法论自觉，在琢磨、学习和模仿昂格尔、诺内特和塞尔兹尼克、托依布纳、肯尼迪（Duncan Kennedy）、桑托斯（Boaventura de Sousa Santos）、桑希尔等"社会理论法学家"研究进路的基础上，尝试运用各家各派的社会理论，从整体社会的视角讨论现代法律问题。

　　十多年来，在"社会理论之法"的方法论旗帜下，③ 一批中国研究者做出了富有特色的努力。他们不仅重点译介和深入讨论了众多社

---

　　① 参见高鸿钧:《法学研究的大视野——社会理论之法》，载高鸿钧、马剑银编:《社会理论之法:解读与评析》，清华大学出版社2006年版，第1—5页。
　　② 参见於兴中:《社会理论与法学研究》，《清华法治论衡》2009年总第12辑，第2—3页。
　　③ 参见高鸿钧:《法学研究的大视野——社会理论之法》，载高鸿钧、马剑银编:《社会理论之法:解读与评析》，清华大学出版社2006年版，第1—5页。

会理论法学作品，而且以社会理论作为论证资源，重新聚焦法律自治、法律演化、法的正当性、法的功能、司法的地位、程序的价值、法律多元、法律移植等经典命题，还运用社会理论原理，考察了风险社会的法、全球社会的法、网络社会的法等当代现象。至少在这三个方面，社会理论法学分别带来了知识增量、刺激了理论反思、建构了分析框架，也因此逐渐成长为"推进法学研究的新范式"。

　　但令人遗憾的是，"社会理论法学"本身至今尚未得到深度审视。它原本不应游离于社会理论的视野之外。既然社会理论，特别是从涂尔干、帕森斯到卢曼的社会系统理论自诩为"整体社会的视角"，真诚地相信从自身原理出发，既可以充分揭示现代社会和现代法律的实际运作，也可以恰当理解一切关于现代社会和现代法律的学理描述，就没有理由出于谦逊的考虑，回避以下三个问题：社会理论法学与其他"外部视角"的法学研究有何不同？社会理论法学与"内部视角"的法学研究以及法律的实际运作是何种关系？何为社会理论法学特有的洞见或者可能的学术贡献？这三个问题，分别涉及社会理论法学的定位、功能与前景。中国的社会理论法学"埋头拉车"已逾十年，是时候"抬头看路"了。

　　本编前三章即对上述问题一一予以明确的回答，主要内容来自拙文《社会理论法学：定位、功能与前景》，文章原载《清华法学》2017年第2期，经《中国社会科学文摘》《高等学校文科学术文摘》转载，以及"法学学术前沿""北大法律信息网""法哲学与政治哲学论坛"等微信公众号转发，在理论法学界产生了一定的影响。不过，有微信公众号将拙文称为"中国社会理论法学宣言"，显然言过其实了，这里特别做出说明。所谓"宣言"，必须是开启一项重要研究计划的纲领性作品；"宣言"的适格作者，必然是这场即将展开的研究行动的领军人物。从这两方面看，拙文都并不符合"宣言"的标准。

国内社会理论法学研究的领军人物，是清华大学的高鸿钧教授。2003年，高鸿钧教授发表论文《现代法治的困境及其出路》(《法学研究》2003年第2期)，并出版专著《现代法治的出路》(清华大学出版社2003年版)，首次系统运用马克思、梅因(Henry Maine)、韦伯、滕尼斯、塞尔兹尼克、昂格尔等社会理论法学家的学说阐释法治问题。2004年起，高鸿钧教授在清华大学法学院持续开设"社会理论之法"课程，讲授哈贝马斯、韦伯、卢曼、桑托斯的社会理论法学。2006年，高鸿钧教授与马剑银合编《社会理论之法：解读与评析》(清华大学出版社2006年版)，收录了当时汉语学界关于马克思、涂尔干、韦伯、哈贝马斯的高水平研究成果23篇。此后，高鸿钧教授一直引领国内社会理论法学研究，主要成果一是商谈论法学研究，代表作包括《走向交往理性的政治哲学和法学理论——哈贝马斯的民主法治思想及对中国的借鉴意义(上、下)》(高鸿钧著，《政法论坛》2008年第5、6期连载)，《商谈法哲学与民主法治国——〈在事实与规范之间〉阅读》(高鸿钧等著，清华大学出版社2007年版)，《哈贝马斯、现代性与法》(〔美〕马修·德夫林编，高鸿钧译)；二是系统论法学译介，代表作包括《魔阵·剥削·异化——托依布纳法律社会学文集》(〔德〕贡塔·托依布纳著，高鸿钧、泮伟江等译，清华大学出版社2012年版)，《"全球的布科维纳"：世界社会的法律多元主义》(〔德〕贡塔·托依布纳著，高鸿钧译，《清华法治论衡》2007年总第10辑)；三是法社会学前沿理论译介，代表作包括《欧洲法律之路——欧洲法律社会学视角》(〔德〕沃尔克玛·金斯纳等著，高鸿钧等译，清华大学出版社2010年版)，《布莱克维尔法律与社会指南》(〔美〕奥斯汀·萨拉特编，高鸿钧等译，北京大学出版社2011年版）；四是法律全球化研究，代表作包括《法律移植：隐喻、范式与全球化时代的新趋向》（高鸿钧著，《中国社会科学》2007 年第 4 期）、《美国法全球化：典型例证与法理分析》（高鸿钧著，《中国法学》2011 年第 1 期）、《规制与解放之间——读〈迈向新法律常识——法律、全球化和解放〉》（高鸿钧著，《政法论坛》2012 年第 4 期）。此外，高鸿钧教授主编的辑刊《清华法治论衡》多年来发表了大量社会理论法学作品，这些作品主题广泛，反映了相关研究的全球动向。

　　高鸿钧教授 2006 年写作的《法学研究的大视野——社会理论之法》，是真正的"中国社会理论法学宣言"。该文作为"导言"，收录在《社会理论之法：解读与评析》一书中，倡导走出"法律闺房"、采用外部视角、从社会整体视域观察法律现象，较拙文整整早了 11 年。而自 2009 年於兴中教授在《清华法治论衡》发表《社会理论与法学研究》，指出实证主义法学、自然法学、社会法学三大流派"轮流坐庄"的时代已经过去，全球法学正在进入百家争鸣的"无王期"，社会理论可望指引法学研究开辟全新格局之后，拙文生造的"社会理论法学"概念也已经呼之欲出了。2016 年 6 月，清华大学法律全球化研究中心以"社会理论之法：回顾与展望"为题召开研讨会，阶段性地总结了高鸿钧教授带领数十位青年研究者，十多年来在商谈论法哲学、系统论法学、法律全球化等研究领域取得的成绩，拙文不过是此次研讨会发言的扩展版本。2016 年 12 月，值托依布纳《宪法的碎片：全球社会宪治》中译本出版之际，清华大学法学院又举办了"社会理论法学论坛"第 2 期座谈会，来自清华大学、北京大学、中国社会科学院、北京师范大学、中共中央党校、北京航空航天大学、中央编译局和华东政法大学的多位学者纵论社会理论法学，也给拙文的最终成稿提供了重要思路。

　　倒是对拙文的三点内部批评意见，值得特别重视。批评者认为，拙文系从系统论法学出发讨论社会理论法学，有以偏概全之嫌。作为一个流派，系统论法学能否以及在何种意义上代表作为整体的社会理论法学？系统论法学把"人"视为社会"环境"，是否会引起对社会理论法学贬低"人"的误解？系统论法学聚焦"社会分化"，是否背离了社会理论法学重视"社会整合"的传统？本编第四章讨论这些问题，主要内容来自《系统论法学与社会理论法学：三点回应》(《人大法律评论》2019 年总第 29 辑)，目的在于进一步表明系统论法学作为社会理论法学的最新发展，在最大程度上推进了法学研究的范式转换。

　　本编第五、六章的内容主要来自《现代法治的"为"与"不为"——从"李雪莲"的两项诉求说起》(《浙江社会科学》2017 年第 7 期)、《全球的社会宪法》(《求是学刊》2014 年第 3 期)和《"自创生"系统论宪法学的新进展——评托依布纳〈宪法的碎片：全球社会宪治〉》(《社会科学研究》2017 年第 3 期)等，分别展示系统论法学和社会理论法学作为"推进法学研究的新范式"，如何超越作为中国本土法社会学分支的"法律与文学研究"，以及如何不断实现自我超越，把宪法学研究扩展到全球的、非政治的维度。

第一章
有关法律的科学性宏观理论

社会理论法学的定位，一言以蔽之，即"有关法律的科学性宏观理论"。这一稍嫌拗口的表述，可以从以下三个层面加以说明。

第一节　社会理论法学并非
严格意义上的法学

社会理论法学虽以法律为研究对象，且因循类似交叉研究的命名惯例冠以"法学"的称谓，但并非严格意义上的法学。这一判断，源于社会理论的基本原理。

从古典时代开始，社会理论即已普遍接受"社会分工"作为现代性的首要特质：涂尔干以社会分工为核心展开论述；马克思的阶级斗争学说，揭示了隐藏在社会分工背后的权力支配关系；韦伯所谓"诸神之争"，是社会分工的必然结果；帕森斯、哈贝马斯等以社会整合或社会团结为主要旨趣的理论家，则表达了对社会分工后果的深刻忧虑。卢曼用更抽象但更准确的术语阐述该原理，认为现代社会以"功能分化"为首要原则，在现代社会中，法律系统与政治系统、宗教系统、经济系统、科学系统、医疗系统、教育系统、大众媒体、道德伦理相互分离，依据不同的代码和纲要自我观察、自我描述、自我维持、自我调整、自我再生产；它们各自承担不同的全社会功能，彼此不可通约、不可替代。相应地，作为与功能分化社会关联的语意形式，现代知识也实现了学科分化，不同学科围绕不同社会系统的运作进行知识生产，反映、巩固、强化并受制于特定的系统理性。其结果是，一旦基于一种系统理性的学科知识，未经中介地作用于另一社会系统的结构塑造，就可能导致后者的运作失灵和功能紊乱，甚至破坏社会分工和功能分化原则本身。在这个问题上，现代法学史令人印象深刻：为了形成和维持法律系统固有的理性，现代法学先是依靠理性自然法，在其开端处挣脱神学的束缚；随后又借科学之力，[1] 逐渐隔离伦理学的说教和政治学的指令；而自19世纪下半叶以来，法学的科学化暴露出新的问题，引致绵延至今的争议。

　　是故现代学科的界限，归根结底是社会系统的界限。那种回归整体性、阶序式古典知识的浪漫主义观点，没有意识到这一界限的划定乃是社会演化的重大成就，不宜轻言跨越。即便是"襟三江而带五湖"的"交叉法学"，至少在外部交叉这个层面，也不应以知识融合为目标。[2] 有鉴于此，最好根据是否基于法律理性、是否介入法律运作这一标准，将有关法律的研究分成两大类。一是法律系统的自我观察和自我描述，即严格意义上的法学，拉伦茨在德国语境下将之与"法教义学"径直划上等号。[3] 法教义学取向于职业化的法律实践，

　　① 参见李忠夏：《宪法教义学反思：一个社会系统理论的视角》，《法学研究》2015年第6期，第5—7页。
　　② 比较郑永流：《创新与法律的交叉研究》，《交大法学》2013年第4期，第79页。
　　③ 〔德〕卡尔·拉伦茨：《法学方法论》，陈爱娥译，商务印书馆2003年版，第72页。法律推理是法教义学在英美语境下的功能等值物，参见纪海龙：《法教义学：力量与弱点》，《交大法学》2015年第2期，第95页。

旨在为法律运作提供必不可少的概念、范畴、原则、体系、解释、论证，服务于从庞杂的制定法、先例或者契约规则中构造"裁判规则"，针对个案情境分派"合法/非法"价值的需要，本身构成法律系统的一个重要子系统。由于法教义学的存在，法律论证与宗教、道德、经济、政治论证发生了高度分化，使得疑难案件的裁判也能固守其法律属性，现代法由此得以在全社会范围内执行"稳定规范性预期"的功能。① 二是法律系统的外部观察和外部描述。这类研究超然于法律逻辑之外，并非法律系统的组成部分，一般而言也不参与法律运作，执行法律功能。自然法学、历史法学、利益法学、社会法学、现实主义法学，以及当前流行的法经济学、社科法学、政治（宪）法学无不如此；社会理论法学同样如此，或者应当如此。倘若放任这些外部观察和外部描述左右法律的运行，道德、科学、经济、政治的系统逻辑就可能冲击法律逻辑，进而破坏现代法的自治属性，损害法治国家的基本原则。社会理论法学对功能分化的现代性有着深刻的洞察，更应自觉与严格意义上的法学相区分。

只有在特殊的历史时刻，法律的外部观察才不得不直接干预其内部运作。这样的历史时刻，要么是法律系统的自主性难以存续，要么是法律自治的负外部性增长带来了社会灾难，二者都是现代社会功能分化原则确立困难或者受到侵蚀的症状。启蒙时代，为了推动"社会弥散的法—部分自治的法—自创生法"的演化，② 为了支撑起法律系统从全社会中的"分出"，思想家们曾经用理性主义自然法学为统一的法律体系奠定基础。但在这一前现代/现代的过渡时期之后，特别

---

① 法律论证与其他论证的分化，参见〔德〕Ralf Poscher：《裁判理论的普遍谬误：为法教义学辩护》，隋愿译，《清华法学》2012年第4期，第112页。

② 参见〔德〕贡塔·托依布纳：《法律：一个自创生系统》，张骐译，北京大学出版社2004年版，第48—52页。

是在实证的法典问世之后，自然法学肩负的法律现代化使命就完成了。19 世纪后期，自主运转的法律系统日益脱离社会的需要，特别是放任了经济理性的无限膨胀，造成了严重的贫富分化和垄断问题，名目众多的法社会学作为欧陆概念法学和美国形式主义法学的反动浮出水面，为大规模的制定法干预提供理论支持和操作指导。① 魏玛时期"政治法学"的兴起，固然在客观上表达了强烈的民族情绪，实质却是对一战后德国政治空间受到过度压抑的理论回应，矛头指向将政治决断彻底消解为法律实施、否定政治自主的"自由法治国"学说。② 1945 年，全世界共同见证了极权主义对法律自治的摧毁，以及由此产生的惨绝人寰的恶果，经过程序化、形式化改造的（新）自然法学又被重新召唤出来，用于确认政治行动的界限。但无论如何，在现代社会的常态期，包括社会理论法学在内，一切法律的外部观察都应当谨守自己的界限，明白自己并非适合参与法律系统日常运作的"法学"；外部的洞见要进入法律系统，必须经历一个教义学化的过程，被承认为实证法的客观价值。③ 反过来说，任何试图把法律现象还原为经济、政治、道德、意识、生理现象，把法律决定还原为利益算计、敌我决断、伦理考量、心理分析、科学检测的做法，都从根本上低估了现代社会和现代法律的复杂性，可能把法学研究和法律实践引向歧途。

---

① 参见 James E. Herget, Stephen Wallace, "The German Free Law Movement as the Source of American Legal Realism", *Virginia Law Review*, 1987(2), pp. 399–455。

② 参见〔德〕卡尔·施密特：《合法性与正当性》，李秋零译，载《政治的概念》，刘宗坤等译，上海人民出版社 2004 年版，第 191—215 页。

③ "新自然法"教义学化的德国例证，参见张翔：《宪法教义学初阶》，《中外法学》2013 年第 5 期，第 922 页。

第二节　社会理论法学具有科学属性

社会理论法学立足科学的观察视角，是科学系统的组成部分，具有科学属性。在"世界除魅"的世俗化过程中，在对抗神学并大获全胜的现代化进程中，科学逐渐被等同于正确。那些无法科学化或者未能成功科学化的知识，则被打上非科学或者伪科学的烙印，视同谬误。但这样的观念，根源于科学理性的过度膨胀和科学思维的严重泛化，已经使现代人付出了深陷"理性铁笼"的沉重代价。① 对于成熟的社会理论来说，科学不过是现代社会的一个功能子系统，不过是意识系统借以观察世界的一种特殊方式。诸多法律系统的外部观察，虽然并无现代科学的样式，但只要发展到足够复杂充分的程度，就也能够获致对实际法律过程的深刻理解。在这些学问之间，没有高下正误之分。

但它们确实存在立足点之别。法教义学立足法律系统自我观察，密切关注"合法／非法"问题，自不待言。所有外部视角的学问也都各有立足点：自然法学立足道德伦理观察法律，根本上是聚焦"善／恶"问题；法经济学立足经济系统观察法律，根本上是聚焦"成本／收益"问题；政治（宪）法学立足政治系统观察法律，根本上是聚焦"有权／无权"问题；历史法学、社会法学、社会理论法学则立足科学系统观察法律，根本上是聚焦"真理／非真理"问题。此处必须进一步澄清的是，现代社会为"真理"赋予了特殊的含义，即一套通过经验观察和理论解释建立起来、经受了实验或者方法论检验、可以在同

---

① 参见马剑银：《现代法治、科层官僚制与"理性铁笼"——从韦伯的社会理论之法出发》，《清华法学》2008 年第 2 期，第 34—40 页。

等条件下重复使用的体系化知识。现代科学垄断了真理的生产，但这种真理不一定"合法"，不一定"合算"，不一定"虔诚"，不一定符合政治支配的需要，也不一定"正当"。那种认为真理即善、美、虔诚、正义，甚至认为掌握真理者应当成为"哲学王"的观点，属于柏拉图式的思维，实为功能分化尚未展开的前现代社会结构的意识投射。反过来说，正是因为不必服务于政治、法律、经济、宗教、道德的行为选择，现代科学才成为一个运作封闭的独立系统：它纯粹按照自身固有的标准生产真理，以便向全社会呈现远较当下现实丰富的可能性。

作为一门科学，社会理论法学的优势仅仅在于，它一方面卸除了为做成法律决定提供论证的负担，另一方面摆脱了政治意志、宗教教义、经济需要、伦理观念、舆论诉求的束缚。它只受到一种束缚，即科学系统对于真理性知识应当可观察、可检验、可一般化、可建构的要求。这使它既超越了法律内部视野狭窄的自我理解，又克制了法律外部一厢情愿的过高期望，能够从一个价值中立的立足点出发，观察现代法律的自我生产、自我描述和外部描述，观察现代法律与现代社会的共同演化。这也决定了，尽管社会理论法学流派众多、内部差异巨大，但作为科学，它们都反对一种不断从形式上改头换面，实则根深蒂固的启蒙理念：法律是一套特定的基本原则演绎式展开的产物。[1] 在社会理论法学看来，从霍布斯、洛克到卢梭、康德的启蒙思想，与其被当作形而上学的教条，不如被视为对现代性起源之时特有的社会问题的回答，即如何同时维护古代社会解体所释放的个人自由与共同生活的必要秩序。所有规范性的原则，不论

---

① 参见 Chis Thornhill, *A Sociology of Constitutions*: *Constitutions and State Legitimacy in Historical-Sociological Perspective*, Cambridge University Press, 2011, pp. 1-8。

源于政治意志、宗教启示，还是道德共识、经济考量，都不可能以其原教旨禁锢现代法律的发展，或者以逻辑方式左右现代法律在现代社会之中的变迁。

社会理论法学的科学属性，最典型地表现为研究客体的转移：从法律规范向法律运作转移、从法律价值向法律功能转移。这不是否定法律规范的重要性，而是强调从静态的规范结构出发，无法认识动态的法律过程，更无法理解法律的变迁及其社会根源。马克思对五种社会形态及其相应法律模式的梳理，韦伯对四种法律理想类型以及近代法反形式倾向的论述，卢曼对古代法、前现代高等文明的法、现代实证法演化态势的分析，诺内特和塞尔兹尼克对压制型法、自治型法、回应型法的区分，托依布纳对形式法、实质法、反思法的阐释，哈贝马斯对自由主义、福利国家、程序主义三种法范式的诊断，都关注由法律规范、法律行动、法律决定、法律组织、法律职业、法律学说共同构成的法律过程，都把法律视为一种随着社会环境的改变不断改变的现象。这也不是否定法律的价值维度，而是以"二阶观察"①的方式进一步揭示现代法律何以采纳了特定的价值：在孟德斯鸠《论法的精神》中，法的正当性已经"不再依赖形而上学的基础，而是转而求诸经验性的社会环境"；②马克思对契约自由和私有产权神圣的讨论，说明资产阶级法律曾经一度适应了现代社会创造更多（经济）行动空间的需要，而当这套法律价值被认为加剧生产社会化与生产资料私有制之间的矛盾，引发了周期性的经济危机时，马克思展开了伟大的批判；卢曼则指出，现代宪法确立一系列基本原则，并不是遵循启蒙哲

---

① 参见〔德〕葛哈德·贝希曼、〔加〕尼柯·史帖尔：《卢曼的遗产》，纪海龙译，《北航法学》2015年第2卷，第76页。

② 马剑银：《孟德斯鸠语境中的"法"及其"精神"——重读〈论法的精神〉》，《清华法学》2016年6期，第33—34页。

学规范性主张的结果，而是旨在满足诸社会系统抵御政治系统过度干预、维持自身独立运转，以及超越阶层之分、各自涵括全部人口的事实性需要。[①] 社会理论法学作为科学，遵奉一切社会现象只能从社会本身得到解释的信条，应然的法律价值也不例外。

第三节　社会理论法学取向于宏观理论

社会理论法学取向于理论，具体说来是富于反思性的宏观理论。这一点，构成社会理论法学与其他法律的科学研究（无论是社会科学还是自然科学），特别是经验法社会学研究的重要区分。与经验法社会学相比，社会理论法学更加注重在理论框架下观察法律现象，认为由此获得的洞见比单纯依靠统计、田野调查、实验方法乃至当前流行的大数据方法得出的结论更有价值，更可能明晰法律发展的趋势。毕竟任何方法都有其预设前提和适用条件，任何原始数据都有待思维的进一步处理，而自觉运用理论，可以对此进行有意识的控制和检验。与经验法社会学相比，社会理论法学也更加重视理论内含的反思机制，既反对将黑格尔所谓"存在即合理"降格为"现实皆正确"的庸俗理解，又不满足于对复杂社会中早已丧失透明度的事实性因果关系的简化分析，而是试图发掘蕴藏在理论之中的重构潜力和批判能量。这些潜力和能量的释放，常常表现为新的话语的形成。这些新的话语一旦在社会中传播，就可能带来社会结构的变迁和相应的法律变革。马克思的解放理论、阿伦特的公共领域论、哈贝马斯的商谈论、塞尔兹尼克的回应法学说、卢曼的程

---

① 参见〔德〕Georg Kneer, Armin Nassehi：《卢曼社会系统理论导引》，鲁贵显译，巨流图书公司 1998 年版，第 209 页。

序法治观，在此提供了大量例证。

与经验法社会学相比，社会理论法学还更加重视宏观理论的建构和运用，致力于通过历史社会学分析把握现代社会的整体特征，进而理解作为特殊社会现象的现代法律。这种宏观理论，应当既能够对现代社会做出一般化的描述，又能够在现代法律的脉络下提供"再具体化"的说明。换言之，它应当具有辩证法的品格，恰当说明现代法律何以既形成了自身的特殊性，又将现代社会的普遍性寓于其中。这不仅要求它坚决拒斥将法律现象化约为经济、政治、道德、科学、心理现象甚至神经元活动的各式还原论，而且要求它超越日益远离实证法、日益碎片化、日益"去理论化"的当代法社会学。的确，半个世纪以来，围绕法律职业、法律组织、立法博弈、多元纠纷解决、民间法、"行动中的法"、法官心理、法律意识展开的经验法社会学研究，已经越来越偏离法社会学的初衷了。[①] 它们既不研究实证法，也不产出宏观理论，却随着美国的崛起将影响扩展到全世界。

回头看来，法社会学在其初生之时，显然以促成实证法的变革为目标，并且深具理论野心。19世纪晚期以降，源自欧陆的自由法运动产生了跨区域的影响，在美国也引发了混杂着实用主义哲学的各种法学思潮，二者都致力于为法律奠定新的社会理论基础（社会利益或社会福利），解决形式主义法思维主导下法律体系过度封闭的问题，以及这种法思维与社会达尔文主义、自由放任观念合流造成的社会经

---

① 有学者将这些成果归诸"新法律现实主义"名下，参见〔美〕斯图尔特·麦考利：《新老法律现实主义："今非昔比"》，范愉译，《政法论坛》2006年第4期，第54页。一个汇总了上百篇相关成果的读本，参见 Stewart Macaulay, Lawrence M. Friedman, Elizabeth Mertz, *Law in Action: A Socio-Legal Reader*, Foundation Press, 2007。鉴于此读本浅显易懂、生动活泼，比进入社会理论法学作品的法学专业门槛和理论门槛都要低很多，笔者曾将其用于为非法理学专业硕士研究生讲授的"法社会学"课程，但其问题也不少。

济问题。① 20 世纪二三十年代，被我国社科法学追封为自身起源②的法律现实主义登上历史舞台，则是旨在解决美国特有的普通法危机问题，亦即 19 世纪中叶废除令状制度之后，美国复杂的司法体制迟迟未能解决的法律适用统一性问题。③ 为了达成这一目标，现实主义法学家倡导回归普通法传统，发展更加注重情境和个案正义的司法模式，以及迥异于欧陆法典、规则细化的制定法模式。④ 但是近几十年来，表面繁荣的法社会学已经不再关注现代社会最重要的法律现象——实证法了，甚至可以说，它已经主要不再研究法律了。⑤ 更令人沮丧的是，法社会学的理论雄心也丧失殆尽。马克思的法社会学奠基于劳动理论，涂尔干的法社会学奠基于连带关系理论，韦伯的法社会学奠基于行动理论，卢曼的法社会学奠基于沟通理论，哈贝马斯的法社会学奠基于交往行为理论，福柯的法社会学奠基于规训理论……这些经典作者如今只能被称为社会理论法学家，因为在他们的作品与当代主流的法社会学之间，存在着是否寻求统一理论基础的重大差异。后者最多可以被视为一种不充分的科学形态，其科学性体现为"对实在的拆解"，比如把法律实在拆解为法律职业、法院组织、法律行动、法律意识，以供实证研究。但科学新知的获取，根本上有赖

---

① 参见 G. Edward White, "From Sociological Jurisprudence to Realism: Jurisprudence and Social Change in Early Twentieth-Century America", *Virginia Law Review* 1972 (6), pp. 1000-1012. 此文有助于区分一战前以庞德为中心的美国社会学法学与一战后以卢埃林为中心的美国法律现实主义。由于不清楚二者分别取向于不同的法律改革目标，不少学者仅仅看到二者共同的实证研究方法，就将其混为一谈。

② 陈柏峰：《社科法学及其功用》，《法商研究》2014 年第 5 期，第 67 页。

③ 参见陆宇峰：《美国法律现实主义：内容、兴衰及其影响》，《清华法学》2010 年第 6 期，第 85—89 页。

④ 参见陆宇峰：《"规则怀疑论"究竟怀疑什么——法律神话揭秘者的秘密》，《华东政法大学学报》2014 年第 6 期，第 74—77 页；陆宇峰：《"事实怀疑论"的浅薄与深刻——弗兰克法律现实主义再解读》，《江汉论坛》2014 年第 10 期，第 141—144 页。

⑤ 〔德〕尼克拉斯·卢曼：《法社会学》，宾凯、赵春燕译，上海人民出版社 2013 年版，第 39—44、182 页。

于"拆解能力与再组合能力"的同时提升，只有经验的分析没有理论的综合，无法释放拆解工作原本暗藏的巨大潜能。[①]

在经验法社会学仍然保有其主流地位的当下，后现代主义的解构思潮又不期而至，但社会理论法学不为所动，继续坚持其宏观理论取向。毕竟，越是面对复杂的社会，越是面向内部不断分化的法律，就越是需要一以贯之的宏观理论，越是应当"把微观层面的相互作用中存在的偶然性、文化蕴含以及宏观层面的法与社会的相互进化也都纳入社会变革的视野之中，以便始终保持法与社会在结构上的可选择性和反思性"[②]。那些"中层理论"固然可以说明特定的法律现象，但往往只是片面诉诸经济学、政治学、伦理学、自然科学原理和方法的产物，其解释力经不起全面的检验；[③] 那些对特定法律现象的实证分析，如果不能反思为基于宏观理论的必然结论，则更加令人生疑。它们无法说明，所观察到的现象是根植于现代法律发展的一般规律和基本趋势，抑或不过是回潮的逆流，或者昙花一现的乌托邦；也从未澄清，所谓中层理论和实证分析的背后，究竟埋伏着何种价值预设或者政治立场，其结论在何种情境下是合理的，在何种意义上是正确的。社会理论法学恰恰相反，它对所有法律现象的观察都可以回溯至一套宏观理论，由此直接或间接地把它对现代社会和现代法律的基本判断公之于众；与此同时，它又自省于它的一切描述都仅仅源于一个统一的观察起点，相应地也就必然存在着盲点，从而诚实地展现任何研究都不可避免的局限。

---

① 参见〔德〕尼克拉斯·鲁曼：《生态沟通——现代社会能应付生态危害吗?》，汤志杰、鲁贵显译，桂冠图书公司2001年版，第129—132页。

② 季卫东：《社会变革与法的作用》，《开放时代》2002年第1期，第33页。

③ 默顿的"中层理论"广受社会学界批评，以至于他在后期作品中做出了修正，认为社会学中层理论的建构无论如何都离不开社会学一般理论。参见吴肃然、陈欣琦：《中层理论：回顾与反思》，《社会学评论》2015年第4期，第36页。

第二章
现代法律全面理性化的动力

社会理论法学有何功能？在回答这个问题之前，有必要区分"效用"与"功能"。这是考虑到把效用等同于功能，已经造成了不少对于社会理论法学的误用和滥用，从阶级论到活法论、从商谈论到系统论，从来如此，于今尤甚。作为"有关法律的科学性宏观理论"，社会理论法学当然有其个人体验层面的效用，比如满足法理学研究者越来越难以满足的思辨乐趣；有其纯粹科学层面的效用，比如将纷繁复杂的法律现象纳入一个更加自洽的解释体系；有其政治论证层面的效用，比如为特定政治制度贴上一个时髦的正当化标签；也有其职业功利层面的效用，比如满足法学论文发表必不可少的创新性要求。然而，倘若社会理论法学确有社会理论意义上的功能，它就必须对于法律系统有所助益，进而对于全社会有所助益。事实上，社会理论法学确实可能经由法教义学的中介，影响法律系统的实际运作，促进法律系统在充分发掘与有效抑制功能分化正负外部性的双重目标之间保持动态平衡，从而为现代法律的全面理性化提供动力。这才是社会理论法学独特的功能所在。

第一节　对法教义学的"激扰"

社会理论法学与法教义学虽然立足点不同，但均以实证法和法律系统为研究对象，这决定了二者之间存在"耦合"。此处选择"耦合"这一术语（而非"重合"），旨在重申外部视角的社会理论法学与内部视角的法教义学根本上属于不同的社会脉络，各自取向于科学和法律两种彼此分离的系统逻辑。因此，前者无法直接改变后者，只能对后者以"噪音"形式施加"激扰"。至于法教义学是否回应这种外部的"激扰"，则取决于法教义学内部是否存在感知"噪音"的固有结构，或者外部的"噪音"是否足够喧嚣，足以迫使法教义学发展新的内部结构。总而言之，取决于法教义学是否与社会理论法学形成"共振"。

一般说来，法教义学只能以其固有结构理解社会理论法学制造的"噪音"。比如，尽管哈贝马斯指出，在民主法治国条件下，包括司法决定在内的所有政治和法律决定，其正当性都取决于经由交换合理理由的理性商谈达成的共识。[①] 但既有的程序中立原则、辩论原则、举证责任分配规则、证据证明力原理以及既判力学说都决定了，诉讼法教义学既不可能接受司法过程的商谈模式，也不可能接受裁判结果可接受性的共识标准。然而，通过重新解释诉讼诚信原则的核心价值及其实质意涵，通过对当事人的陈述真实性和表达真诚性提出更高要求，诉讼法教义学却可能以自己的方式吸纳商谈论的洞见，亦即在不追求共识结果的同时引入共识达成的基本条件，构造适合司法场域的最低限度的"理想言语情境"，从而强化司法裁判的正当性。法律论

---

① 参见〔德〕哈贝马斯：《在事实与规范之间——关于法律和民主法治国的商谈理论》（修订译本），童世骏译，生活·读书·新知三联书店2011年版，第273—277页。

证理论也回溯自身做出回应，它不是主张法律论证向公众真实的道德商谈开放，而是更新了法律论辩的规则和形式，以保障法官对其法律判断的证成能够被理解为普遍实践论辩的一种特殊情形。① 从第三方的视角看，这些从法教义学自身逻辑出发的理解往往只是误解，却提升了法教义学的反思能力。

在特殊情况下，社会理论法学也可能制造出足够的"噪音"，"激扰"原本不具特定结构的法教义学自我反思，生成新的教义学结构。比如托依布纳指出，在现代社会中，基本权利并不仅仅受到政治权力的纵向侵犯，而是也可能受到经济、科学、传媒、医疗、教育等"匿名魔阵"的横向侵犯，后者已经导致大量人口陷于事实上的边缘地位，引发了一浪高过一浪的社会运动。② 这就迫使宪法教义学修正基本权利的效力学说：固守基本权利纵向效力的美式宪法教义学需要直面横向效力问题，将基本权利横向效力局限于经济领域的德式宪法教义学需要进一步拓展。作为连锁反应，诉讼法教义学也不得不考虑相应的可诉性问题，以及侵犯基本权利的社会力量的归因问题，由此可能发展一套教义学上的识别原则，将原本属于抽象社会体制的法律责任归诸有能力实际担责的诉讼主体。其他部门法学，则可能各自展开"部门宪法学"研究，形成各自特有的基本权利理论。③ 在这个过程中，法教义学同样提升了反思能力，变得敏感于社会理论法学所揭示的全新社会问题。

① 参见〔德〕罗伯特·阿列克西：《法律论证理论——作为法律证立理论的理性论辩理论》，舒国滢译，中国法制出版社2002年版，第352—362页。
② 参见〔德〕贡塔·托依布纳：《匿名的魔阵：跨国活动中"私人"对人权的侵犯》，泮伟江译，高鸿钧校，《清华法治论衡》2007年总第10辑，第299—302页。
③ 部门宪法学研究的建议，参见周刚志：《部门宪法释义学刍议》，《法学评论》2010年第3期，第3—11页。

第二节　法律运作的“自我调整”

社会理论法学“激扰”法教义学，使其得到结构上的自我更新，或者迫使其生成全新的结构。不论哪种结果，法教义学都完成了对社会理论法学洞见的“转译”。这就搭起了社会理论法学与法律运作之间互动的桥梁，可能间接促成现代法律的调整。

接着上文的例子往下看。哈贝马斯的商谈论经由法教义学的中介，可能落实为关于滥用诉权、恶意诉讼或虚假诉讼之后果的法律规定，以及关于法官裁判文书说理义务的职业伦理规范；在司法实践中，法官也可能依据诉讼诚信原则解释和补充具体的程序规则，或者援引诚信原则使当事人的背信诉讼行为归于无效。[①] 托依布纳的基本权利理论经由法教义学的中介，可能改变宪法法院的受案范围，扩展基本权利的宪法保护；也可能推动普通法院在司法裁判中强化对一般私法原则的解释和运用。所有这一切，都最终改变了既有的法律运作。具体到诉讼当事人的身上，就是改变了他们实实在在的权利义务关系。

但无论如何，社会理论法学只能促成法律运作的自我调整。一方面，法律系统仅仅由使用“合法/非法”代码并指涉“现行有效法”的“法律沟通”构成，包括法律观察和法律运作两种类型。现代法律的自治属性意味着，法律沟通只能衔接法律沟通，法律运作只能衔接法律观察或者法律运作。因此归根结底，不是社会理论法学这种“科学”观察，而是法教义学这种“法律”观察有能力改变法律运作。这

---

① 参见段厚省：《商谈视野下的民事诉讼诚信原则》，《民事程序法研究》2014年总第12辑，第31—33页。

是一种内部调整，社会理论法学仅仅供给了外部的动力；社会理论法学的洞见，总是经由法教义学的"过滤"和体系重构，才影响法律的实际走向。另一方面，不论社会理论法学阐发了怎样高明的洞见，不论这样的洞见取得了多大范围的共识，法律运作的调整总是无法逾越自身结构的界限。正如哈贝马斯的商谈理论永远不可能用于改造现代司法的"对抗制"底色，使两造对抗的司法转型为一种"合作型"的纠纷解决模式。因为这种改造只可能意味着，现代司法被取消了通过截然二分"胜诉/败诉"稳定行为预期的功能，而这是从"教谕式调停"① 型的古代审判出发概率极低的社会演化成就。卢曼的系统理论提供了另一个例证，即现代法律永远不可能彻底解决"风险社会"问题，因为它难以救济可能受到侵害的权利；正在迅速扩张的"危险责任"原则所保护者，也根本不是原初意义上的主观权利——"那种人们可以仰赖法院而免于恐惧的防御权"。② 实际上，自马克思以降，社会理论法学即已非常清楚地认识到，除非通过暴力革命彻底摧毁法律系统，或者在生产力高度发展的基础上建立无国家无法律的共产主义社会，否则法律终将遭遇自我调整的临界点，此时没有任何一种外部力量可以真正迫使它做出调整。

第三节　法律理性的四个维度

　　尽管如此，通过激扰法教义学和促成法律运作的自我调整，社会

---

　　① 参见〔日〕滋贺秀三：《清代诉讼制度之民事法源的概括性考察——情、理、法》，载王亚新、梁治平编译：《明清时期的民事审判与民间契约》，法律出版社1998年版，第19—53页。

　　② 参见〔德〕尼可拉斯·鲁曼：《社会中的法》，李君韬译，五南图书出版股份有限公司2009年版，第526页。

理论法学最终还是可能以一种间接的方式，推动现代法律的理性化。人文主义的古典哲学从主体角度界定理性，韦伯以来的社会理论则转而聚焦社会和法律的理性。纵览社会理论史，现代法律理性可以概括为"自治""限制""回应""整合"四个维度，它要求法律系统既保持自己的自主性，又不侵犯其他功能系统的自主性，既不断满足其他社会系统的需要，又不断满足全社会整合的需要。法教义学研究，以及所有外部视角的法学研究，都可能有助于现代法律在某个或某些维度上的理性化，但只有社会理论法学致力于现代法律的"全面"理性化。

　　近年来，我国法学界掀起了一场名为"教义法学 VS 社科法学"的论战。社科法学一方率先发难，指责教义法学由于固守现行法规范和法秩序而缺乏批判意识，由于"从法条出发"而忽视司法裁判的社会经济后果，由于否定经验研究而难以感知法律实践中的现实问题特别是那些没有进入司法场域的问题，由于不注重因果关系分析而无法提出有效的问题解决方案。① 教义法学一方则辩称，法教义学从未对实证法抱有愚忠的态度，而是解释其含义、填补其缺漏、排除其在个案适用上的矛盾；当代的法教义学也早已不是封闭的体系，它在坚持自身规范研究立场的同时，吸纳社科法学提供的经验知识和价值判断，在保障实证法体系自主运转的同时，使之与社会现实的需要相协调。② 这场论战最近似乎以"和解"告终，至少社科法学这一方声称只是"一场误会"（侯猛语）。然而，社会理论法学的旁观者完全没有看到双方和解的基础——教义法学仍然反对后果主义的研究立场，拒

---

　　① 参见陈柏峰：《社科法学及其功用》，《法商研究》2014 年第 5 期，第 67—73 页；侯猛：《社科法学的传统与挑战》，《法商研究》2014 年第 5 期，第 74—80 页。
　　② 参见雷磊：《法教义学的基本立场》，《中外法学》2015 年第 1 期，第 198—223 页。

绝将经验知识与价值判断直接转化为裁判理由；社科法学仍然不打算对实证法投入热情，或者将法教义学纳入研究视野之中。① 在这个问题上，已有学者正确地指出，"社科法学与法教义学的分歧具有某种程度上的不可调和性"。② 更重要的是，把双方的讨论加在一起，也仅仅涉及现代法律理性的两个维度，一个是法律自治维度，另一个是法律满足其他社会系统（经济、伦理、家庭、族群、阶层、职业）需要的回应维度；法律侵犯其他功能系统自主性的限制问题被遗忘了，法律满足全社会需要的整合问题，则最多是从极度模糊且不可预测的"社会效果"角度得到间接的涉及，或者从混乱多元且变动不居的"地方性正义观念"角度得到粗浅的把握。

　　与社科法学不同，相应于法律理性的四个维度，成熟的社会理论法学存在四项基本共识。一是坚决反对实然向应然、事实向规范的直接转化，承认自身的洞见只能经由教义法学的中介"激扰"法律系统。这是一种经过理论化的真正的承认，表现为将实证法和法教义学纳入自己的主题清单，正视它们对做成法律决定不可替代的作用，甚至相信"运作封闭"是现代法律功能发挥的必然要求。二是强调法律系统必须在运作封闭的基础上"认知开放"，亦即借助既有的结构观察和回应其他功能系统的需要，比如通过立法、契约和法教义学选择性地转译经济、政治、道德、舆论诉求，又如将科学知识作为"事实"（而非"规范"）有条件地引入法律论证之中。三是警惕法律理性的过度膨胀，包括法律对经济生活的不当干预、对职业和社区自治的

---

　　① 当前国外的法社会学研究同样如此，参见〔德〕因格·舒尔茨·舍费尔：《作为法社会学研究客体的法教义学——"带有更多法学元素的"法社会学》，张福广译，《北航法律评论》2015 年总第 6 辑，第 171—200 页。
　　② 谢海定：《法学研究进路的分化与合作——基于社科法学与法教义学的考察》，《法商研究》2014 年第 5 期，第 93 页。

不当替代、对伦理争议的不当介入、对科学研究和艺术表达的不当限制等等。这种被称为"过度法律化"的趋势，按照桑托斯的理解，预示着作为现代社会两大支柱的"解放"陷于"规制"。① 四是要求法律承担起具有全社会意义的"监护"职责，或是通过确立立法商谈的位阶原则，使法律创制的实用理由经受伦理—政治理由、道德理由的重重检验，以保障法律超越技术专家和群体意见的普遍有效性；② 或是通过对大型组织内部管理制度的监督、外部谈判机制的供给以及终局性的纠纷解决，维持诸功能系统相互之间的动态平衡。这四项基本共识，决定了社会理论法学可能成为现代法律全面理性化的动力。

　　需要补充的是，传统上把社会理论法学分为两种理想类型：一类属于描述型，致力于打磨更具现象覆盖能力的理论工具，准确说明法律的结构、功能和过程，及其与社会的共生共变，代表人物包括韦伯、帕森斯、卢曼、托依布纳等；另一类属于批判型，致力于揭示现代法偏离其原初承诺的现状及其社会根源，探索重寻法治理想、重构法律体系的路径，代表人物包括马克思、哈贝马斯、昂格尔、桑托斯等。众所周知，二者之间存在长期的内部争议：比如在法律正当性的问题上，哈贝马斯就曾指责卢曼，认为描述型的社会系统理论不过是社会工程学，放任了自主运转的法律系统对生活世界的宰制，其错误的思想根源在于"对主体哲学遗产的接受"；③ 卢曼也反唇相讥，认为批判型的商谈理论不过是依据自己臆造的乌托邦，攻击现代法律没有实现其理想图景而已，奉劝哈贝马斯回到"马克思的传统"，"按照

---

　　① 〔英〕博温托·迪·苏萨·桑托斯：《迈向法律新常识——法律、全球化和解放》（第2版），刘坤伦、叶传星译，中国人民大学出版社2009年版，第12页。

　　② 参见马剑银：《通过公共领域的立法民主》，《清华法治论衡》2009年总第11辑，第75—82页。

　　③ 参见〔德〕尤尔根·哈贝马斯：《现代性的哲学话语》，曹卫东译，译林出版社2004年版，第401—430页。

社会的原貌和实际的运行研究社会，以发现可能的变数，这样或许可能形成较少痛苦的局面"。① 但批判的社会理论法学并非不具描述能力，不论是马克思、哈贝马斯还是昂格尔、桑托斯，都不仅充分考察了法律演化及其社会条件，而且阐述或预设了法律变革的内在制约性和社会制约性。描述的社会理论法学也并非不具批判潜质，卢曼在讨论现代法律自创生属性的同时，表达了对由此产生的"排除"效果和逆向演化可能性的深刻忧虑；② 托依布纳更是从描述出发，走向了批判现代法律回应社会和环境需求的不足，以及全球法领域强势体制向弱势体制强加法律规则的霸权倾向。从这个意义上讲，描述/批判的二分法是引人误解的，更像是针对不同研究者的理论气质而非理论类型，他们有的悲观冷峻，有的勇猛精进。归根结底，各家各派的社会理论法学都试图通过促成法律运作的自我调整，推动现代法律的全面理性化，使之同时兼顾释放功能分化潜力与遏制功能分化副作用的双重目标。

---

① 参见〔德〕尼可拉斯·卢曼：《关乎众人之事：评哈贝马斯的法律理论》，陆宇峰译，《清华法治论衡》2014 年总第 20 辑，第 384 页。

② 参见〔德〕格拉尔夫-皮特·卡里埃斯：《法的系统理论——卢曼与托依布纳》，李忠夏译，《北航法学》2015 年第 2 卷，第 25 页。

第三章
各领域法学研究的知识增长点

社会理论法学前景如何？这又是一个见仁见智的问题。一方面，"前景"一词过度含糊，似可包含经济、政治、职业、精神上的一切益处；另一方面，任何一位社会理论法学研究者都受制于自身的积累，很难对此做出全面的预判。退而求其次的选择，是以笔者相对熟悉的系统论法学为主要出发点，从可能的法学学术贡献角度，进行简单的列举式展望，以求教于方家、同仁。这样的展望将显示出，受现代科学固有的好奇心和纯粹的知识兴趣驱使，社会理论法学致力于呈现从理论到现实的丰富可能性，这使它能够以四种相互关联的方式成为各领域法学研究的知识增长点：一是推动全新法学概念的生产，或者传统法学概念的意义更新；二是揭示长期受到遮蔽的法学问题，或者重新解决长期陷于争论的法学问题；三是澄清和反思既有法教义学的理论基础，或者助益于重构法教义学的理论体系；四是更准确地描述和诊断法治现实，或者更合理地论证针对当下法治现实的改革方案。具体说来：

首先，对于当代的法理学研究来说，社会理论法学可以：（1）解构各种法学基本概念的形而上学基础。比如将"效力"重新理解为法律系统内部循环封闭运作的衔接符号，为法理学研究对象从静态法律"体系"转向动态法律"系统"做必要的概念准备。没有这种概念准备，就连法律效力的最终来源，目前也只能像凯尔森那样归诸"基础规范"，或者像哈特那样归诸社会事实，难以充分说明现代法的自治性和动态性。① 又如将法的"实证性"重新理解为"可变性"或"偶在性"，由此关联到一项尚未得到法理学处理的法律史结论，即前现代社会的法律是被"发现"的、不可人为改变的，现代法律却可以被制定并不断修改，这只能从现代法律适应社会结构复杂化的角度得到合理解释。② （2）引入更具法治现实描述能力的新概念。比如"软法"概念，它描述的不是存续千百年却被现代国家法边缘化、实效和理性化程度均成问题的民间法或习惯法，而是那些不依赖国家强制力就能够自我执行，甚至已经形成"次级规范"和纠纷解决机制的法律。不论是 WTO 法、ICANN 的规则、跨国公司的内部章程，还是当前热议的党内法规，③ 都已成为各自领域比国家法更"硬"、更合理的法律。又如"法律悖论"概念，它提示法理学研究者注意，法律演化不是基本原则的逻辑展开或具体化，而是不断遭遇规范冲突的过程；法律悖论从来不能被消除，只能通过法律程序或者新的法律规范加以转移；它也不是应当扫除的障碍，反而是法律发展不竭的动力之源。④ （3）以新的方案解决传统的法理学难题，比如介入实证主义法学与自然法学关于法律封闭性/开放性的百年争论，明确法律系统在运作层

---

① 参见〔德〕尼可拉斯·鲁曼：《社会中的法》，李君韬译，五南图书 2009 年版，第 110—120 页。

② 参见〔德〕尼克拉斯·卢曼：《法社会学》，宾凯、赵春燕译，上海人民出版社 2013 年版，第 264 页。

③ 参见姜明安：《论中国共产党党内法规的性质与作用》，《北京大学学报》（哲学社会科学版）2012 年第 3 期，第 111—112 页。

④ 参见宾凯：《法律悖论及其生产性——从社会系统论的二阶观察理论出发》，《上海交通大学学报》（哲学社会科学版）2012 年第 1 期，第 65—73 页；鲁楠、陆宇峰：《卢曼社会系统论视野中的法律自治》，《清华法学》2008 年第 2 期，第 61—62 页。

面封闭，在认知层面开放。① 这一方案强调"开放立足于封闭"的系统论原理，建立在"建构主义"的认识论转向基础上，并非庸俗的辩证法。② （4）为中国的法治化改革提供非意识形态的理论参考，比如在全面考量国家性质、传统文化、本土国情、社会转型、新经济潮流、世界变革趋势、现行法律规范的基础上，分析法治建设的路径选择，以及新一轮司法改革的空间与限度；③ 又如阐释在"禁止拒绝审判"与实证法完备性永远不足的双重压力下，现代法律系统以法院为中心的历史必然性和功能必要性，这将进一步推动对立法、司法、契约三者关系的重新审视，④ 并可能从理论上解决当前卷入争议漩涡的"指导性案例"的效力问题；⑤ 最近一项系统论法学研究则建议，政党应当发挥潜在作用，使中国的法律改革不再取向于经济现代化的单一目标，而是同时兼顾多元的社会目标和中国的文化、政治、历史情境。⑥ （5）像本文尝试的那样，考察各家各派法理学说的定位、功能和前景，特别是洞察它们所倡导的法律价值旨在代言何种社会需求，回应法律运转过程中出现的何种真实问题。当然，在社会理论的烛照下，它们也可能被发现提出了伪命题，或者现代法

---

① 参见宾凯：《卢曼系统论法学：对"法律实证主义/自然法"二分的超越》，《云南大学学报》（社会科学版）2010 年第 6 期，第 56—66 页。

② 对"建构主义认识论"的详细说明，参见〔德〕尼克拉斯·鲁曼：《大众媒体的实在》，胡育祥、陈逸淳译，左岸文化出版社 2006 年版，第 177—188 页。

③ 参见马长山：《法治中国建设的"共建共享"路径与策略》，《中国法学》2016 年第 6 期，第 5—23 页；马长山：《新一轮司法改革的可能性与限度》，《政法论坛》2015 年第 5 期，第 3—25 页。

④ 参见泮伟江：《作为法律系统核心的司法——卢曼的法律系统论及其启示》，《清华法治论衡》2009 年总第 12 辑，第 155—177 页。

⑤ 参见泮伟江：《论指导性案例的效力》，《清华法学》2016 年第 1 期，第 33—35 页。

⑥ 参见〔德〕贡塔·托依布纳：《多元现代性：从系统理论角度解读中国私法面临的挑战》，祁春轶译，《中外法学》2013 年第 2 期，第 265—269 页。

律无法满足的过高要求。

其次，对于当代的宪法学研究来说，社会理论法学可以：（1）对古代宪法与现代宪法做出具有根本意义的区分——前者的效力来源于传统，后者的效力来源于自身。从这个新起点出发，可以重新发现现代宪法的特殊性质和特殊功能。（2）说明现代宪法并非仅仅限制了政治权力，而是帮助现代政治吸纳了原本弥散于全社会的权力，使之得以垄断权力的生产，并扩展到从未进入的领域；现代宪法也不仅仅是对社会共识和人民意志的记录，而是对社会差异的承认，对每个人作为不同个体的承认，最终是对现代社会功能分化原则的确认。由此超越自由主义宪法观与共和主义宪法观之争。（3）辨析处于两种脉络、意义迥异的宪法，一种是存在于政治系统之中的最高主权象征，另一种是存在于法律系统之中的最高制定法。前者建构了现代政治的统一性，后者建构了现代法律的统一性。这样的辨析可能表明，当前陷于"政治宪法学/规范宪法学之争"的双方，实际上在讨论不同的客体。（4）揭示在宪法的联结作用下，政治系统与法律系统得以相互掩盖决断的恣意、转移各自的悖论，特别表现为政治决断从法律系统处获得合法性，法律决断从政治系统处获得强制力。[①] 这或许是现代宪法最深刻的奥秘。（5）解除宪法与政治的单一关联，展现多元社会宪法的存在，以及依靠宪法抗衡政治之外的体制性力量的同等重要性。这就既超越了国家中心主义的宪法观，又重新界定了"宪治"概念。进而可以识别出自由主义、极权主义、福利国家、经济中心主义、新法团

―――――――――

[①] 关于政治"决断"，参见赖骏楠：《卡尔·施米特：现代性与决断论——从海因里希·迈尔的两部作品开始》，《清华法治论衡》2009年总第12辑，第457—481页。决断这个概念可以扩展到政治之外的领域。

主义等多种宪治模式，重写被意识形态严重遮蔽的现代宪治历史。①
与否定了多元法治模式的"从人治到法治"叙事类似，这种宪治历史
长期呈现为一幅高度简化的"从专制到宪治"的图景。（6）发掘基本
权利在不同社会脉络中和文化背景下的不同意义，② 探索自然人之外
的抽象个体、制度、文明、环境的基本权利，阐明保障日益被诸社会
系统排斥者的"涵括权"的特殊重要性。这些研究的推进，可能有助
于重构基本权利体系。

再次，对于当代的部门法学研究来说，社会理论法学可以：
（1）提供一种对部门法原理的全新理解，即它们都是法律系统与特定
社会系统的耦合结构，比如所有权涉及法律系统与经济系统"拥有／
不拥有"代码的结构耦合，契约涉及法律系统与经济系统"支付／不
支付"代码的结构耦合。这种理解可能促进对部门法教义学理论基础
的再思考，提升其开放度和反思性。（2）同时帮助研究者和决策者认
识到，部门法无法根据所"调整"社会领域的需要任意变动，二者各
自构成独立的内部意义循环，能否协调一致取决于共振机制是否存
在。比如民法只能区分"合法／非法"的利益，不能区分"更大／更
小"的利益，后者是经济行动的核心考量。韦伯早已看到，逾越这条
基本界限，"除非完全放弃法律家内在固有的形式性格"③。（3）从不

---

①　参见〔德〕贡塔·托依布纳：《民族国家的部门宪法》，陆宇峰译，纪海龙校，
《清华法治论衡》2014年总第21辑，第289—319页。

②　探索"宪法教义学的中国价值"的呼吁，参见李强：《中国法教义学的"价值自
觉"》，《中国社会科学报》2016年11月16日。这一研究进路下已有的成果，可参见王
旭：《劳动、政治承认与国家伦理——对我国〈宪法〉劳动权规范的一种阐释》，《中国法
学》2010年第3期，第76—89页；王旭：《宪法上的尊严理论及其体系化》，《法学研
究》2016年第1期，第52—55页。

③　〔德〕马克斯·韦伯：《法律社会学》，康乐、简惠美译，广西师范大学出版社
2005年版，第324页。

同社会系统的不同逻辑出发，阐释不同部门法的不同基本原则，从而明确跨部门规范移植的限度；从民族国家的法律制度与其经济环境结合形成的"生产体制"出发，预测源于一种生产体制的法律进入另一种生产体制可能呈现的迥异效果，从而明确跨国法律移植的限度。① （4）为脱胎于计划经济的中国经济法提供现代转型的理论支持，论证其调整对象并非国家行为和市场行为而是经济结构，其权利主体既不限于个人也不限于群体，而是可能扩展为"区域""产业""部门"。② （5）以新的思路剖析几十年来困扰学界的"私法公法化"问题，即关键不在于公/私法二元区分的保持或放弃，而在于立法正当性的获得，以及在不同社会领域之中具体展开细分公与私的工作。这并不必然意味着制度化的政治介入传统的私法领域，而是也可能意味着激活存在于经济等自治系统内部的反身过程，避免其陷入"自我摧毁的增长动力学"。③ （6）澄清部门法前沿讨论的某些错误前提。比如按照卢曼、吉登斯等学者的风险社会理论，从行动后果是否应当归诸行动者本身的角度区分"风险/危险"。这可能有助于终结从与"安全"相对的意义上谈论"风险"造成的诸多认识混乱，找出食品安全法、医疗卫生法、互联网金融法、公共安全法等领域真正有关"风险法制"的问题，排除"毒奶粉""医疗欺诈""网络诈骗""矿难"等第三人制造的传统危险问题，后者从来没有

---

① 参见〔德〕贡塔·托依布纳：《法律刺激：英国法中的诚信条款或统一之法如何止于新的趋异》，马剑银译，高鸿钧校，《清华法治论衡》2007 年总第 10 辑，第 314—354 页。

② 颇具启示但尚未充分理论化的努力，参见陈婉玲：《经济结构调整对传统行为控制理论的超越——以经济法调整理念变革为视角》，《法学论坛》2014 年第 2 期，第 117—121 页。

③ 〔德〕贡塔·托依布纳：《宪法时刻来临？——"触底反弹"的逻辑》，宾凯译，《交大法学》2013 年第 1 期，第 26 页。

超出早已稳固建立的法制框架。① 此外还须注意的是，以确定的法律控制不确定的风险，本身就面临"规制失败"和"抑制创新"的双重风险。

复次，对于新兴的互联网法学来说，社会理论法学可以：（1）从线上/线下空间分化的原理出发，论证传统法律与网络法的固有差异，为支持互联网的"公私合作"治理和反对不恰当的跨空间"法律移植"提供理由。当前尤为重要的，是从理论上区分以网络为媒介的传统犯罪、纯粹类型的网络犯罪，以及在线下构成犯罪但在线上并非犯罪的行为，进而划定以刑事手段介入网络治理的范围。②（2）推动研究重心从"国家法"转向由互联网巨头主导的"数字法"，尤其是关注数字法带来的特殊宪法问题。数字法的特点在于法律创制、法律适用、法律执行合一，这背离了国家法领域最为基本的权能分立原则；行为规制、预期建构、冲突解决合一，能够通过电子手段"完美实施"，这消弭了法律的"模糊地带"和法律实效不及之处的实际自由空间，这一自由空间原本蕴藏着法律改革的原动力；规则解释的余地不复存在，相应地，国家法那种依靠解释而非"废、改、立"实现规则微调，以适应于社会变迁的能力不复存在。必须重视这些特点引致的基本权利减损问题。③（3）在重新描述网络公共领域的基础上，重新确定网络法治的核心目标。关键是洞察到，现实中存在多个网络公共领域，它们构成互联网系统所复制的诸社会系统的

---

① 参见 Niklas Luhmann, *Risk: A Sociological Theory*, Rhodes Barrett (trans.), Transaction Publishers, 2005, pp. 22-23；〔英〕安东尼·吉登斯：《现代性的后果》，田禾译，译林出版社 2000 年版，第 27 页。

② 参见刘宪权：《网络犯罪的刑法应对新理念》，《政治与法律》2016 年第 9 期，第 5—8 页。

③ 参见〔德〕贡塔·托依布纳：《魔阵·剥削·异化——托依布纳法律社会学文集》，泮伟江、高鸿钧等译，清华大学出版社 2012 年版，第 178—180 页。

"业余—自发边缘",具有推动各自相应的"职业—组织中心"合理化的功能。网络法治应当致力于巩固这些"中心/边缘"分化,充分释放边缘的反思性,保护现代技术条件下具有"解放"潜力的新行动领域。①

　　最后,对于新兴的全球法研究来说,社会理论法学可以:(1)给予一种历史眼光,使之面向 150 年来全球法律思想从法律形式主义、社会法学到政策分析和公法新形式主义,全球法治模式从立法主导、行政主导到司法主导的宏观变革趋势,从理论上审视这些趋势背后的政治、经济、军事等社会原因。②(2)对康德"永久和平论"式的法律全球化设想提出质疑。法律全球化的动力并非来自民族国家或其联合体,恰恰是在脱离于国际政治和国际公法的条件下,涌现了跨国"商人法""体育法""数字法""环境法""劳动法"以及跨国公司内部体制等真正具有全球意义的多元法律秩序,这只能归因于跨越民族国家边界的功能分化态势。③(3)观察全球范围正在形成的多元宪法秩序。与民族国家内部的情况十分不同,它们主要是各种"社会宪法",相应的全球"政治宪法"反而遥遥无期。④ 这是前所未有的全新现象,根源于所谓"跛脚的全球化"——政治的全球一体化进程,远较其他功能系统进展缓慢。亟待从理论上加以处理的现实问题在于,对于各种全球社会体制来说,宪法已经充分发挥了支撑其独立运行的

　　　① 参见陆宇峰:《中国网络公共领域:功能、异化与规制》,《现代法学》2014 年第 4 期,第 25—34 页。
　　　② 参见高鸿钧:《美国法全球化:典型例证与法理反思》,《中国法学》2011 年第 1 期,第 28 页。
　　　③ 参见〔德〕贡塔·托依布纳:《"全球的布科维纳":世界社会的法律多元主义》,高鸿钧译,《清华法治论衡》2007 年总第 10 辑,第 241—279 页。
　　　④ WTO 作为"宪法构造物",参见鲁楠、高鸿钧:《中国与 WTO:全球化视野的回顾与展望》,《清华大学学报》(哲学社会科学版)2012 年第 6 期,第 9—10 页。

构成功能，但尚未产生有效抑制其负扩张倾向的结构；加之领土国家法律边界的限制和统一的政治权力的缺位，全球社会层面侵犯基本权利的现象已经呈现为层出不穷的丑闻，不断引发全球公愤。①（4）探寻全球法律冲突和宪法冲突的化解之道。不论是多元的全球法律秩序还是多元的全球社会宪法，都固守着各自调整的全球体制的自主逻辑，以自身利益的最大化为天然目标，这就带来了本质上属于"体制冲突"的法律冲突。在"既无中心又无顶点"的全球社会，这些冲突不可能依靠一个中立的权威予以解决。出路可能在于，借鉴并改造同样用于处理"非等级式法律冲突"的传统国际私法，发展已在讨论但远不完善的"新冲突法"，这或许是当前全球法研究最值得推进的工作之一。②

中国的社会理论法学正在奋力前行。它秉持科学立场，取向宏观理论，以法律的全面理性化为己任，自信可以促进各领域法学研究的知识增长。为了推动学术的进步，这一次，它也有意识地制造区分，以吸引眼球的批评方式与其他视角的法学研究进行比较，甚至不揣冒昧地自陈优势、毛遂自荐。但这并不意味着它一定能够在中国取得成功。既有社会理论文献的庞大数量和艰涩程度、现代社会尤其是中国社会的复杂性膨胀、当代法律和法教义学的加速再生产、经验法社会学碎片化成果的综合困难、传统法理学难以改变的路径依赖，都决定了社会理论法学绝非几个人、几十个人可以推进的事业。我们期待更多学者加入这项事业，接续马克思以来的理论传统，把对法教义的理

---

① 参见余成峰：《宪法运动的三次全球化及其当代危机》，《清华法学》2016 年第 5 期，第 83—85 页。

② 参见〔德〕贡塔·托依布纳：《宪法的碎片：全球社会宪治》，陆宇峰译，纪海龙校，中央编译出版社 2016 年版，第 175—189 页。

解、法价值的思辨、法历史的考证、法现象的观察、法效果的评估纳入社会理论视野，共同开辟法学研究新局面。这应当是可以期待的，至少，敏锐的社科法学家已经展开反思，喊出"回到经典社会学理论中去"。①

_____

① 刘思达：《美国"法律与社会运动"的兴起与批判》，《交大法学》2016 年第 1 期，第 30 页。

第四章

系统论法学与社会理论法学

以上对社会理论法学定位、功能、前景的讨论，尽管试图兼顾各家各派，但主要还是以社会系统论（法学）为对象。这就难免遭遇三点批评：第一，卢曼开创的系统论法学，只是社会理论法学的一个分支，不能代表社会理论法学整体；第二，卢曼的社会系统论把"社会"作为研究中心，把"人"仅仅视为社会的"环境"，这就可能引起社会理论法学贬低"人"的价值，甚至无视"人权"理想的误解；第三，从卢曼开始，社会系统论和系统论法学就强调现代法律必须适应现代社会的"功能分化"，却对如何实现"社会整合"关注不足，这几乎背离了从涂尔干到帕森斯再到哈贝马斯的整个社会理论法学传统。

第一节　系统是社会理论的普遍观察工具

对第一项批评的初步回应是：尽管卢曼的"自创生"系统论法学只是社会理论法学的一支，但鉴于社会理论家普遍将"系统"作为观察工具，可以从系统视角出发重新理解整个社会理论（法学）。受现代自然科学特别是生物学的影响，从孔德和斯宾塞开始，社会理论就将社会作为"系统"对待，只不过在其产生发展的不同阶段，采用了不同的系统"范式"。①

　　以涂尔干为典型,"封闭"系统论是早期社会理论的主导范式。生物学家把有机体的"生命"视为不可被还原为物理化学过程的现象,涂尔干则把社会视为一个类似于有机体的独立整体。作为整体的社会,不能被拆解为组成它的各个部分,不能从"部分之和"得到解释,此即其"系统性"所在。反过来说,不论是部分的形成,还是部分之间的相互作用,都发生在封闭的社会系统之内,归根结底取决于整体层次上的社会结构。因此与萨维尼的观点不同,契约并不只是两个个体之间的意思一致,契约的效力基础,是社会连带的背景;职业分工和利益分化的持续扩大没有造成社会撕裂,原因也在于有机团结的社会连带关系;而在机械团结已经奔溃,有机团结又尚未巩固的过渡时期,也就是作为整体的社会系统无法稳定运作的时期,则必然出现大量的失范现象、越轨行动乃至自杀行为。②

　　在帕森斯的推动下,社会理论在 20 世纪中叶转向"开放"系统范式。这次范式转移,也必须归功于动物生理学家博塔伦费和控制论之父维纳(Norbert Wiener)。他们发展了跨科际的一般系统论,将开放系统论扩展到生物学之外,使之成为生物学、物理学、心理学和社会学的共同理论工具。封闭系统论既无法解释有机体系统与自然界的物质能量交换现象,也无法说明机械系统、心理系统、社会系统与其外部环境的输入/输出关系。开放系统论则通过以"系统/环境"之分替代"整体/部分"之分,解决了这个问题。在帕森斯看来,社会、文化、人格、有机体四种系统互为环境;其中文化系统居于核心,通

---

　　① 参见 Niklas Luhmann, *Social Systems*, Johan Bednarz, Jr., with Dirk Baecker (trans.), Stanford University Press, 1995, pp. 1–11。
　　② 参见[法]埃米尔·迪尔凯姆:《自杀论》,冯韵文译,商务印书馆 2020 年版,第 395—430 页。

过输入"价值共识"维持社会系统的结构稳定，确保后者输出适应、目标达成、整合、潜在模式维持四项功能。①

　　20世纪80年代，卢曼引领社会理论进一步转向"自创生"范式，这又是受两位生物学家的启发。智利的马图拉纳和法瑞拉认为，细胞依靠递回、封闭的自我指涉运作建立内部复杂性，自主生产构成细胞的诸要素，控制与外部环境的物质、能量交换。这就进一步超越了开放范式——它无法解释为何在不同的系统那里，来自环境的同样的输入，不会导致同样的输出。自创生社会系统论清楚地意识到，环境之于系统、输入之于输出，不是"决定／被决定"的线性因果关系；与有机体系统、心理系统一样，各种社会系统自我指涉、自我观察、自我组织、自我再生产，自己决定了自己是否以及如何与外部环境发生关联。因此，不论是法律系统，还是整个社会系统，都同时具备封闭和开放的属性。它们在运作层次上封闭，在认知层次上开放；它们既能够基于固有的代码和纲要独立运作，又能够借助在运作过程中产生的内部结构，建构性地认知外部环境，进而选择性地对外部环境的"激扰"做出回应——学习或者不学习。一言以蔽之，系统与环境隔离而不隔绝，系统的开放立足于封闭。

　　如果从广义上讲，确实存在认识系统的多种范式，那么不妨认为，社会理论（法学）在很大程度上就是社会系统论（法学）。举例来说，马克思的理论显然兼有封闭和开放两种范式，他一方面认为社会成员的意识和行动只能从作为整体的社会阶级那里得到说明，另一方面又阐述了生产力与生产关系、经济基础与上层建筑、统治阶级与法律之间的决定／被决定关系；晚年恩格斯的理论初现自创生范式的端

―――――――――

①　参见〔美〕乔纳森·特纳：《社会学理论的结构》（上），邱泽奇译，华夏出版社2001年版，第32—37页。

倪，他对法律之于经济基础和政治等其他上层建筑的相对独立性的讨论，以及法观念跨越社会形态的继承性的判断，尤其如此；哈贝马斯的理论介于开放范式与自创生范式之间，他看到各种社会系统正在变得"自成一体"，但拒斥"系统对生活世界的殖民化"，主张以公共领域的理性共识引导和调控政治系统和法律系统，进而抑制经济系统和公共行政系统的负外部性；福柯的理论较难归类，但他的"知识考古学"反对"人类中心主义"，他的"话语权力"和"毛细管权力"概念指向各种社会机制的规训效果，这可以视为封闭范式的某种变体，也因此往往与"后结构主义"联系在一起。

在最重要的社会理论家中，只有韦伯似乎是一个例外。他的"理解社会学"以个体行动而非从社会结构为出发点，通常并不被归属于任何一种系统范式。但不要忘了，社会系统论的研究对象并不只有全社会系统，而且还包括组织系统和互动系统。[①] 韦伯的理论，不仅大量涉及组织特别是科层制组织，而且至少在他关于支配正当性的论述中，已经包含了对互动与全社会之间相互关系的有益探索，启发了帕森斯的结构功能论、布迪厄的社会结构再生产理论和吉登斯的结构化理论。韦伯的法律社会学研究更富系统论色彩，他所倡导的"形式理性法"，是对自创生法律系统的静态描述；他所忧虑的"近代法律的反形式化趋向"，则是法律系统丧失独立性的征兆，而且其根源之一，正在于法律系统(形式理性法)与经济系统(资本主义经济)必然存在的运作不协调："一方面，任何一种形式的法思考皆具其逻辑的固有法则性，另一方面，利害关系者们的协同合意与法律上的重要行为，乃是以经济的效果为目标，以经济的期待为取向，这两方面的不

---

① 参见 Niklas Luhmann, *The Differentiation of Society*, Stephen Holmes, Charles Larmore (trans.), Columbia University Press, 1982, pp. 71–76。

一致，产生了不可避免的冲突。"①

第二节　人是社会系统最重要的环境

　　对第二项批评的初步回应是：社会理论（法学）固然以"社会"为主要研究对象，但这并不意味着忽略了"人"。即便社会系统论（法学）把人视为社会的环境，但人仍然且必然是最重要的环境。这首先是一个知识分工问题，现代学术分科把"社会"交给社会学，把"人"交给心理学和医学；前者涉及诸社会系统，后者涉及心理系统和有机体系统。

　　当社会系统论指出，社会系统与人是互为环境的关系，也一点没有贬低人的意思。恰恰相反，人不是社会的构成要素这个命题，其实暗含着对人的自主性或者说"自由意志"的肯定。社会系统可以激扰人的心理系统，但不能决定人的意识或者意志。从这个角度看，在社会理论大家庭中，社会系统论对待人，至少没有强烈的"社会宿命论"倾向。

　　人是社会环境的看法毋宁源于一项基本事实——至少要有两个人，两个心理系统，才能产生信息、告知、理解；才能借助语言媒介，在沟通的基础上形成一个最简单的社会。这就表明，哪怕是最简单的社会，亦即互动系统，也并非任何一个人可以左右。鉴于作为沟通工具的语言，本身就是社会的产物，社会系统更应当被视为独立于心理系统和人的存在。索绪尔区分社会性的"语言"与个人性的"言

──────────

　　① 〔德〕马克斯·韦伯：《法律社会学》，康乐、简惠美译，广西师范大学出版社2005年版，第324页。

语"，合理之处就在这里。因此不仅社会无法决定人，人也无法决定社会。反对这个观点，将彰显人的价值等同于主张人的意志对社会的塑造或控制，不仅卢曼不同意，马克思更会第一个不同意。马克思早就在经济领域发现了不以人的意志为转移的社会结构，亦即与物质生产力的一定发展阶段相适应的生产关系。

人是社会环境的看法也符合朴素的经验：任何人不再思考和行动，社会都不会停滞不前；社会也不按照任何人的想法运行，无论他多么伟大。但反过来说，如果人类在一场灾难中灭亡了，社会就不复存在了。没有哪种生物都不一定没有社会，但没有人类一定没有社会。从这个极端的假设来看，人必然是最重要的社会环境，人与社会相互依存。人较之其他生物的特殊之处，在于拥有一个处理意义的心理系统，与同样处理意义的社会系统存在结构耦合。思想与沟通都使用意义，这决定了"心理系统与社会系统是共同演化的"[1]：心理系统之中的价值理想，如果与社会结构发生共振，就可能被转译并稳定化为社会语意；社会结构如果悖逆众人的价值理想，则难免招致试图破坏和改造社会结构的革命行动。

因此，社会理论法学尽管自其初生之日，就与理性主义的自然法学分道扬镳，甚至带有"反启蒙"的倾向，[2] 但从来不曾否定人的价值。社会系统论法学也不例外。卢曼不是说社会比人更重要，而是提出了一个无可回避的问题：为何只有在现代社会，人的自由、平等、尊严才得到了特别的尊重？这当然不是因为，人类直到启蒙时代，才像康德所说的那样运用理性认识了自己，而是因为直到此时，社会才

① Niklas Luhmann, *Social Systems*, Jr. Johan Bednarz, Dirk Baecker (trans.), Stanford University Press, 1995, p. 51.

② 参见 Chris Thornhill, *A Sociology of Constitutions*：*Constitutions and State Legitimacy in Historical-Sociological Perspective*, Cambridge University Press, 2011, pp. 1-8。

经由长期的演化发展出了一套新的社会结构，而这套新的社会结构选择了符合它持续存在需要的新的人类形象。申言之，随着前现代社会向现代社会的过渡，也就是随着分层分化社会向功能分化社会的过渡，阶级的人变成了原子的人。在此背景下，只有依靠宪法基本权利保障人的自由、平等和尊严，大量"无根之人"才能稳定地自我呈现和相互沟通，并作为各种"人格体"被全面涵括到从全社会中分出的政治、经济、法律、科学、教育、医疗、军事、宗教、艺术、大众传媒等功能系统。① 这其实构成对人的价值最有力的论证，也构成对一些不切实际的理论家的重要提醒：如果社会并不存在结构上的容纳可能性，那么再美好的价值理想也只是空想。天下大同的"三代理想"两千年未能落地，农民运动总是以换一个皇帝告终，原因就在于社会的分层结构本身没有改变。

　　较之那些高扬"人性"的法律学说，将"人"排除在"社会"之外的系统论法学甚至更可能助益于人权保护。由于把人视为最重要的社会环境，社会系统论法学更加明白人权保护之于现代社会的意义，更加明白实现人权需要特定的社会条件，也更加明白所有人权灾难都有其社会根源。因此在《作为制度的基本权利》一文中，卢曼尖锐地指出，仅仅把基本权利作为主观权利交给个人是不够的，基本权利只有经由客观法在社会之中加以制度化，才能得到充分落实。② 在《社会中的法》的最后一章，卢曼又揭示了现代社会正在呈现的可怖趋势，即随着功能分化的持续展开，自主运作的诸社会系统不断将部分人口排除。越来越多的人可能被现代社会"放逐"，"涵括/排除"的

---

①　参见 Michael King, Chris Thornhill（eds.），*Luhmann on Law and Politics*, Oxford-Portland Oregon, 2006, p. 104。

②　参见张翔：《基本权利的体系思维》，《清华法学》2012 年第 4 期，第 22 页。

区分可能占据主导地位，这将最终导致现代社会的崩溃。① 恰恰是被认为最漠视"人"的系统论法学家，洞察了当代世界最严峻的人权挑战，发现了侵犯人权的真正罪魁祸首。而且恰恰是这种冷静到冷酷的分析，激发了进一步的学术努力：卢曼死后，托依布纳接过系统论法学的旗帜，阐发了"多元社会宪法"理论，致力于在功能分化的世界社会直面"新宪法问题"，探索全球化时代的人权保护新路径。

第三节　社会整合建立在差异基础上

对第三项批评的初步回应是：社会系统论（法学）并非不关注社会整合，而是主张在尊重差异的基础上实现社会整合。这与从涂尔干到帕森斯再到哈贝马斯的社会理论（法学）确实不同，后者将社会整合建立在共识的基础上。如果说大多数社会理论家的想法是，现代社会再怎么复杂，总还存在某些根本性的价值共识，由此可以形成社会秩序；那么社会系统论考虑的则是，如果现代社会真的复杂到了全面消解共识的程度，怎样才能保障社会秩序？所有社会理论家都参加了社会整合课的考试，而社会系统论者选答了最难的一题。当然，诉诸主体的张扬、伦理的自我创造和局部的抗争，试图对抗一切权力的福柯也许除外。

涂尔干看到现代社会产生了职业分工和个体意识，造成"个人与家庭之间、个人与祖国之间、个人与历史流传给他的传统之间以及个人与群体的共同习俗之间的纽带都渐渐地松弛了"，但又乐观地认为

---

① 参见〔德〕尼可拉斯·鲁曼：《社会中的法》，李君韬译，五南图书出版股份有限公司 2009 年版，第 636 页。

"分工不仅能够展现出我们所确定的道德特征，也可以逐渐成为社会团结的本质条件"。① 按照他的观点，不同职业由于功能互补而更加相互依赖，不同个人由于易受伤害而更加需要他人帮助，因此可能在更大的社会范围内形成凝聚价值共识的集体意识，法律则通过捍卫这种集体意识维护社会团结。卢曼的社会系统论却指出，职业分工的扩大和个人意识的发展都只是表象，深层的原因是现代社会将功能分化作为新的组织原则。不同社会系统自此按照不同的代码和纲要运作，执行不同的功能，这必然带来更为根本的冲突；不同的个体从旧的阶层中解放出来，各自寻求自我实现，这必然导致集体意识的瓦解。较之分层分化的古代社会，功能分化的现代社会的确面临着更加深刻的整合困境。

　　帕森斯试图综合涂尔干的结构理论与韦伯的行动理论，更好地回答"霍布斯问题"，亦即在资源的有限性、个人能力的平等性和人的自利性三重前提下，社会秩序如何可能。他否定了实证主义与功利主义的答案，转而寄望于社会化机制：由于文化系统将价值共识内化到人格系统，乍看起来拥有不同利益、追求不同目标的社会成员，其实总在不知不觉地满足社会系统的需要，为社会秩序的巩固做出贡献。② 这无疑背离了马克思关于"矛盾是社会进步之动力"的原理，勾勒出一幅固化的社会图景，其中每个人都被带上了社会共识的价值枷锁，无力影响社会的变革。晚期帕森斯进一步辩称，哪怕是高度分化和高速变迁的社会也可以通过"价值的普遍化"，亦即通过将共享价值抽象到更高的水平上，开发出一种控制不同子系统的文化系统。

---

　　① 〔法〕埃米尔·涂尔干：《社会分工论》，渠东译，生活·读书·新知三联书店2013年版，第358页。
　　② 参见〔英〕帕特里克·贝尔特、〔葡〕菲利佩·卡雷拉·达·席尔瓦：《二十世纪以来的社会理论》，商务印书馆2014年版，第82页。

但韦伯早已认识到，现代社会之所以呈现出复杂性、趋向于合理化，就在于较之传统行动、情感行动和价值理性行动，目的理性行动占据了主导地位。而对于卢曼的社会系统论来说，一方面，变迁迅速的现代社会主要不是依靠"个人"和"价值"，而是依靠"角色"和"纲要"稳定预期；[①] 另一方面，如果现代社会仍然将文化系统摆在中心地位，依赖价值共识维持社会秩序，也就根本不可能发生如此迅速的变迁。

哈贝马斯吸收普遍语用学的成果，发展了他的交往行为理论和商谈论法哲学。他相信语言的内在强制力量，相信使用语言的人们，可以在一个接近"理想言语情境"的政治公共领域之中，经由交换合理理由的民主商谈克服目的理性的局限，达成符合交往理性的价值共识，进而借助正当之法实现社会整合。在卢曼的社会系统论看来，商谈论法哲学超越了康德的主体性哲学，取消了"先验/经验"的基本区分和道德原则不证自明的基础地位，使法律面向开放的决策过程和未来的不确定性。但"关乎众人之事，应经众人决之"的商谈原则，归根结底只是古代罗马法上的一条监护规则，直到中世纪才扩展到社团法领域。对社会共识的追求从来都无可避免压制的成分，以及关闭社会变革可能性空间的客观效果；所有相关者都实际或虚拟参与的民主商谈，不可能成为全部现代法律的正当性来源。商谈原则更不可能成为采用对抗制、不鼓励合作的现代司法的正当性来源，与不必非要通过的立法不同，哪怕没有共识，法官也必须裁判个案。[②] 托依布纳则进一步指出，民主只是政治特有的运作机制，公共商谈仅仅发生在

---

① 参见 Niklas Luhmann, *The Differentiation of Society*, Stephen Holmes, Charles Larmore (trans.), Columbia University Press, 1982, p. 250。

② 参见〔德〕尼可拉斯·卢曼:《关乎众人之事：评哈贝马斯的法律理论》，陆宇峰译，《清华法治论衡》2014 年第 1 辑，第 366—384 页。

政治系统内部，经济、科学、艺术、体育等其他社会系统都既不需要民主也不需要商谈，政治共识也不应左右其他社会系统的运行。① 正如滕尼斯所说，现代的"社会"立足于差异，古代的"共同体"才立足于共识，否定这一点，就等于在去中心化的社会之中重新呼唤中心，就等于取消每个人"成为你自己"（尼采语）的自由。

　　总而言之，现代社会必须正视诸功能系统的高度分化，必须正视每个人都是富有"个体性"的不同的人；不论是否情愿，现代社会的整合，都只能建立在尊重差异的基础上。因此解决社会整合问题的关键，并不在于像老人挽留青春那样挽留共识，而在于抑制诸功能系统的扩张主义倾向，防止它们负外部性的膨胀、离心力量的释放以及对人的身心完整性的侵犯。相应地，现代法律的适当模式，既不是放任社会各领域自主运行的"形式法"，也不是将统一的目标强加给社会各领域的"实质法"，而是旨在激活社会各领域自我反思潜能的"反身法"（reflexive law）。② 这就是系统论法学尤其系统论宪法学对于社会整合的全新认识。

　　以上三点初步回应，旨在启动进一步发掘系统论法学之理论潜力的方向性探索。未来的系统论法学，将在继续打磨观察社会的有力工具、继续关注人与社会的共同演化、继续追踪社会功能分化的同时，以更加开阔的视野博采社会理论的众家之长，以更加悲悯的胸怀理解现代人的价值理想，以更加智慧的方案应对现代社会的整合困境。

---

　　① 参见〔德〕贡塔·托依布纳：《宪法的碎片：全球社会宪治》，陆宇峰译，纪海龙校，中央编译出版社2016年版，第33—34页。
　　② 参见〔德〕图依布纳：《现代法中的实质要素和反思要素》，矫波译，强世功校，《北大法律评论》1999年第2辑，第593—597页。

第五章
重思"法律与文学研究"

本章从 2016 年上映的电影《我不是潘金莲》切入，重思 20 多年前中国的"法律与文学"研究。在系统论法学的烛照下，后者暴露出对于现代法治基本原理的种种误识。

《我不是潘金莲》这部电影，总让人联想起 1992 年的《秋菊打官司》。令法学界记忆犹新的是，作为"本土法社会学"的一支，"法律与文学"研究曾因《秋菊打官司》热闹过好一阵子。通过对《秋菊打官司》的解读，借助美国人类学家克利福德·吉尔兹（Clifford Geertz）的"地方性知识"学说，研究者阐发了一种基于"本土资源论"的"法治特殊论"。① 这又随即招致了"法治普遍论"者针锋相对的激烈驳斥，他们坚持认为，不论立足"本土资源"的法治是否更具实效，都不应突破承载着正当价值的现代法治一般原理。②

《秋菊打官司》讲述了一个富有张力的故事：依靠法律，秋菊未能实现她那绝非无"理"的诉求——让村长为踢伤她丈夫认错，但又不被关进"局子"。抛开规则和程序方面的法律谬误不谈，《秋菊打官司》确实提出了一个可讨论的问题：现代法治是否能够和是否

---

① 参见苏力：《秋菊的困惑和山杠爷的悲剧》，《法治及其本土资源》，北京大学出版社 2015 年版，第 25—43 页。
② 参见谢晖：《法治保守主义思潮评析——与苏力先生对话》，《法学研究》1997 年第 6 期，第 53—56 页。

应当提供受害者意欲的救济方式，从而避免破坏其与施害者本可能修复的社会关系？一方的答案是能且应当，通过某种本土化的法治模式，可以实现这个目标；另一方的回答则是不能且不应当，"应然"不屈从"实然"，法律权威不以个人好恶为转移，法治不迁就陈规陋习。①

至少对于外行来说，在由《秋菊打官司》引发的这场争论中，法治特殊论者长期占据上风。他们允诺了一种可以真正解决纠纷、维护社会和谐，让各方满意的法治模式。相形之下，法治普遍论者所倡导的法治模式显得如此无能，它僵化死板、装聋作哑，对可怜人的可怜诉求爱莫能助，给弱势者的弱势处境雪上加霜，实在面目可憎。

《我不是潘金莲》的主角李雪莲，也是一位受了委屈的妇女，也和秋菊一样，寻求法治的帮助而不得。但在我看来，这部电影所潜藏的信息，却与《秋菊打官司》十分不同。它可能促使人们重新审视已有的法治争论，发现法治的"无能为力"，源于深思熟虑的"有所不为"，并非需要克服的弊病；进而发现另外两个古老的道理也适用于法治主题："有所不为"，才可以"有所作为"；"不可为而为"，往往酿成悲剧。

第一节　　"有所不为"的法治

确实，在《我不是潘金莲》中，李雪莲的两项诉求，都是现代法治所无法满足的。

①　参见江帆：《法治的本土化与现代化之间——也说秋菊的困惑》，《比较法研究》1998年第2期，第212—215页。

一开始，李雪莲想要起诉与她办了离婚证的秦玉河，证明二人的离婚是"假"的。当时她天真地认为，既然与秦玉河协议离婚是为了规避政策限制，在县城里分一套房，那么秦玉河没有按照私下的约定，在分到房后复婚，反而很快与另一个女人结婚，当然是不受法律保护的欺骗行为。她告诉法官王公道，自己不是不愿离婚，只是不能如此窝囊地受骗离婚。她希望在县法院的帮助下，先恢复婚姻关系再离婚，要个"理"。出乎李雪莲意料的是，王公道开庭审理了这个案子，却并不查明事情的原委，而是仅仅依据离婚证和拐弯镇民政助理古大行的证言，就判决离婚是"真"的。更令李雪莲沮丧的是，这个案子显然在法律上"判对了"，任由她不断上访，把市县两级大小官员折磨得筋疲力尽，也毫无改判的迹象。

与《秋菊打官司》呈现了法理与情理的冲突，似乎折射了法治的缺陷不同，《我不是潘金莲》的这些情节透露出，在法治"无能为力"的表象背后，暗藏着精心选择的"有所不为"。李雪莲不是老实巴交的秋菊，仅仅从情理上讲，也并不完全值得同情。就像出庭作证的古大行所暗示的那样，她与秦玉河合谋钻法律空子、"欺骗政府"，可谓"偷鸡不成蚀把米"。对于法官王公道来说，这个案子更没有什么难处理的地方：无论是否同情李雪莲，是否憎恶秦玉河，法律都没有给他审查二人离婚目的的权力；而只要不审查离婚的真实目的，现有的人证、物证就足以证明，二人确实已就离婚相关事项协商一致，并且取得了合法有效的离婚证。因此，他们的离婚，即便在现实中是"假"的，在法律上也是"真"的。

网络上流传的一篇影评辩称，离婚作为民事行为，如果存在欺诈、恶意串通、违反公共利益、以合法形式掩盖非法目的等情形，按照《民法通则》第58条的相关规定，当属"自始无效"，法官应在查明李雪莲与秦玉河的离婚行为存在上述情形之后，做出离婚无效的决定。① 民法学者恐怕会惊异于这种解释，它既违背了"特殊法(《婚姻法》)优于一般法(《民法通则》)"的效力原则，又忘记了"要式行为/非要式行为"的法律区分。外行认真思考一下，也不难发现查明真实的离婚目的多么强人所难：正如电影中秘书长对市长蔡沪浜汇报时的猜测那样，证据可以证明的法律事实，完全可能是李雪莲"离婚了，又反悔了"。

　　从法治理论视角出发，更容易看清这种裁判思路可能造成的严重后果。就此而言，学者经常讨论的"损害法治权威性"，还只是触及了问题的表面。问题的关键在于，它将动摇建立在法治基础上的"行为可预期性"。② 倘若经男女双方自愿申请，由法定的婚姻登记机关按照法定程序颁发的离婚证，都不能证明既有婚姻状态的终结，一连串的行为预期障碍必然接踵而至：由于无法确定他们是否仍为"夫妻"，二者相互抚养的义务和相互继承遗产的权利将持续处于动荡之中；那些与"离异者"再结连理的人无疑极度不谨慎，一旦"前妻(夫)"诉诸法院要求恢复婚姻关系，他们就可能成为"第三者"，并被主张返还"夫妻共同财产"；那些与"再婚者"进行重要经济活动的人将被卷入巨大的风险漩涡，他们既无从知道正在处理谁的"夫妻共同财产"，也无从知道谁应当与再婚者平等清偿"夫妻共同债务"；一片混乱的身份关系之上，叠加着一片混乱的财产关系，其他行政管理关系就更别提了。

　　经历了一审的败诉，李雪莲很可能在某个层面理解了这个道理。

　　① 参见岳林：《1985 年真实案例——李雪莲告状不是"无理取闹"》，https：//www.guancha.cn/yuelin/2016_ 11_ 25_ 381793.shtml，2022 年 4 月 27 日访问。

　　② 参见陆宇峰：《"自创生"系统论法学——一种理解现代法律的新思路》，《政法论坛》2014 年第 4 期，第 159 页。

与留给人们的表面印象不同，此时的她已经不再是法盲，只是故作无知罢了。特别是在蹲守"饭局"，拦下法院院长荀正一之后，经过法院工作人员颇不耐烦但又相当明确的说明，李雪莲仍然既不就一审判决提起上诉，又不向检察院控告王公道枉法裁判，而是从县上到市上持续上访，这样的举动显然无法以"无知""法盲"作为托辞。"信访不信法"的陈词滥调并不适合描述李雪莲的心理，她不是因为司法不公而诉诸信访，恰恰相反，她清楚地认识到法律不支持她的诉求，所以才上访。当法律的正义与李雪莲个人理解的正义发生矛盾时，她精明地选择了回避法律的正义，转而借助权力实现自己的正义，甚至是试图借助权力干涉法律的正义。在电影中，市长马文彬和县长郑众的对话含蓄地表明了这一点：李雪莲或许不是淫邪残忍的潘金莲，但也不是反抗不义的窦娥；她把自己打扮成可怜蒙冤的小白菜，实则更像修炼千年的白娘子，熟练地与政府斗法，挑战人世规则，以达成自己的目的。

　　电影中李雪莲的第二项诉求，是秦玉河节外生枝的产物。李雪莲的第一轮上访以失败并被行政拘留告终，她有些心灰意冷了，想找秦玉河要一句"真话"。她大概想通了，"不管法院怎么说"，只要秦玉河澄清离婚的真相，让县城社会知道错不在她，就"从此偃旗息鼓"，不告状了。这句"真话"，想来对李雪莲十分重要，毕竟一个女性在上一次婚姻中负有过错的历史，很可能影响她的未来。可秦玉河不但不承认"假离婚"，而且因被李雪莲指责"趁着假离婚在外胡搞乱搞"而怒不可遏，当众宣称李雪莲婚前"跟别的男人睡过觉"，并非"处女"，还给她扣上了一顶"潘金莲"的帽子。这在旁观者看来，是"把一件事说成另一件事"，在李雪莲看来，则毋宁是堵死了自己的出路。羞愤难当之下，李雪莲先是怀揣买来的一把长刀，找到多年受她恩惠的堂弟李英勇和一向垂涎她姿色的屠夫老胡，要他们帮助杀掉"畜生"秦玉河。在被胆小怕事的李英勇和做"生意"不糊涂的老胡拒绝之后，李雪莲又开始了第二轮长达 10 年的上访，坚决要求纠正"潘金莲"的说法，并惩罚大小官员。

剧情发展至此，似已溢出法治范畴，不必赘言。但一位观影者的见解，提醒我们再作停留，进一步分析李雪莲的诉求。这位观影者认为，秦玉河"宣扬李雪莲的隐私，侮辱她的人格，已经构成了侵害名誉权。只要李雪莲起诉，法院一定会判决秦玉河对李雪莲停止侵害、消除影响、恢复名誉、赔礼道歉、赔偿损失"，这固然不错。但她同时又认为，"李雪莲完全可以用法院的判决书证明'我不是潘金莲'"，就大错特错了。① 李雪莲结婚时不是"处女"的秘密已然经前夫之口公开了，电影的画外音还特意强调说，她被当众辱骂"潘金莲"之事"第二天就会传遍全县"。在这样的情况下，无论法院如何判决，无论法律让秦玉河为侵犯隐私、人格、名誉权付出怎样的代价，都无法实际恢复李雪莲"贞洁"的公共形象，而这恐怕是她真正的愿望。在这个问题上，李雪莲比那位观影者清醒得多，她再一次正确地认识到，法律帮不了自己。也正是由于这样的认识，她才执意报复，要么杀人，要么上访折腾人。她的心理极度偏执，却也并非完全不可揣摩：自己的一生已经毁了，谁也别想舒舒服服地活着，"畜生"秦玉河不要想，上上下下所有不为她"做主"的官员也不要想。

但即便如此，由此呈现的，仍然不是法治的"无能为力"。倒不如说，现代法治刻意屏蔽了各种从道德维度加以刻画的人格特征：实

① 李晓梅：《刘震云、冯小刚，不要用浅薄侮辱法律人的智商》，https://bbs.tianya.cn/m/post-no16-320255-1.shtml，2022 年 4 月 27 日最后访问。

体法上，有血有肉的人被抽象为"主体"，从民事主体、契约主体、行政主体，到侵权主体、违法主体、犯罪主体，不一而足；程序法上，除了十分特殊的情况，"品格证据"一般也不被法庭采信。"法律面前人人平等"的原则与此相关，这句格言固然有其人道主义和人权保障的内涵，但更重要的是表明了，不论是忠贞/淫邪，还是高尚/卑劣、勇敢/怯懦、善良/狡诈、真诚/虚伪、虔敬/亵渎，所有人格特征在现代法律面前都并无意义。注意：这不是法治的疏漏，恰恰是法治的睿智！如果现代社会允许法院对个人的人格特征做出判断，后果绝不仅仅是侵犯公民的平等权利，也不仅仅是放任道德标准进入法律，而是与对离婚目的的实质审查一样，将导致整个社会的预期紊乱。

　　想象一下，当法院可以通过判决，为一些人打上"忠贞者""高尚者""勇敢者""善良者""真诚者""虔敬者"的标签，为另一些人打上相反的标签，会发生什么？正如人们在购买商品前往往查看质量标识，人们也会参考法律的判断预期被标签者的未来行为，进而做出是否与他们发生婚姻、交易、赠与、借贷、雇佣等关系的决定。这将是最严重的预期误导，大量的冲突可能将被忽略，大量的合作可能将被排除在外，由此造成的损失，法律却没有任何能力承担。回到这部电影，假设法院判决"李雪莲不是潘金莲"，某男子出于对这一判决的信赖与她结婚，随后她婚内"出轨"，法院是否为这样的"错判"负责？法治拒绝人格判断，事情反倒变得容易很多：暗恋李雪莲多年的同学赵大头，出于对李雪莲人品的认识与她结婚，之后无论如何，赵大头自己负责。要言之，像拒绝审查离婚目的一样，法治在此又一次有意识地做了减法，把人格问题留给了熟人之间的"生活世界"。

第二节　"有所作为"的法治

包括法治特殊论在内，迄今为止对现代法治的诸多批评，都来源于两个相反相成的方向。在一个方向上，批评者对法治寄予了不切实际的过高希望，要求它确保政治的昌明、经济的增长、道德的提升、科学的进步、教育的发展、医疗卫生的改善乃至人际关系的和谐。这些成就涉及法律系统之于其他社会系统的"效用"，既非法治的必然结果，亦非凭借法治一己之力可以实现。从效用角度评价法治，自然会时常感慨法治的"无能为力"，并误以为是其需要"完善"之处。在另一个方向上，批评者过度低估了法治真正可以做出的贡献，把"稳定行为预期"当作不值一提的工具价值。这种观点没有看到，高度复杂的现代社会，分化出大量并不拥有共同需要、共同利益、共同价值追求、共同知识背景、共同社会联系的个人。他们相互之间行为预期的稳定化，不能依靠特定的道德规范、伦理准则、宗教戒律、政治意识形态，只能依靠普遍的法律；他们敢于面向哪怕是从未谋面、从未耳闻的对方，做出求学、就医、购房、投资等事关重大的决定，仅仅因为法律标示了对方"应当"做或者不做特定之事。这项成就涉及法治的"功能"，亦即只能由法治解决的全社会问题。从功能角度评价法治，才能洞察法治的"有所作为"独一无二，不可由其他任何社会机制替代。①

人们常常说：法治不是万能的。这是一句正确的废话，世上本没有万应灵丹。现代法治的奥秘在于，为了实现稳定行为预期的固有功

---

① 参见〔德〕尼可拉斯·鲁曼：《社会中的法》，李君韬译，五南图书出版股份有限公司 2009 年版，第 152—193 页。

能，它有意识地施加了自我限制。反过来说，通过自我限制，它才得以履行稳定行为预期的重要社会职责。有取必有舍，有舍故有得，是基本的辩证法。在《我不是潘金莲》中，正是由于法官无权对李雪莲离婚的目的和动机进行实质审查，不能提供一个令她满意的救济，离婚证的效力才被维持下来了，李雪莲、秦玉河及其后任妻子的身份关系才被确定下来了，所有与三者婚姻状态直接或间接相关的行为选择才获得了相对可靠的参照点。与满足特定个人的意愿相比，为不特定多数人的沟通提供预期的依据，显然更具社会重要性。这不是唱"集体利益高于个人利益"的高调，也不是出于"抓大放小"的策略考虑，而是涉及现代法治极度重要的"化约环境复杂性"任务。"人生不如意十有八九"，来自他人的实际伤害无法彻底避免，比这更令人恐惧的，是构成自身行动背景的他人行动可能性丧失透明度。早期人类的历史上，部落之间交往的匮乏和血腥屠杀的频繁，重要原因之一就是它们各自构成不同的社会，缺少协调双方行为预期的规则。

现代法治也并非致力于稳定全部行为预期，而是进一步进行自我限制，仅仅稳定部分行为预期。如前所述，李雪莲十分清楚，法律无法确认她的"贞洁"。基于"贞洁"等人格特征的行为预期，不论在特定的社会文化中扮演着怎样的角色，都无法依靠现代法律加以稳定化。比较起来，受到法治保障的行为预期，如果在现实中遭遇了失望，意味着行为本身的违法性而不是预期者的认识错误，预期者对此可以采取拒绝"学习"的态度，"反事实"地继续坚持其预期；但若依据他人人格特征的行为预期遭遇了失望，则只有尊重这个事实，"吃一堑长一智"，乖乖地汲取教训、调整预期，才能在未来的互动中做出更理性的选择。①

需要补充的是，这样的描述，并不适合《我不是潘金莲》试图描绘的那个充满传统色彩的社会——20世纪90年代的小县城。在被当众辱骂"潘金莲"之后，李雪莲为什么动了杀人的念头，后来又长期上访要求纠正这样的说法，或者说以此表明自己坚决反对这样的说法？以往的研究归因于"气"的作用，②无法说明为何"气"只发生在特定情境之下，为何人们仅就特定之事生"气"。从社会学的角度看，李雪莲要"对所有人说我不是潘金莲"，根本原因是在传统社会之中，这一人格符号可能严重影响她的"自我呈现"，导致他人错误预判她的未来行为，进而拒绝与她发展包括婚姻关系在内的各种社会关系。这正是伦理、舆论、名誉等"地方性知识"发生作用的惯常方式，无需借助"浸猪笼"、"驱逐"等（准）法律手段，就可以通过人格符号引导他人的行为预期和行为选择，使一个人在"封闭社会"和"熟人社会"之中被实际隔离，由此捍卫对社会起整合作用的某种道德体系。但这种社会整合方式，早已作为野蛮专制的遗迹，受到明智的质疑。鲁迅先生对"吃人礼教"的控诉言犹在耳，依靠单一道德体系型塑的社会，本身就不符合现代道德，就需要现代法治的改造。

当然，法治问题不能还原为道德问题。首先，现代法治确立了自由、平等、正义等乍看之下仍然具有道德性质的理念，但对这些理念赋予了全新的含义。自由，变成了无关身份的抽象自由；平等，变成了不考虑事实的形式平等；正义，变成了"相同案件相同处理，不同案件不同处理"。与古代道德不同，这些理念不再服务于高等阶层特

---

① 参见陆宇峰：《走向"社会司法化"——一个"自创生"系统论的视角》，《华东政法大学学报》2012年第3期，第5页。

② 参见陈柏峰：《秋菊的"气"与村长的"面子"——〈秋菊打官司〉再解读》，《山东大学学报》（哲学社会科学版）2010年第3期，第46—48页。

殊的利益和意识形态，而是保障着据法做出的行为预期的普遍有效性。其次，现代社会作为"开放社会"，不仅从道德层面承认不同的价值观，还在不同价值观的激烈碰撞之中，获得了日益增长的变革可能。相互冲突的价值观，支撑着丰富多彩的行动可能性，拓展了社会演化的空间；法治必须维系多元价值观的并存，以保护现代社会高速发展的动力之源。这就决定了，法治既不为任何人不是"潘金莲"提供证明，又禁止任何人被辱骂为"潘金莲"。只要不牵涉违法犯罪，"潘金莲"的生活方式也是一种"隐私"，公开贬低"潘金莲"的生活方式，就应当承担法律责任。最后，现代社会作为"陌生人社会"，绝大多数社会沟通发生在互无深入了解的人之间，根本不可能在"人格"这个过度具体的层次上稳定行为预期。梅因"从身份到契约"[1]的法律演化公式则隐喻式地揭示出：拒斥与人格特征联系在一起的各种身份符号的法律相关性，使个人从固化的、封建的、地方性的社会网络中挣脱出来，这样的法律现代化极大促进了新型社会关系的建立。[2] 换言之，现代法治只有放弃对人格特征的考量，在相对抽象、脱离具体生活情境的层次上提供预期结构，才能充分释放"砸碎旧世界"的解放性能量，使陌生人之间敢于不断发展前所未有的权利义务关系。这将推动社会的不断进步——哪怕李雪莲就是"潘金莲"，秦玉河也不得辱骂她，"正派人士"也不惮于去喝她熬的牛骨汤，她也可以在北京西客站对面租下一间店铺开饭馆，这就是法治环境下的社会进步。

因此，法治的"有所不为"，根本目的是"有所作为"。通过不介

---

① 〔英〕梅因：《古代法》，沈景一译，商务印书馆 2015 年重印版，第 112 页。
② 参见〔德〕尼克拉斯·卢曼：《法社会学》，宾凯、赵春燕译，上海世纪出版集团 2013 年版，第 54 页。

入某些实质问题，通过拒绝做出人格判断，通过做其他一系列减法，法治在陌生人互动频繁的现代社会中，执行着它极端重要的全社会功能——稳定行为预期。这种全社会功能，并不表现为确保所有人都依法行事，也不表现为完美解决所有纠纷，而是表现为每个人都可以在假定他人将依法行事的前提下，做出自己的行为选择。如果这样的假定事后被证明是错误的，错误也不在于自己，而在于他人。下一次遇到类似的情况，仍然可以做出同样的假定和同样的行为选择。对于高度复杂的现代社会来说，这也就够了。再想想法官王公道吧：我们不知道他是否为当年依法判决李雪莲案而后悔，但我们知道，在一个法治社会中，他丝毫无需后悔。

第三节　"不可强为"的法治

法治因"有所不为"而"有所作为"，这也意味着"不可强为"。进一步的分析表明，现代法治稳定行为预期的功能，根源于"合法/非法"这组二元区分的运转。行为可以由法律进行非此即彼的判断，要么合法要么非法，对行为"应当如何"的预期才能稳定下来。为了做到这一点，那些难以由"合法/非法"二元"编码"的实质问题被转化为形式问题，那些超越"合法/非法"的第三种价值被排斥到法律之外：无论离婚目的为何，离婚证有效离婚就合法；无论他人品行实际如何，侵犯其名誉就非法。逼迫法律去判断某些实质问题，将法外价值引入法律之中，不会让法治更加令人满意，只会损害法治的固有功能，损害法治本身。《我不是潘金莲》从另一个方向证明了这个结论：如果特定制度坚持的特定价值，不能被置于"合法/非法"价值之下，这项制度就难以法治化。李雪莲的诉求得不到司法支持，却非法进入信访通道，造成"多输"的局面，正是"不可为而为"导致的法治悲剧。

毋庸讳言，我国的信访体制在其建立之初，是游离于法治框架之外的。有学者指出，1951年政务院《关于处理人民来信和接见人民工作的决定》颁布之后，在将近30年的时间里，信访制度主要发挥着大众动员的作用。通过信访，群众被动员起来，揭发党政机关工作人员不符合路线、方针、政策的一切问题，参与到历次运动之中。[①] 他们的关注重点，不在于官员行为是否合法，而在于他们的"立场"是否正确。但在这个阶段，整个国家尚未全面展开法治实践，信访与法治也谈不上冲突。反倒是改革开放以来，一方面，依法治国不断推进，国家各方面的工作逐渐被纳入法治轨道，要求信访活动依法进行；另一方面，市场经济不断发展，利益的日益分化加剧了社会矛盾，要求信访服务于安定团结的大局。这就在"合法/非法"之外，增加了"稳定"的考量，带来了"信访法治化"的困境。

《我不是潘金莲》讲述的故事发生在一二十年前，当时2005年《信访条例》可能尚未出台，但哪怕按照1995年的《信访条例》，李雪莲的上访行为也存在大量违法之处：她与前夫秦玉河的离婚和名誉纠纷不在信访制度的受理范围之内，她对司法工作的异议只能向有关人民法院提出，不能向行政机关提出；她有权检举揭发县长、市长的失职行为，但应当向有关行政机关或其上级行政机关检举揭发，不能越级上访、进京上访；她可以采用走访形式上访，但应当到有关行政机关设立或者指定的接待场所走访，不能在政府门口静坐、鸣冤，更不能拦截公务车辆。从这个角度看，事情非常清楚：李雪莲非法上访了

---

① 参见应星：《作为特殊行政救济的信访救济》，《法学研究》2004年第3期，第60页。

十多年，而大小官员毫无办法；尽管已经颁布了《信访条例》，但信访体制的法治化程度仍然很不足。

什么原因？县长郑众说，各级领导都被这个农村妇女"拿住了命门"。只要李雪莲到了北京告状，就是影响社会稳定；只要影响社会稳定，官员就须承担责任。这样一来，不要说法院是否依法裁判，李雪莲是否依法信访，就连政府是否依法办理信访事项，处罚官员是否于法有据，都变得无关紧要了。被李雪莲拦车告状的北京首长在人代会上发了火，根本上不是因为他确信地方官员制造了冤情，而是因为这些地方官员让离婚这种小事情从光明县"搞到北京"，让"芝麻变西瓜""蚂蚁变大象"；人代会后，省长储敬琏向省委建议将县长、市长撤职，根本上不是因为他们真的像首长批评的那样，存在"贪污腐化、不正之风"，或者"层层不管、推诿刁难"，而是因为他们"给全省抹黑"。不论是首长还是省长，都从来没有主张为了稳定可以不要法治，但与此同时，他们又都回避了二者之间的冲突可能。善意地揣测，他们像那些法治特殊论者一样，希望同时兼顾法治与法治之外的目标。

然而，正是由于既要坚持"合法/非法"的区分，又要追求社会的"稳定"，李雪莲上访成了无解的问题。《我不是潘金莲》借市长马文彬之口告诉我们，面对李雪莲的上访，各种从长期实践中摸索出来的，在"扶贫攻坚""老城改造""抗洪救灾"等艰巨行政事务上行之有效的方法都失效了。"转变对群众的态度"不能解决问题：当上法院院长的王公道提着腊肉倒找李雪莲攀亲戚、一口一个"姐"，县长郑众亲自登门拜访李雪莲、好言相劝，市长马文彬为李雪莲切老母亲灌制的香肠、以情动人，都无法换来李雪莲不再上访的承诺。李雪莲想得很明白，不论我是否有理，"北京一开会，你们就都来了"，你们怕我；你们不要我上访，我就不上访，倒显得我怕了你们。"转变思想、勇于担当"也不解决问题：马市长思来想去的最后方案，亦即通过深入细致的群众工作，把类似事件解决在萌芽状态，不过是一句空话。李雪莲与秦玉河私下里商议"假离婚"，是后续事件的起因，这如何解决在萌芽状态？没有纠纷的乌托邦真的可以达到吗？马克思主义的基本原理告诉我们，矛盾既是社会发展的产物，又是社会发展的动力，彻底消灭所有矛盾，又真的可欲吗？

　　这不是强调法治与稳定处于尖锐对立的状态。恰恰相反，在《我不是潘金莲》中，法治已经产生了维护社会稳定的效果，只是不易察觉罢了。毕竟人们在稳定问题上的注意力，总是被那些冲突事件所吸引。仔细琢磨起来，各级领导最终否定了牺牲法治以换取稳定的方案，可能是这部电影唯一值得庆幸的地方：面对巨大的压力，法院没有把李雪莲的离婚案认定为"冤假错案"，予以改判；在李雪莲并未提起名誉权诉讼的情况下，政府也没有动用行政手段，处罚秦玉河的辱骂行为；市长马文彬一度动了类似的心思，县长郑众一度逼令李厂长找秦玉河"做工作"，但大家都很快明白了，这将造成更加严重的不稳定局面——"一个人告状，变成三个人告状"。秦玉河的一番肺腑之言让官员们了解到，在李雪莲上访的十多年里，他的烦恼并不更少；由于每天被人指指戳戳，受了刺激，他的后妻还患上了忧郁症。二人之所以一直没有上访，无非是因为民政局准予离婚的决定和法院的判决，还不至于被稳定的价值所动摇。这难道不是说明，法治通过"合法/非法"的二元区分，将人们的行为预期稳定下来，可能在很大程度上维护社会的稳定，或者减少社会的不稳定因素吗？

　　事实上，只要发挥稳定行为预期的功能，法治不仅可能维护社会稳定，而且可能促进其他社会目标的实现。但这一切，都是在"合法/非法"二元区分自主运转的情况下，附带产生的"或然"社会效果，法治无法对此做出直接的贡献，也无力对此予以确切的担保。人们能够依法预期违法行为不会因为法外压力而合法化，司法裁判不会因为行为人的身份而发生改变，社会就可能稳定，但社会的稳定，归根结底由诸领域的实质平等决定；同样地，人们能够依法预期拥有产权保障的财物不会被随意地没收，拥有合同保障的交易不会被无代价地取消，经济就可能繁荣，但经济的繁荣，归根结底由生产力发展和市场规律决定；人们能够依法预期自己的研究不会被随时干预，研究成果不会被他人无条件据为己有，科学就可能进步，但科学的进步，归根结底由科学家的能力水平和实验技术的条件决定……

人类的古代文明，不论中西，都把"不可为而为之"理解为高贵者的高贵行为。圣人孔子如此，英雄俄狄浦斯也是如此。但与古代中国人相信"天道酬勤，人定胜天"不同，古代希腊人已经明白，对抗"命运"的结局，只能是"悲剧"。马克思主义更是教导说，不管人们承认不承认，规律总是以其铁的必然性起着作用。一定要对抗法治运行的规律，让法治服务于那些超越"合法/非法"的价值，结局也只能是悲剧。这不仅不会推动法治走向"完善"，而且可能彻底摧毁法治固有的功能，进而彻底取消可能由此产生的其他积极社会效果。

第四节　被遮蔽的法治问题

电影就是电影，电影讲述高度戏剧性的故事。高度戏剧性的故事，不见得都有典型的社会意义。"法律与文学研究"作为法社会学研究的先天不足，即在于此。①

　　《秋菊打官司》的故事就很不典型：为了表现情与法的冲突，为了说明现代法的实效匮乏，秋菊只能是西北偏远山村的农妇，与世隔绝到了难得进一次城的程度。她岂止无法理解行政诉讼法，她是无法适应现代生活。有学者已经正确地指出："中国法律实效性缺失最典型的体现，并非是秋菊的故事，而是各种各样的现代病"。②

　　《我不是潘金莲》的故事也很不典型：为了反映基层信访工作的困难，为了把信访法治化的困难归咎于信访人，李雪莲必须是一个人情不通、油盐不进、几乎不应被认为精神正常的刁妇。她提着香油腊肉冒雨渡河，敲开法官王公道的家门，跟人攀"八竿子打不着"的亲戚，以"不管"便要"杀人"相威胁；"大家"都觉得她"先恢复婚姻关系再离婚"的计划是"吃饱了"，但她"觉得不是"；被秦玉河辱骂后她真的准备杀人，杀秦玉河也就罢了，还要杀市长、县长、法院院长、法庭庭长，为此宁愿让堂弟坐牢，陪屠夫睡觉；赵大头好意收留她，请假花钱陪她旅游，因她拦"首长"轿车而受责，她毫无歉意；多名官员因她上访而被撤职，她感谢菩萨保佑；市长苦苦相劝，她表示只听牛的话；秦玉河死了她要上吊，原来"告状是她生活的动力"，"不能再折腾了，活着没劲"。电影临近尾声，也许编剧都觉得李雪莲的性情太不合常理，才为她的所作所为补了解释性的一笔：当年"假离婚"的真正目的，是为了"多要一个孩子"，"房子只是遮掩"。且不说这个煽情的理由多么突兀，从头到尾，她的长子从来没有出现过；听听电影最后的画外音就知道，连多年之后的李雪莲本人，都自

----

　　① 参见邓正来：《中国法学向何处去（下）——对苏力"本土资源论"的批判》，《政法论坛》2005 年第 3 期，第 57 页。
　　② 泮伟江：《常规的例外化与例外的常规化——重新理解中国法律的实效性困境》，《东方法学》2011 年第 3 期，第 36 页。

觉当初的荒唐——别人把她告状的事当笑话讲，她也笑，"好像说的不是她，是另外一个人"。

《我不是潘金莲》给我的总体印象，更像是一部为基层政府诉苦的电影。基层政府的信访压力不是不大，但为了突出这种压力，这部电影不惜塑造基本没有过错的各级官员，与基本并不占理的信访人。好在尽管采用了同样极端的人物塑造方式，《我不是潘金莲》毕竟没有像《秋菊打官司》一样，再次留下"法治特殊论"的合理解读空间，误导人们对现代法治的理解。也许，在"全面推进依法治国"的今天，这样的误导已经很难成功了。

可真正需要关注的问题还是被遮蔽了：那些受到非法侵害的公民，如果不是进京上访，以至于影响了社会稳定，能否得到应有的重视？他们能够实际行使宪法和《信访条例》赋予的权利，依法获得充分的救济，还是将像李雪莲那样，被错误领会上级指示的人关进看守所，并被要求"识大体、顾大局、团结一致向前看"？对待依法信访的公民，基层领导是否也会在高速路口设卡拦阻，也会动用大量警力、围堵两天两夜，也会把法院院长派到北京"截访"？是否也会把"摆平"信访人作为第一要务，鼓励类似庭长贾聪明和赵大头那样"为组织分忧"的无原则行为，甚至随意动用手中的权力，以"升官""转正"等作为褒奖？

聚焦这些典型的人和事，才能更清楚地看到：在"为"与"不为"之间，法治可以做的，既不多也不少；现代法治的一般原理本身并无问题，"不可为而为"，反倒制造问题。①

---

① 参见陈金钊：《实质法治思维路径的风险及其矫正》，《清华法学》2012年第4期，第69—72页。

第六章
从卢曼到托依布纳：全球社会宪法论

正如本书上篇第九章所展示的，卢曼和托依布纳共同搭建了"系统论宪法学"的基本框架。但与卢曼不同，托依布纳还把眼光投向政治的功能边界和国家的领土边界之外，讨论了"全球的社会宪法"。系统论宪法学借助这样的自我超越，极大拓展了当代的宪法研究。

第一节　民族国家的政治宪法

民族国家的政治宪法长期垄断了宪法这个概念。按照自由主义式的古典理解，这种宪法通过两项主要内容的设置，有效制约了国家权力或曰公权力。其中，组织法内容的设置旨在借助分权、选举、政党等制度，直接限制公权力的恣意行使；基本权利内容的设置旨在划定公民的私人自治空间，间接抵制公权力的越界干预。

社会系统理论的外部观察进一步揭示出，民族国家的政治宪法承担着更具根本意义的社会功能。与初民社会和传统社会不同，现代社会主要不是按照血缘的差异，分化为家庭、氏族、部落等不同的群体，也不是按照身份的差异，分化为君主、贵族、平民等不同的阶层，而是按照功能的差异，分化为政治、经济、法律、科学、宗教、教育等不同的系统。这种新型社会分化模式的具体表现之一，就是涂尔干从职业层面谈及的"社会分工",其核心优势在于充分释放各社会功能领域的运作动力,促进其内部结构的复杂网络化,进而加速其生产与再生产。反过来讲,现代社会高速发展、繁荣发达的奥秘,根源于维持功能系统的相互边界,以及彼此迥异的自主逻辑。民族国家的政治宪法顺应这种要求,沿着正反两个方向,为现代社会的"功能分化"做出了贡献。

就其正向的"构成性"(constitutive)功能而言,民族国家的政治宪法确保现代政治从全社会中独立出来,实现封闭的自主运作。① 原本弥散在传统社会之中的各种地方性权力,被集中到政治系统的"中心",形成利维坦式的强大国家;围绕国家政权和政府职位的竞争,全部在政治系统的边缘——政党和公共领域中有序展开;在上述"中心"与"边缘"之间,基于"有权/无权""执政/在野"的二元代码,以权力为媒介的所有政治沟通构成内部循环,排除宗教、道德等外部因素的直接干预。② 就其反向的"限制性"(limitative)功能而言,民族国家的政治宪法有效抑制了现代政治强势扩张的冲动,除了防止其侵犯个人身心完整性、破坏人权以外,也防止其侵犯经济、宗教、科学、教育、医疗等社会领域的边界,干扰后者的自主运作。要言之,通过同时支撑和限制政治系统的内部动力,民族国家的政治宪法迂回地确认和巩固了现代社会的功能分化原则。

自由主义宪法学从人文主义的立场出发,强调宪法反向的限制性功能,对其正向的构成性功能语焉不详。这种片面的认识遮蔽了一项基本原理:宪法所限制的,正是其所支撑的。故从根本上讲,一种宪

---

① 〔德〕尼可拉斯·鲁曼:《社会中的法》,李君韬译,五南图书 2009 年版,第513 页。

② 参见 Niklas Luhmann, *The Differentiation of Society*, Stephen Holmes, Charles Larmore (trans.), Columbia University Press, 1982, pp. 138-163。

法规范体系只适用于一个社会功能领域。正如 1787 年的美国联邦宪法不仅制约了三权的行使，也构造了一个强大的政治国家，使其有可能将权力的触角扩展到传统上不受正式干预的空间，以至于 1791 年需要出台《权利法案》加以进一步的平衡。

此处更需说明的是，即便在限制性功能方面，自由主义宪法学的视野也过于狭窄。在早期现代社会的特定历史阶段，威胁功能分化原则的力量确实主要来自国家，政治宪法可谓抓住了主要矛盾。但扩张主义倾向从来不是政治系统的特产——由于各自在固有代码的基础上"自创生"运转，所有现代功能系统都潜藏着无限展开自身逻辑、不断拓宽自身边界的发展冲动。① 除了从 18 世纪开始，新兴的民族国家逐渐将公权力的触角深入生活的方方面面，整个社会面临政治化的危险；19 世纪下半叶以来，经济系统或曰"资本主义经济"的迅速膨胀，又造成了社会的商品化和货币化；20 世纪晚期，过度科学化、法律化、传媒化、医疗化、信息化的现象全面出现，社会子系统之间的相互冲突和相互侵犯，已经危及各自的自治和全社会的功能分化……非政治的社会领域的这些"涡轮增压自创生"趋势，都对专注于制约国家公权的宪法模式形成了挑战。

在刚刚过去的 20 世纪中，至少有三种宪法改革实践回应了上述趋势。首先，与带有自然法色彩和意识形态倾向的规范性理解不同，纳粹德国等"极权主义宪法"试图依托长期执政的强大政党，将诸社会系统加以等级式的组织，进而控制其负外部性和离心作用，使之与政治系统协调发展。这项宪法改革的败笔不在于政党制度本身，而在于从政治上进行的各功能系统的组织化，破坏了系统内部"职业—组

---

① 参见 Gunther Teubner, *Constitutional Fragments: Societal Constitutionalism in Globalization*, Oxford University Press, 2011, p. 25。

织核心"(professional-organizational core)与"自发领域"(spontaneous area)的交互作用,摧毁了后者的反思性潜力和创造性力量。就此而言,"计划经济"提供了最典型的例证。

其次,"福利国家宪法"试图在维持各社会领域一定程度自治的同时,将政治宪法的结构模式予以扩展,从而实现政治以外的社会系统的宪治化。"法团宪法"(constitution of the corporation)是这种宪治化路径的代表:国家通过立法为企业工会引入共同决策权,试图在避免直接政治干预的同时,提升经济系统的自我反思能力,缓和经济层面的社会矛盾。其失败之处,则在于将有效限制政治权力的宪法模式,照搬到政治以外的社会空间。正如大学民主化改革所表明的,在非政治脉络中,将选举、代表、组织化的反对派、群体多元主义、谈判、集体决策等政治程序予以制度化,效果十分糟糕。

最后,美国、德国的晚近裁判实践支持宪法私法化,试图延伸政治宪法所规定的基本权利的效力范围,以便应对传统私法秩序难以抵御的严重权利侵害。[①] 宪法私法化方案正确地认识到,有能力侵犯基本权利的并不限于国家,私人自治领域不应排除宪法的适用。然而,在宪法的私法效力问题上,美国最高法院过于谨慎地诉诸国家行为学说,只对"准国家行为"造成的侵害给予基本权利保护,实际上仍然放任政治以外的各种社会系统的负外部性;德国宪法法院诉诸"基本权利的横向效力"(the horizontal effect of fundamental rights)学说[②],基本权利在私法领域的效力范围较美国最高法院更宽,

---

① 参见钱福臣:《德、美两国宪法私法效力之比较》,《求是学刊》2013 年第 1 期,第 113—118 页。

② Eric Engle, "Third Party Effect of Fundamental Rights", *Hanse Law Review*, 2009 (5), pp. 165-173.

但与前者一样错误地认为，需要进一步驯服的只是商业公司、制药集团、工业企业、科研机构、社会组织等"集体行动者"，基本权利的横向效力存在于公民与公民之间。这就误解了既有宪法成就的基础：民族国家政治宪法曾经取得的成功，从来不是仅仅由于制约了掌握公权力的"行动者"，而是由于控制了政治"体制"（regime）本身的破坏性能量。此外，无论美国还是德国的实践，都忽略了一项至关重要的事实：为政治体制"量身定做"的基本权利，既难以遏制经济、科学、医疗、教育等社会体制的扩张冲动，又可能对这些社会体制的自主运作形成威胁。

　　归根结底，三种改革方案都是批判、反思自由主义宪法模式的产物，但由于无法超越民族国家的政治宪法本身，都未能同时保障现代功能系统的自治与相互协调。无论从意识形态层面还是具体操作层面看，上述三种方案存在多么巨大的差异甚至对立，宪法与国家政治之间过于紧密的联系始终未能解除。在这一前提下，为了对抗功能分化产生的离心力量，克服其他社会系统的负外部性，改革后的宪法要么直接输出政治控制，要么在非政治空间照搬政治结构，要么将原本用于对抗政治权力的"纵向"基本权利简单"横向化"。换言之，所有宪法工具全部来自民族国家的政治宪法，真正适应各功能系统特殊性的"社会宪法"从未得到发展。在全球化的新形势下，宪法的这种滞后情况后果严重。

第二节　全球化时代的新宪法问题

　　从基本原理上讲，20 世纪 80 年代以来的大规模全球化进程，无非是现代社会的功能分化原则超出民族国家边界，在世界社会层面继续展开的结果。① 经济、科学、教育、大众传媒、体育、医疗等现代功能系统立足固有代码自主运转，不断拓展特定社会沟通的深度与广度，最终突破自然的地理空间与政治的领土疆域，产生了各自的全球一体化发展趋势。然而，"跛脚的全球化"现象始终存在，"较之其他子系统，政治的全球化相对落后……世界政治本质上仍然是国家间政治，也即一个自治国家间的互动系统"。② 全球的政治系统并非没有形成，只是由于受到"制造有集体约束力的决策"这项功能的迫令，反而要求以"分割"方式实现"内部再分化"，亦即分化为适合执行此项功能的诸民族国家。换言之，尽管已经造成了两次世界大战的悲剧，但在民族国家水平的空间和人口规模下制造有集体约束力的决策，可能依旧是目前难以逾越的社会演化成就。至少在可预见的未来，全球政治依旧主要是"国际政治"；联合国在主权国家间进行的政治协调不容忽视，但全球"政治一体化"的空想，只会造成政治功能的失灵和世界政局的动荡。

在全球层面上，政治宪法着重强调的各种结构和过程都缺少功能等值物。从符号标准看，政治宪法与一种同质性的"想象的共同体"相联系，需要类似于"我们人民"（We the people）或者"德意志民族"的"创始神话"（founding myths）作为支撑；从形式标准看，政治宪治绑定了一个至高无上的主权，以及尽管相互分离，但在各自领域统一运转的立法、司法和行政权；从实质标准看，政治宪法诉诸一个理性化的公民社会，以及围绕公共议题进行民主商谈的公共领域。而

---

① Niklas Luhmann, "Globalization or World Society: How to Conceive of Modern Society", *International Review of Sociology*, 1997(1), pp. 67-80.

② 〔德〕贡塔·托依布纳：《社会宪治：超越国家中心模式宪法理论的选择》，陆宇峰译，载〔德〕贡塔·托依布纳：《魔阵·剥削·异化——托依布纳法律社会学文集》，泮伟江、高鸿钧等译，清华大学出版社2012年版，第166页。

在民族国家之外，尽管"后民族结构"已然呈现，"人类共同体"却还停留在修辞学或者生物学意义上，统一的全球政府、全球议会、全球最高法院还遥不可及，"世界公民社会"和"世界公共领域"也不过是学者的大胆设想。① 因此，如果在全球化时代，宪法还被等同于政治宪法，宪法的概念还预设着民族国家式的政治背景和政治结构，就根本无法讨论世界社会的宪法问题。

这就最终迫使我们跳出"方法论民族国家主义"的陷阱，解除宪法与国家政治的特殊联系，将宪法概念从发生学原理和社会功能的角度加以一般化。广义的宪法，是法律系统与包括政治在内的其他社会系统的特殊耦合结构，旨在通过促成后者的自我奠基与自我反思，同时释放和限制其固有的发展动力，进而捍卫现代社会的功能分化原则。相应地，广义的宪法问题，一方面是由于各种社会系统无法实现运作的封闭性和自我再生产，造成的现代化发展困难和权利保障匮乏问题；另一方面则是由于各种社会系统自主逻辑的过度扩张，产生的系统自我毁灭倾向和负外部性问题。这两方面的宪法问题可以分为三个层次，分别对应于三项广义的基本权利②：一是社会系统对其他社会系统自治边界的侵犯，对应于政治民主、司法独立、市场经济等"制度权利"（institutional rights）；二是社会系统对其他社会沟通的空间秩序的侵犯，对应于"政治人""经济人""法律人""科学人""商人""网络公民"的"抽象个体权利"（personal rights）；三是社会系统

① 参见〔德〕尤尔根·哈贝马斯：《后民族结构》，曹卫东译，上海人民出版社2002年版，第70—132页；〔德〕尤尔根·哈贝马斯、米夏埃尔·哈勒：《作为未来的过去——与著名哲学家哈贝马斯的对话》，章国锋译，浙江人民出版社2001年版，第1—25页。

② 参见〔德〕贡塔·托依布纳：《匿名的魔阵：跨国活动中"私人"对人权的侵犯》，泮伟江译，载〔德〕贡塔·托依布纳：《魔阵·剥削·异化——托依布纳法律社会学文集》，泮伟江、高鸿钧等译，清华大学出版社2012年版，第203—204页。

对人类身心完整性的侵犯，对应于"自然人"的"人权"（human rights）。经由重新界定的上述三项基本权利，从系统理论角度将传统政治宪法的基本权利加以抽象化处理，也有助于识别广义的宪法问题。

这些概念的重置立即打开了观察者视野——全球层面的宪法问题远比民族国家内部严重。除了国际政治领域始终无法牢固确立一套宪治秩序，"永久和平"的理想仍旧没有保障之外，全球化无疑还带来了一系列社会性的宪法问题："跨国公司侵犯人权；世界贸易组织以全球贸易自由之名，做出危及环境和人类健康的决定；体育赛事禁药泛滥，医药和科学腐败横行；互联网上的私人媒体威胁言论自由；私人组织的资料信息收集活动大规模地侵犯隐私权；当前尤为重要的，则是全球资本市场带来的灾难性风险。"[1] 这些以"丑闻"形式出现的、引起"全球公愤"的全球社会宪法问题，迅速达到了极其严重的程度，超出人们在全球化展开之前的预料。首要原因可能是：当各种非政治的社会沟通突破领土疆域的限制，经由递回关联的过程形成全球范围的自主运作网络，系统的"自私基因"就找到了尽情"自我复制"的广阔地理空间，由此造成的破坏性影响必然不断冲击社会环境、自然环境和人类环境的底线。正如20世纪以来的周期性全球经济危机所揭示的，唯有毁灭性的"泡沫破裂"，亦即"系统崩溃"，才是一轮"加速发展螺旋"的终点；在循环往复的"触底反弹"的过程中，体制权利、抽象个体权利和人权都遭到无情的践踏，表现为市场机制失灵、自由竞争受限、劳动者陷入就业

---

[1] Gunther Teubner, *Constitutional Fragments: Societal Constitutionalism in Globalization*, Oxford University Press, 2011, p. 1.

困难和剥削加剧的双重困境。①

　　更严峻的形势在于，在民族国家内部，一方面，政府组织能够有效地集中力量和调动资源，政治公共领域能够迅速地感知危机和反映风险，执政党有足够的动机建立预警机制和干预社会领域的反常情况；另一方面，就社会领域的自我监管而言，民族国家也具备诸多优势条件，包括历史上的自治实践基础、共同体的团结互利观念、社会组织之间的协调合作意愿，以及不同群体之间牺牲短期利益、换取长期利益的稳定预期。但在全球范围内，不仅世界政府和世界公共领域始终缺位，就连面对资源枯竭和气候恶化这样的共同议题，由于各国风险认知的差异，以及"多头负责，等于无人负责"的定律，政府间的统一政治行动也时常难产；② 更不用说，在全球的"丛林世界"中，没有外部的强大压力，各种社会系统的自我反思和自我约束纯属空谈。这样一来，民族国家早已出现的社会宪法问题，就随着全球化的展开愈演愈烈，甚至陷入失控状态。

第三节　片段化的全球社会宪法

　　经过改造的政治宪法工具，尚可勉强应付民族国家内部的社会宪法问题；但在政治宪法缺位的全球层面，失控的社会宪法问题只能依靠"全球社会宪法"自己解决。实践中，世界贸易组织（WTO）、国际劳工组织（ILO）、国际商会（ICC）、互联网名称与数字地址分配机构

---

　　① 参见〔德〕贡塔·托依布纳：《宪法时刻来临？——"触底反弹"的逻辑》，宾凯译，《交大法学》2013 年第 1 期，第 24—28 页。
　　② 参见〔德〕乌尔里希·贝克：《世界主义的欧洲：第二次现代性的社会与政治》，章国锋译，华东师范大学出版社 2008 年版，第 259—262 页。

（ICANN）、商人法（lex mercatoria）以及其他超国家社会体制的基础规范，已经具备全球社会宪法的雏形。各种超国家体制，最初可能只是国际公法（如国际条约）或者私人秩序（如跨国公司的内部管理规章和超国家社会组织的内部章程）的产物，但随着相应基础规范的出现，逐渐由"法律化"状态向"宪治化"状态过渡。

与政治宪法不同，这些基础规范的宪法属性无关特定的宪法文本或者具有历史意义的立宪行动，而是主要反映在两个方面。一方面，它们有效执行了宪法的构成性功能，支撑着各功能系统的全球性自治和自我奠基。超国家的经济、科学、大众传媒、艺术、教育、互联网系统都借助其基础规范，打破自身与民族国家政治、法律之间的封闭结构耦合，促使各种功能特定的沟通在全球范围内相互关联，从而释放出巨大的并行发展动力。另一方面，作为富于反思性的"次级规范"，它们帮助超国家体制实现了自主的法律创制、法律识别和法律制裁。具有决定意义的是，诸多全球社会领域纷纷建立特殊的纠纷解决机制，适用自己创制的法律而非国家法处理内部争端。比如在世界贸易组织中，专家组和常设上诉机构依据世贸规则"两审终审"，并在败诉方不执行裁决时批准"报复"。"全球商人法"领域的情况更令人注目：大量的国际商事交易以及国际职业协会、国际商业组织、发展中国家投资项目的运作，完全依靠合同创制的规则，这些规则的效力并非来自国家的法律，而是来自商人间的合同本身；跨国商事纠纷的解决也主要不是诉诸内国法院，而是诉诸合同约定的国际仲裁机构，后者反过来又将合同规则本身作为裁判依据。①

明显可见，全球社会宪法以随体制而异的"片段化"（fragmen-

---

① 〔德〕贡塔·托依布纳：《"全球的布科维纳"：世界社会的法律多元主义》，高鸿钧译，《清华法治论衡》2007年总第10辑，第249—258页。

tation)形态存在，不像民族国家的政治宪法那样构成统一的整体，并以"基本法"的姿态将其他领域的法律贬低为普通法律。这是因为功能分化造成了"多中心的全球化"，每一种全球功能系统或者全球社会体制都实现了自我再生产，都要求适应于自身固有逻辑和运作方式的特殊宪法。比如在全球艺术领域，就明确否定民主权利和正式组织的强制设置，反对艺术标准的垄断制定，强调以鼓励创新为目标，对表达自由和知识产权提供宪法保障；全球体育领域要实现公平竞赛，"立法"（赛事规则制定）就更应符合"运动规律"而不是民主程序，"司法"（赛事现场裁判）必须比法院裁判更加即时、不模糊并且允许错误，此外，《世界反兴奋剂条例》和世界反兴奋剂机构（WADA）在全球体育法（Lex Sportiva）中具有特殊的重要性。

目前全球社会宪法实践中的主要缺陷，也在于没有找到随目标系统而异的恰当方式，以避免系统内在能量的过度膨胀和爆炸威胁。如前所述，全球社会体制绝大多数不是发育不良，而是自我毁灭倾向和负外部性急遽增长；全球社会宪法片段的构成性功能已经得到较好的发挥，但其限制性功能时常付诸阙如。失败的主因倒还不是宪法施加的外部压力不足，而是外部压力没有找到正确的着力点，没有激活目标系统的自我限制能力。归根结底，只有系统内部的自我反思机制足以驯服其固有动力，而宪法的作用无非是为这些自我反思机制供给外在的规则支持。比如，导致当前全球金融危机的商业银行信贷超发问题，不可能通过各国的主权担保和财政救助加以解决，改革跨国中央银行（如欧洲中央银行）和货币发行制度是唯一出路；面对工业生产带来的世界性资源枯竭和环境污染难题，除了税收调节和行政处罚之外，也应通过产品抵制、公益诉讼、环保运动、生态投资等方式，改变经济系统自发领域的消费者偏好；要治理全球科学研究中的不端行为，或者全球大众传媒的虚假新闻，不能依赖政府的奖惩制度、侵权诉讼或者机构的行政化，而需引入自治的职业性评价机制和委员会制度……只有依据目标系统的特定沟通媒介设置反向结构，提升系统的自我反思能力，各种全球社会宪法片段才能有效发挥限制性功能。正如托依布纳所说："以火攻火；以权抗权；以法制法；以钱御钱①。"

　　总而言之，根本上由于超国家社会体制并不使用政治系统的权力媒介，而是借助其他功能系统的媒介进行沟通，它们的宪法无论在组织规范和基本权利方面，还是在执行构成性功能和限制性功能的手段方面，都与民族国家的政治宪法差异巨大。作为目标功能系统和法律系统双重反思性的产物，全球的社会宪法是且应当是诸多独立的宪法片段。

第四节　全球的宪法碰撞与"新冲突法"

　　全球社会宪法的片段化发展，直接造成了相互之间的剧烈碰撞。基于经验的观察，托依布纳概括了"超国家体制之间的宪法冲突"的四种典型情况②：一是同类案件中，多个超国家体制的规范相互冲突，比如国际人权法与国际人道主义战争法的冲突；二是一种体制下的法院，遭遇是否适用另一种体制下的规范的问题，比如世界贸易组织的专家组面对国际环境法的规范；三是同一法律问题被提交不同的仲裁制度，比如分别提交世界贸易组织和国际海洋法法庭（ITLOS）的

---

　　① Gunther Teubner, *Constitutional Fragments: Societal Constitutionalism in Globalization*, Oxford University Press, 2011, p. 88.

　　② 参见 Gunther Teubner, *Constitutional Fragments: Societal Constitutionalism in Globalization*, Oxford University Press, 2011, pp. 150-151。

智利"箭鱼案";① 四是不同国际仲裁庭以不同方式解释同一法律规范，比如在非国家行动者的行为何时必须归责于国家问题上，海牙国际法院(ICJ)和前南斯拉夫国际问题仲裁法庭(ICTY)的争议。

　　四种情况都不是简单的政策争议或者规范分歧，而是涉及全球宪法诸片段的相互碰撞，进而涉及从宪法角度再生产的世界社会诸子系统的理性冲突、超国家社会领域的"诸神之争"。没有一个占据全球中心地位或者最高等级的权威有能力化解这种碰撞：裁判经济宪法、政治宪法与社会宪法之间争议的全球法院，以及平衡各功能领域发展态势的统一的全球政治宪法，早已从经验上被证明为妄想；"经济学帝国主义"(economic imperialism)的野心，特别是以"全球资本市场"协调世界社会各子领域的企图，也在近年来的全球金融危机中遭受挫败；更不用说，确立任何一种全球宪法秩序作为最高原则，都将摧毁其他社会宪法的同一性以及相应社会系统的自治属性，进而摧毁世界社会的功能分化本身。

　　问题的死结，就在于找不到客观、中立的立足点，以处理平等的全球体制和全球宪法冲突。然而一方面，全球体制冲突仍然可以通过谈判寻求和解，相应地，全球宪法可以致力于供给谈判的正当程序和保障谈判各方的平等地位。这种方式有利于达成共识和获得执行，但在特定的历史阶段，有些"霸权体制"如世界贸易组织可能不愿屈尊

---

　　① 为了保护太平洋西南海域日渐枯竭的箭鱼资源，智利政府于1991年颁布了限制箭鱼捕捞和禁止非法捕捞船只转运或停靠的国内法，造成得到欧共体补贴的西班牙船只燃料和供给补充成本的大幅度增加。2000年4月，欧共体首先向WTO提起诉讼，称智利违反了《关税及贸易总协定》(GATT)关于过境自由和进口限制的规定；同年12月，智利也向ITLOS提起诉讼，称欧共体违反《联合国海洋法公约》(UNCLOS)关于公海迁徙鱼类种类的规定；由此引发管辖权限争议。参见唐旗：《从箭鱼争端看"贸易与环境"之争新动向》，《武汉大学学报》(哲学社会科学版)2007年第1期，第57—63页；刘丹：《海洋生物资源国际争端研究》，《河北法学》2011年第8期，第80页。

坐上谈判席，其他"弱势体制"又相对缺少谈判实力。另一方面，国际私法也带来了诸多启示。传统国际私法主要面向不同国家法律秩序之间的冲突，这类冲突与不同全球宪法片段之间的冲突一样，都是一种"非等级式的冲突"。如果说前一问题最终在发生法律冲突的民族国家之内得到解决，那么后一问题同样可以在相互冲突的全球体制之内得到解决。这就需要发展一套全球社会宪法间的"新冲突法"。不过，基于调整对象的差异，尤其是考虑到待解决的冲突发生在垂直于国家法律秩序运转的超国家体制之间，新冲突法应对传统国际私法的某些关键环节加以修正。①

首先，在管辖权的选择和准据法的确认方面，鉴于核心问题不再关乎系争法律关系的本座所在何地，而是涉及法律关系的主要范畴与哪个功能系统联系更为紧密，有必要以"功能体制从属性"替代传统国际私法上的"属地主义"。功能分化在世界范围内不断展开、深入的现实，决定了新冲突法的首要原则：系争法律关系的主要范畴存在于哪种全球体制之内，就应由哪种体制的裁判机构予以管辖，或者运用哪种体制的特有规则进行处理。此为修正方案的第一步。

修正方案的第二步，是排除传统国际私法引致规范的简单适用。众所周知，在不涉及公共秩序保留问题的情况下，传统国际私法采用引致技术，实质上将整个争议交给一种或者另一种国家法律秩序处理。按照社会系统理论的分析，这种安排的正当性基础不在于国际礼让，而在于民族国家的法律作为一种总体性秩序，全面执行着稳定社会生活各领域规范性预期的功能，故其有效原则、规范、政策之间或多或少存在内部平衡。与民族国家的法律不同，各种全球法律都唯我

---

① 参见 Gunther Teubner, *Constitutional Fragments: Societal Constitutionalism in Globalization*, Oxford University Press, 2011, pp. 152-158。

独尊，完全依附于单一功能体制的固有逻辑，缺乏兼顾全球公共利益的内在动力。是故由任何一方全权处理全球层面的体制间冲突，都难免放纵片面的理性标准，助长世界社会的离心倾向。

因此，在排除程序性的引致规范之后，修正方案的第三步，是以面向超国家公共秩序的实体规范取而代之。与传统国际私法上的国内公共秩序不同，超国家公共秩序不是基于政治性的全社会整合和阶层利益协调需要，而是基于相互冲突的功能体制的系统际整合要求；超国家公共秩序保障的不是执政者从稳定的政权中得到的统治利益，而是全人类从"各行其道"的诸功能系统中获致的秩序和发展利益；超国家公共领域的核心内容不是外在的客观观察的产物，而是源于各种功能体制从自身主观视角出发，在相互的规范投射过程中形成的"重叠共识"。更重要的是，由于任何"重叠共识"的具体意义都并非客观确定，必须再度经由各功能体制分别加以主观阐释，因此诉诸超国家公共秩序意味着全球社会宪法自我反思属性的形成，以及自我限制功能的实现。这样一来，超国家公共秩序就作为新冲突法实体规范的基础，在整个新冲突法体系中占据了支配地位，不像传统国际私法上的公共秩序那样，仅仅在例外情况下发挥矫正作用。

第五节　附论：系统论宪法学的新进展

笔者翻译、纪海龙教授校对的《宪法的碎片：全球社会宪治》一书，2016 年在中央编译出版社出版。来不及充分吸收尼可拉斯·卢曼宪法理论的精义，贡塔·托依布纳的社会宪治学说又横空出世了。"自创生"系统论宪法学进展之快，令人目不暇接。

卢曼曾阐述"悖论"之于社会发展和法律发展的特殊重要性，他对现代宪法结构与功能的深刻洞察，同样可以凝练为三条充满悖论色彩的原理。第一，宪法以"结构耦合"方式联结政治与法律，导致两个系统既相互支撑又彼此分离。宪法将政治与法律从根基处耦合在一起，使政治决断能够借助法律系统获得"合法性"支撑，使法律决断能够借助政治系统获得"强制力"支持，相互掩饰"决断的恣意"；作为两个系统共有的结构，宪法在政治系统之中宣示支配整个权力体系的"最高主权"，在法律系统之中作为"最高制定法"统领整个法律体系，这种因所处脉络而异的宪法意义，意味着二者的彼此分离。第二，宪法构造政治权力，并通过限制权力释放权力，催生了"利维坦"式的现代民族国家。只有接受宪法上的诸多限制，权力的行使才具有合法性，这种观点仅仅看到了问题的一面。问题的另一面是，宪法垄断了权力的合法性证成，帮助政治系统吸纳弥散在社会之中的权力，以统一的政治权力取而代之；只要接受宪法上的限制，政治权力就可以打破传统的束缚，进入从未进入的地理空间和社会领域。第三，宪法通过凝结全社会的"共识"，确认了"差异"的根本地位，记录并巩固了现代社会的"功能分化"原则。现代人制定宪法，不是为了团结成均质的共同体，而是旨在分离为拥有自由发展空间的异质的个人；宪法限制政治权力并赋予公民基本权利，根本目的是维护经济、法律、科学、教育、传媒、艺术、宗教等社会系统独立于政治的自主性，保障诸功能系统能够充分涵括摆脱阶层身份的个人。凭这三条原理，卢曼超越了自由主义宪法观与共和主义宪法观之争，以及当前的规范宪法学与政治宪法学之争。

在《宪法的碎片：全球社会宪治》中，托依布纳娴熟地运用卢曼"自创生"社会系统论的基本原理，立足对国际国内宪治实践的细致梳理和深入观察，与包括卢曼在内的各派宪法理论展开批评性对话，在此基础上建构了一个见解独到的全新宪法学说体系。

　　首先，宪法不再仅仅被视为法律与政治的结构耦合，而是被一般化并明确为法律系统与其他社会系统基于"双重反思性"的结构耦合。在托依布纳看来，既然系统理论断言功能分化的现代社会"既无中心又无顶点"，政治不过是承担特定功能的各种社会系统之一，就没有理由认为只有政治与法律的结构耦合具有根本性的宪法意义；既然历史和现实均已表明，经济、科学、传媒、医疗等社会系统与政治一样，也由于封闭的"自创生"运作而倾向于不断扩张自身固有的系统理性，造成了侵犯其他社会系统自治性和人的身心完整性等严重后果，就没有理由认为只有政治领域的类似情况才构成宪法问题。托依布纳进一步认为，宪法也不应笼统地说成法律与其他社会系统的结构耦合，二者之间的结构耦合现象大量存在，只有"持久紧密"而非"暂时松散"的结构耦合才构成宪法。这种持久紧密的结构耦合，归根结底是"双重反思性"的联结，亦即法律系统的自我反思机制（次级规范之于初级规范）与社会系统的自我反思机制（权力分立之于权力运作、货币供给之于支付循环、认识论之于科学研究、公共舆论之于新闻报道、"希波克拉底誓言"之于医疗照护）的联结。

　　其次，在破除"政治宪法"神话，充分发掘民族国家"社会宪法"实践的基础上，托依布纳跳出国家中心主义和高度意识形态化的宪法学传统，重新书写了20世纪的宪治历史。他区分了多种宪治模式，竭力在不同的宪治模式之间保持价值中立；描述了一个因应环境变迁不断调整宪治模式的复杂的20世纪，而不是一个以宪治对抗专制或人治的简化的20世纪。在民族国家内部，滥觞于现代早期的"自由主义宪治"模式聚焦政治权力的控制，却拒绝市民社会的制度化，将之彻底交给私人自治，放纵了社会力量特别是经济力量日益加

剧的离心倾向；20 世纪 30 年代兴起的"极权主义宪治"模式试图在
维持诸社会领域分化的同时，使之受控于政治权力、服务于政治整
合，却采用了将社会系统改造成等级式正式组织的错误策略，并依靠
单一政党的力量推动这些正式组织的政治化，窒息了功能分化的潜在
动力；二战以降的"福利国家宪治"模式吸收自由主义宪治过度谦抑
和极权政治过度膨胀的双重教训，竭力在社会自治及其宪法限制之间
保持平衡，但主张将政治宪法的规范性要求特别是民主决策机制简单
移植到社会领域，不懂得驯服不同的社会动力需要不同的宪法组织法
和基本权利；"新自由主义"时期的"经济主义宪治"模式认识到独立
的经济宪法的必要性，向着政治宪法之外的多元宪治迈进了一步，但
又陷入了"无可忍受的狭隘的经济中心主义"，不仅对经济本身的扩
张主义视而不见，而且走上了向全社会强加经济宪法特别是市场机制
的歧路；晚近复兴的"新法团主义宪治"模式则要求政治宪法间接发
挥作用，保障自发形成的大型组织（法团）代表诸行业对内开展自我
规制，对外通过平等谈判相互达成利益协调，倘若进一步引入"多元
审议式参与民主"以合理化法团内部的宪法治理，同时将此模式扩展
到经济以外的各种社会领域，可能形成符合不同社会系统需要的"多
元社会宪治"。

　　再次，基本权利的社会效果和"基本"性质被重新阐述，一个系
统论视角的基本权利体系浮出水面。卢曼主要关注基本权利抵御政治
权力过度干预的"排除"效果，托依布纳却转而讨论基本权利保障公
民平等进入诸社会系统的"涵括"效果。他高度警惕诸社会系统"自
创生"造成的关门效应，实际上将这种关门效应视为现代性的最大危
机，认为它阻碍了各社会领域的平等有效参与，使千千万万人陷于悲
惨境遇。只有强化基本的"进入权"，那些游离于现代经济之外的贫

困人口、无法接受教育的未成年人、大众传媒时代的"失语者"、被现代科学边缘化的传统文化传承者、遭遇接入歧视和"数字鸿沟"的互联网用户、难以"接近司法"的纠纷当事人，才可能被现代社会的各项体制"再涵括"，真正分享现代性的红利。托依布纳进而澄清了基本权利的"基本"性质，将之界定为对抗系统性、体制性压迫力量的宪法权利；扩大了基本权利的保护范围，将其享有者从个人扩展为可能遭受强势社会系统侵犯的一切主体。在他看来，受"自私的基因"的驱动，"旁若无人"的强势社会系统既可能损害"具体的人"的身心完整性，也可能危及其他社会系统的制度自治，还可能破坏"经济人""法律人""科学家""艺术家""传媒人""信徒""运动员"等"抽象个体"的沟通自主，也就是诸系统运作参与者的沟通自主。相应地，基本权利可以根据主体的不同，清晰地建构为包含三种类型的体系，分别是"人权""制度的基本权利"和"抽象个体的基本权利"。这些基本权利的意义必然因系统而异，比如商业、教育、互联网、医疗领域是否存在歧视，只能依据不同的标准，亦即不同社会系统的功能做出判断。

复次，在全球化的背景下，宪法的限制功能再度受到重视，宪法对目标系统施加限制的方式得到了更加深入的讨论。为了戳破自由主义宪法观的"权力限制"意识形态，卢曼着重分析了宪法的构成功能，强调宪法通过稳定化现代政治的封闭运作，构造了人类历史上前所未有的强大政治权力。但当托依布纳将目光投向全球社会，对卢曼上述观点的再修正，就具有了十分现实的意义。经济、科学、传媒、医疗、体育、互联网等社会系统早已超越民族国家疆界，在全球层面完成了"自我奠基"和一体化。世界贸易组织（WTO）、国际劳工组织（ILO）、国际商会（ICC）、互联网名称与数字地址分配机构（ICANN）、商人法(lex mercatoria)以及其他超国家社会体制的基础规范，也已经实现了社会宪法的构成功能。当代全球社会的宪法问题，主要不在于诸社会系统独立性和自治性的匮乏，反而在于它们各自内在的"加速增长螺旋"带来了严重的扩张主义倾向，造成了负外部性的剧烈释放。更严峻的现实是，政治全球化的进程显然滞后于其他社会系统的全球化进程，"世界国家""全球公共领域""国际共同体"都不过是乌托邦，明争暗斗的国际政治远远不足以支撑起一部统一的全球宪法，对各种全球性的离心力量施加政治整合。全球经济的负外部性（金融危机），全球科学的负外部性（基因研究带来的伦理挑战），全球医疗的负外部性（过度治疗），全球互联网的负外部性（信息收集对隐私的侵犯），都必须依靠它们自己的社会宪法加以限制。这种由特定社会宪法对特定社会系统施加的限制，主要是通过强化系统内部的"中心—边缘"再分化，使系统的边缘部分对中心部分施加反向控制，以促进其自我合理化。较之以其组织法规范直接调整目标系统"职业化—组织化中心"（公司、法院、互联网媒体、医疗组织、大学）的行为，全球社会宪治更加重视通过保障因系统而异的基本权利，提升目标系统"业余—自发边缘"（消费者、当事人、网络公众、患者、学生）的反思能力。

最后，托依布纳清醒地看到，相比民族国家内部的情况，全球层面的体制冲突和宪法冲突明显更加严重，只能另辟解决路径。在政治的协调作用下，在长期的磨合过程中，民族国家的多元体制和多元宪法或多或少保持了内部平衡，形成了某种总体秩序；全球宪法却完全依附于单一功能体制的固有逻辑，它们既是唯我主义的，又是霸权主义的，相互之间毫无从总体上得到协调的可能。经过改造的"新法团主义"多元宪治模式可能适合民族国家，但也无法照搬到全球社会，因为全球社会缺乏足够的政治力量和统一的政治宪法，不仅无力从外部规范全球体制的内部治理，而且无力为全球法团之间的平等谈判创造条件和制定规则。由某一种特定的全球社会宪法"全权"处理全球体制冲突同样不可行，无论是国际人权法与国际人道主义战争法的冲突，世界贸易组织对国际海洋法的漠视，还是法庭海牙国际法院与前南斯拉夫国际问题仲裁法庭的争议，背后都是不同系统理性的根本性对峙或者说"诸神之争"，因此这种方案只会放纵片面的系统理性标准，助长世界社会的离心倾向。只有一种"新冲突法"路径可以奏效，即依据系争法律关系的"主要范畴"所关联的功能系统确定"管辖权"和"准据法"，同时引入"超国家公共秩序"作为"新冲突法"的基础性实体规范，它们是各种全球体制在相互的规范投射过程中形成的"重叠共识"。

总体而言，托依布纳《宪法的碎片：全球社会宪治》极富创造力，全面超越了国家中心主义的政治宪法观，首次阐述了全球多元主义的社会宪治学说，从系统论视角对宪法和基本权利问题做出了全新理解。但对于我国日益壮大的系统论法学研究群体而言，这本书更重要的意义，还在于树起了系统论法学的新的里程碑。托依布纳将卢曼视为学术上的"父亲"，这位"父亲"曾明确地告诉他，"区分"是社会演化的根本动力，也是理论推进的根本动力，鼓励他"背叛"自己。然而，1998 年去世的卢曼既是"自创生"社会系统理论的开山师祖，又是亲自将这一宏大理论全面运用于法学领域的一代宗师。长期以来，托依布纳作为系统论法学的"二号人物"，更像是卢曼的忠实追随者、热心传播者和权威诠释者。尽管在其前期代表作《法律：一个自创生系统》中，托依布纳改造了卢曼"要么自创生，要么不自创生"的法律系统理论，试图使之容纳"半自创生"的过渡状态，在历时层面更好地描述法律演化，在共时层面更好地描述当代世界自治法（国家法）与半自治法（非国家法）的并存，但这种"超循环理论"人为提高了系统理论的艰涩度、降低了系统理论的抽象度，很难说得上完全成功。尽管自上个世纪末以来，托依布纳运用系统理论原理，论述了"全球新商人法"的兴起，揭示了"互联网基本权利"的存在，解释了英国合同法移植欧陆"诚信条款"的意外后果，但这些令人大开眼界的前沿成果，也仅仅说明托依布纳目睹了卢曼来不及观察的世界。尽管在《"全球的布科维纳"：世界社会的法律多元主义》《组织—冲突：在全球法的片段化中对法律统一性的徒劳追求》《社会宪治：超越国家中心模式宪法理论的选择》《匿名的魔阵：跨国活动中"私人"对人权的侵犯》等晚近作品中，托依布纳展现了与卢曼十分不同的"法律"观特别是"软法"观，表达了对诸社会系统负外部性膨胀和系统际加剧冲突的特殊重视，甚至已经初步提出"社会宪治"的新概念，但所有这一切，仍然只是零散地修正着卢曼庞大的系统论法学体系。只有《宪法的碎片：全球社会宪治》清楚地表明，至少在系统论宪法学这个关键研究领域，托依布纳取得了堪与卢曼比肩的理论突破。

下　篇

観察法治中国的新工具

引 言

对于近十年的中国法治来说，最富影响力的因素可以概括为两个方面。一是全面推进依法治国背景下"法制深改"的启动，包括但不限于新一轮的司法体制改革；二是第三次科技革命背景下"信息社会"的崛起，包括但不限于新兴的"互联网社会"和"网络公共领域"。十年来，我一直运用系统论法学的全新理论工具，从这两个方面的现象出发，观察当代中国法治的发展，在此基础上提出自己的建议。本篇反映了其中一些成果。

第一章的内容主要来自《走向"社会司法化"——一个自创生系统论的视角》（《华东政法大学学报》2012 年第 3 期）。新一轮司法体制改革之前，一些学者受西方 ADR 研究的影响，将当时司法实践中出现的种种问题，归咎于"专业化""组织化""程序化""独立化"的发展，认为多元纠纷解决机制应当成为未来方向。此种观点若不加以严格限定，可能蜕变为"去司法化"和"司法社会化"的主张。有鉴于此，我从"自创生"系统论视角出发，澄清了现代法"稳定规范性预期"的社会功能，论证了占据法律系统中心地位的现代司法之于此项功能的决定性意义，及其相对于其他纠纷解决机制的决定性优势，进而针锋相对地提出一种"大司法"概念，倡导走向"社会的司法化"和全方位的"司法治理"。

第二章的内容主要来自《以社会治理创新迎接法制改革转型》（《法学》2014 年第 9 期）。2011 年，十一届全国人大第四次会议宣告

"中国特色社会主义法律体系已经形成",中国法治建设顺利完成了"基本法律创制"的阶段性任务。此后,中国法制改革进入了转型期,改革重心向法律实施转移、改革深度向政法领导体制拓展、改革广度向社会各领域扩张。依托 2008 年以后迅速崛起的网络公共领域,民间社会为法制改革转型提供了充沛动力。但与此同时,"两个舆论场"的对立也持续加剧,其实质是二者围绕法制改革主导权的激烈竞争。如何看待这一现象,应对这一问题?从"自创生"系统论的视角看,在改革开放的宏观背景和"Web 2.0 革命"的时代潮流下,国家与社会权力再分配的历史进程有其必然性。鉴于信息技术的进步,开启了公共自主扩大化的趋势,使"无声的大众"获得了公开表达的平台,形成了"无组织的组织力量",国家与社会的权力碰撞无可避免。如果说中国经济改革的实质,是经济系统公/私权力的再分配,应当借助所有权、契约自由、公平竞争等法律设置加以保障;那么民间社会主导法制改革的诉求,也可以视为旨在开启法律系统公/私权力的再分配,应当借助言论、出版自由以及批评、建议、监督权加以保障。结合 2013 年党的十八届三中全会决定,我认为只有在坚持党的领导的前提下,通过"社会治理创新",不断扩大社会参与的空间、开辟"公私合作"的道路,才能更好地迎接法制改革转型。

第三章的内容主要来自《策略型网络法律舆论:方式、影响及超越》(《法商研究》2016 年第 5 期)。2014 年正式启动的法制"深改",从"摸着石头过河"转向"顶层设计"模式。党中央不仅通过十八届四中全会决定勾勒了全面依法治国的总体框架,而且成立"深改组"持续出台指导意见、实施方案和试点安排,以顶层设计方式牢牢掌握了法制"深改"主导权,发出了保持战略定力的明确信号。这种改革模式的变化,带来了网络公众参与热情与言说空间的内在张力,从根本上决定了网络法律舆论的复杂态势。然而，既有研究自限于"对立/融合"的二元图式，只观察到两个舆论场"从对立走向融合"的表象。从"自创生"社会系统论的视角看，两个舆论场确实在语词层面发生融合、形成"话语共识"，亦即共同使用顶层设计的论证资源和修辞方式；但在运作层面，民间网络舆论超越具体法律事件，试图通过非对抗性但高度选择性的理解、解释和回应，促使决策者调整其经由主流舆论正式发布和权威论证的顶层设计。具体说来，网络法律舆论通过进度压缩、目标扩展、议题重置、理念更新四种方式，从时间、事物、社会、价值四个维度，策略性地重构法制改革的顶层设计。这种"策略重构型"网络法律舆论使民间社会得以充分利用言说空间，隐蔽调整顶层设计的效力范围和效力位阶，但可能造成官民各自放大成功预期、忽略潜在分歧，增加预期失落时的对立风险，应当给予高度重视。关键在于认识到，以顶层设计模式深化法制改革，绝不意味着只容许相对有限的公共意见；顶层设计模式要扬长避短、发挥优势，反而更应保持话语的开放性、文本的可讨论性、过程的可观察性、效果的可检验性，进一步扩大公众参与。

　　第四章的内容主要来自《中国网络公共领域：功能、异化与规制》（《现代法学》2014年第4期）。经过对中国网络法律舆论的实证观察，及其与法制改革和法治发展关系的深入分析，我越来越发现西方主流理论局限于公共领域的政治属性，不适合描述以 Web 2.0 互联网为主要媒介的当代中国公共领域。从"自创生"系统论法学的视角看，中国网络公共领域的运作超出了政治范畴，冲击着社会各领域的既有规则和秩序，尽管无法弥合立场分歧、凝聚理性共识，但承担着促进诸社会子系统自我反思的功能，全面推动了社会结构的转型升级。网络公共领域的异化现象，也并非源于外部权力的干预，而是源于网络企业主导的架构设计，后者塑造了网络公众的行为模式。当时我国的网络规制模式聚焦行为而非架构，忽视线上/线下空间的高度分化，面临合理性和合法性双重困境。有鉴于此，我提出探索"公私合作"的新型规制模式，避免侵犯公众在 Web 2.0 环境下实际行使的基本权利。

　　第五章的内容主要来自《信息社会中的技术反噬效应及其法治挑战——基于四起网络舆情事件的观察》(《环球法律评论》2019 年第 3 期)。众所周知，信息技术推动了种种法律变迁。然而，科学技术总是促进社会发展，迫使法律与时俱进地做出应对。信息技术有何不同？它对现代法治的根本挑战又是什么？不少学者都尝试回答这个问题，但在众多答案之中，系统论法学的答案可能最具洞察力。从"自创生"系统论的视角看，较之其他科学技术，信息技术的独特之处，在于塑造了一个全新的社会系统——信息社会，而滥用信息技术可能导致信息社会本身的结构异化，形成"技术反噬效应"。我用对四起网络舆情事件的观察表明，在信息过剩的背景下，被滥用的信息技术异化了信息优化、信息监控、信息传播、信息交互的社会结构，其后果是选择性信息的不当呈现，由此产生"逆向淘汰""全景敞视""加剧排除""异议阻却"等技术反噬效应。这不仅造成了侵害公民权利的严重社会风险，而且暴露出在信息社会中坚守现代法治原则可能遭遇的特殊困境，包括治理权力的再分散化困境、政府规制的动机匮乏困境，以及干预决策的合理性和正当化困境。我特别提出，只有超越形式法和实质法，依靠"反身法"实施间接政府干预，刺激信息社会建立自我反思机制，才能有效解决这些法治困境。

　　本篇之后还有一则"代结语"，系由《功能分化与风险时代的来临》(《文化纵横》2012 年第 5 期)修改而来。这篇小文写于十年之前，且并不严谨，但在我看来，不仅比较抽象地勾勒了中国法治的当下处境，而且比较"意象"地提示了法治中国的未来课题。

第一章
走向"社会的司法化"

近年来，随着我国法治进程的逐步展开和公众法律意识的不断提高，司法裁判日益成为广受关注的焦点。在传媒和网络的放大效应作用下，"司法腐败""枉法裁判"和"涉诉信访"等问题不断引发公共讨论，专业化司法运作与公共意见的不协调，也时常招致舆论批评，导致司法权威受到一定程度的减损。有研究者将问题症结归咎于司法"专业化""组织化""程序化""独立化"的发展，指责司法改革"西化"甚至"右倾"的错误思路，并针锋相对地倡导各种非正式纠纷解决机制；在实务领域，各地法院群起"构建'大调解'格局"的现象，似乎也是基于此种判断。应当认为，多元解纷机制的设想体现了"司法为民"的社会主义法治理念，但若不加以严格界定，可能蜕变为"去司法化"和"司法社会化"的主张，反而不利于法律功能的实现、人际纠纷的解决和社会治理的开展。有鉴于此，本章试图运用"自创生"社会系统理论，首先重新界定现代法的功能，然后指出现代司法对于实现此项功能的决定性意义，以及相对于非正式解纷机制的决定性优势，最后提出一种全新的"大司法"概念，以及走向"社会的司法化"和全方位的"司法治理"的构想。

第一节　现代法功能再辨析

倡导多元解纷机制的学说认为，以"四化"为基本特征的现代司法"进程拖沓""成本高昂""形式僵化"，导致了"实质正义缺失"和"诉讼泛滥"等问题。[①] 此类问题可否归因于现代司法本身，非正式解纷机制又能否加以有效解决，实属经验和实践范畴，难有定论；但将司法与非正式解纷机制，进而消解其核心地位的倾向是否合理，则应予以理论审视。[②]

鉴于司法子系统以执行法律系统的功能为己任，明确法的功能应是理论审视的起点，否则无以判断现代司法是否"失职"，可否"撤销"其核心地位。现有法理学教科书已经列出了众多"法的功能"，从行为引导、行为预测、行为控制、行为矫正、纠纷解决直到促进政治文明、精神文明建设，不一而足。[③] 但从"自创生"系统论的视角看，上述功能有些并非专属于法律，有些超出了法的实际能力，且没有一项能够全面、准确地把握现代法的特殊性。首先，法只是"引导"动机的众多因素之一，经济系统的货币、政治系统的权力、宗教系统的教义以及伦理道德，都能够对为或不为一定行为起到引导作用；法也绝无保障自身被遵守的能力，凯尔森对"效力"与"实效"

---

① 参见范愉、李浩：《纠纷解决——理论、制度与技能》，清华大学出版社 2010 年版，第 36—37 页。

② 也有学者强调了司法在多元纠纷解决机制中的核心地位，参见赵旭东：《纠纷与纠纷解决原论——从成因到理念的深度分析》，北京大学出版社 2009 年版，第 155—175 页。

③ 参见沈宗灵主编：《法理学》，北京大学出版社 2009 年版，第 74—77 页；张文显主编：《法理学》，高等教育出版社、北京大学出版社 2007 年版，第 82—88 页；葛洪义主编：《法理学》，中国政法大学出版社 2008 年版，第 76—89 页。前两种教科书混用"功能"和"作用"二词，后一种则从"应然"和"实然"角度进行区分。

的区分对此已做清晰说明。① 其次，法只是"预测"他人行为的依据之一，且从未承诺预测的可靠性。与其他依据如"习惯"相比，法律时常面向"出人意料"的事情。恰恰因为人们并不"自然而然"或者"习以为常"地如此行事，才需要法律做出相应规定。第三，某些法规范确实通过实施惩戒的威胁，"控制"可能的行为方式，但现代法之于传统法的明显区别，正是诺内特、塞尔兹尼克所谓"自治"与"压制"的类型差异，以及哈特所谓"强制性规范"与"授权性规范"的比例差异。② 第四，某些法规范主观上试图"矫正"违法行为，但客观上没有任何法律秩序圆满完成了这项任务；大量新型法律甚至允许行动者从"成本—收益"角度做出是否守法的决定。③ 第五，纠纷的产生存在各种原因，绝大部分并非法律能够"解决"，否则也就无需政治进行集体决策、经济更新资源分配、教育开展社会化培训；马克思早已阐明、批判法学运动也再度揭示的事实则是，社会矛盾不仅并非法律可以化解，反倒常是法律的产品；法学家们还懂得，法律"建构"了冲突的类型，回避了"日常冲突的深层结构、冲突动机以及关于谁先进行争执等问题"。

　　与既有的观点不同，德国社会学家卢曼的"自创生"系统论认为，现代法的唯一功能在于"稳定规范性预期"。④ 以下从三个方面

---

① 〔奥〕凯尔森：《法与国家的一般理论》，沈宗灵译，中国大百科全书出版社1996年版，第42页。

② 参见〔英〕哈特：《法律的概念》，张文显等译，中国大百科全书出版社1996年版，第92—100页。

③ 典型如环保法对"排污权"的规定，参见卞化蝶、李希昆：《〈环境保护法〉的修改——从排污权初始分配和区域环境管理角度来辨析》，《环境法治与建设和谐社会——2007年全国环境资源法学研讨会(年会)论文集》(第2册)。

④ 参见〔德〕尼可拉斯·鲁曼：《社会中的法》，李君韬译，五南图书出版股份有限公司2009年版，第152—193页。

对此做进一步的合理性分析。

第一，系统论的法律功能学说有效地区分法与其他社会规范，突出了法在现代社会中的"不可替代性"。人际间"行为预期"的相对稳定，是任何社会必不可少的持存条件。在原始的"分割"社会中，由于互动主要发生于血缘亲近的熟人之间，"共同在场"决定了行为模式的单一性，共享的经验又凝聚出变动缓慢的"习惯"，故此方较易预期彼方的行为；在传统的"分层"社会中，地方性的习惯虽已退居次席，但高等阶层的宗教和道德规范维系着社会的统一，确保了阶层内部平等和阶层间尊卑有序，人们得以依据彼此"身份"较为准确地做出行为预期。然而在现代功能分化社会，经济、政治、科学、教育各系统的运作差异不断扩大加深，经验和行动的"偶连性"都呈现出爆炸式增长，"可预期性"遭到了严重破坏；在稳定预期愈发困难的同时，血缘和阶层却不再主导社会结构，习惯、道德、宗教也无法整合社会观念，现代法对于此项需求就具有了特殊的意义。①

第二，系统论的法律功能学说彰显了法律在不同类型社会中的差异，把握了现代法的"现代性"。有别于"行为预测"说，卢曼根据"预期"落空后人们的不同反应进一步做出区分——如果采取"学习"态度，调整并形成新的预期，即为"认知性预期"；如果"不顾事实"地坚持预期，拒绝"学习"和调整，则为"规范性预期"。② 前者较为接近"预测"的含义，后者则毋宁说是"倔强的期待"。现代法的"现代性"就在于，稳定"规范性预期"才是其特有的功能，因为原始法与血缘族群的事实性暴力紧密联系，传统法也在很大程度上受制于阶

---

① 参见 Niklas Luhmann, *A Sociological Theory of Law*, Elizabeth King, Martin Albrow (trans.), Routledge, 2014, pp. 167-174.

② 参见胡水君：《法律的政治分析》，北京大学出版社 2005 年版，第 203—204 页。

层的事实性影响力，只有现代法摆脱了社会情势的束缚，具备彻底的"规范性"。申言之，前两种法律需要不断被"学习"：比如在原始的"血亲复仇"制度下，族群的复仇"实力"决定了何为法律；又如在中世纪英国的"雪冤宣誓"制度下，法律评价也取决于是否拥有找齐"宣誓辅助人"所需的社会资源。然而，除非出现"革命"的情形，事实上的违法行为绝不会导致现代法本身"无效"，比如甲方如果出乎预料地不履行合同，乙方完全不必"吸取教训"，下一次遇到类似情况，仍然可以依法做出相同的预期。

第三，系统论的法律功能学说避免混淆"法的功能"和"法的效果"，降低了不切实际的要求。效果只是功能的副产品，二者之间有相当明显的差异：一方面，法的功能是必然的，刑法、民法、商法、行政法、诉讼法都是人们维持"倔强的期待"之依据，但法的效果具有或然性，比如纠纷能否通过法律获得彻底解决，所解决的是否仍属日常意义上的纠纷，都难以预先确定；另一方面，法律系统的功能是唯一的，无法像政治系统那样"做出约束集体的决定"，无法像经济系统那样"减少稀缺性"，也无法像科学系统那样"制造出真理"，但法的效果多种多样，既包括"行为引导""行为预测"，也可以包括"教育民众""保障自由"乃至"帮助律师谋得生计"。现代司法必须执行的功能也只有一项，即稳定规范性预期。

第二节　现代司法之于法律功能的决定意义

系统论的法律功能学说可能造成一种印象，似乎现代法的任务太过"轻巧"：只需承诺自身不因被违犯而失去效力，然后听任人们加以参酌并形成预期，就可以了。这样的表面印象并不可靠，实际上，现代法是社会长期演化的非凡成就，其功能发挥在现代社会中极其重要。首先，正如对两种预期类型的比较所表明的，规范性预期的稳定化，意味着法律脱离了社会情势的控制，能够确保弱者在法律场域不必顾忌强者的社会资源优势，这有效地防止了功能分化的现代社会被重新"阶层化"；其次，虽然基于现代法的预期经不起事后检验，但却无需人们"吃一堑，长一智"，因此长期有效且不依赖于特定情境，特别适应变迁迅速、高度复杂、繁荣发达的现代社会；最后，在由"陌生人"组成的现代世界，共享的习俗、道德和宗教价值不复存在，社会生活的方方面面、直接间接涉及他人的所有行动，都或明或暗地仰赖现代法对规范性预期的稳定，凡在法律存有漏洞之处，"陌生人"就没有合理理由期待对方的特定行动，社会沟通就将由于涂尔干所谓的"失范"现象而陷入停滞。①

对于现代法责任之重大，韦伯也曾做出经典的论述，尤其强调现代社会需要天衣无缝的法体系。② 他的观点与"自创生"系统理论的相同之处，在于都表明法在现代社会中没有可供选择的功能替代项，因此必须将所有社会关系涵括进来。韦伯必须面对的质疑是：不论过去、现在还是未来，现代法如何能够做到天衣无缝呢？

今天的法学家都已懂得，希望并不在立法层面。西方古典自然法学派曾经认为，"自然"或者"上帝"预先给定了正当法律的内容，调整社会生活所需的一切法律规范，都可以经由理性得到"发现"。18、19 世纪，作为自然法学说的最后一次大规模实践，欧洲大陆开展了"法典化"运动；以布莱克斯通《英国法释义》的诞生为

---

① 〔法〕涂尔干：《社会分工论》，渠东译，生活·读书·新知三联书店 2005 年版，第 328 页。

② 参见〔德〕韦伯：《法律社会学》，康乐、简惠美译，广西师范大学出版社 2005 年版，第 29 页。

标志，英国也开启了普通法的体系化。但这场实践不仅并未将"自然法"一劳永逸地成文化，反而造成法律脱离自然的渊源全面实证化。现代社会拉开大幕，不断制造出新的行动可能性与复杂性，孕育出"未来"必然无法由"当下"掌控的"发展"观，足以固定住一切时空关系的不动"基点"消失了；在此背景下，法律实证主义、历史法学、现实主义法学、社会法学等继起的现代法律思潮，都敏锐地将现代法的可变性与不确定性提升到更为重要的位置；最终，全世界在20世纪初迎来了社会立法的浪潮，立法"永不完善"的观念也成为法学家的共识。

然而，如果立法并不能真正构造出一个天衣无缝的法律体系，是什么仍然维持住"法网恢恢，疏而不漏"的幻象，进而支撑着现代法"稳定规范性预期"的功能呢？是什么让普通人察觉不到法的漏洞，仍然由于对"法律总是提供保护"的笼统信任，而敢与陌生人不断发展全新的社会关系呢？答案就在"现代司法"那里。

众所周知，传统社会往往划定可诉诸裁判的纠纷范围，譬如古代罗马法和19世纪中叶以前的普通法就规定，符合诉讼程式和令状要求的纠纷才能获得听讼。但自《法国民法典》以降，不能以"法律缺漏"为由拒绝裁判，却逐渐成为各国司法实践的通例。20世纪，立法的不完善得到承认，新的立法、修法活动不断展开，但"禁止拒绝审判"的原则始终有效存在着。这种现象导致了严重的理论解释难题：只要不像法律现实主义者那样简单地承认法官造法，实质上放弃依法裁判的宣称，"立法不足"和"司法全能"的碰撞就必然产生悖论。现代欧陆法学的诸多重大发展，包括不再拘泥"立法者原意"的法律解释学，从封闭走向开放的法律教义学体系，以及专注于个案的法律论证理论，都是对此项悖论的隐藏或者转移。如果搁置"权力分立"学说造成的认知障碍，从时间视角将先例与立法抽象为同质的"既有法律决定"，还会看到普通法的现代司法技术致力于解决同样问题："判决理由"与"附带意见"的区分、规避先例的"区别"技术、"漠视"乃至推翻先例的技术，都旨在克服"遵循先例"原则的副作用，协助法官在先例匮乏的情况下依法作出裁判。这些全新的知识和技术掩盖了一个真相：规范性预期在现代社会中的稳定化，归根结底并非由于立法的全面性，而是基于司法裁判一切纠纷的可能性。[①]

　　从"规范性预期冲突"的角度，也可以理解现代司法之于法律功能的决定性意义。发生在"规范性预期"之间的冲突可以分为两种。一方面，人们并不仅仅依据法律而抱持"倔强的期待"，比如在电影《秋菊打官司》中，尽管村长没有认错，但秋菊仍然认为村长应该认错。这一道德维度的规范性预期驱使秋菊寻求救济，却与法律维度的规范性预期（被告应该是"不作为"的公安局长、村长应该被行政拘留15日）出现了冲突。电影的最终结局，是法律没有满足秋菊"讨个说法"的道德诉求，但更可以解读为现代法律"稳定"了以它为依据的规范性预期，道德却无能为力。在这种情况下，预先制定的立法选择了所要保障的特定规范性预期，解决了它们之间的"冲突"。另一方面，在以法律为依据的规范性预期之间，同样可能存在冲突，比如商家认为合同条款有效，消费者却认为是"霸王条款"，是无效的；女方声称婚姻存续期间未过户的房产赠与有效，男方却声称该赠与"可撤销"；被告主张"混杂纽扣"不是犯罪，检方却主张课以"故意

____

　　① 参见〔德〕尼可拉斯·卢曼：《法院在法律系统中的地位》，陆宇峰译，《清华法治论衡》2009年总第12辑，第130—139页。

毁坏财物罪"①……英美法理学常在疑难案件的范畴之下讨论类似问题,似乎这些情况是不常见的、例外的,依靠立法的完善就可以解决。实际上,纠纷双方都依据法律坚持自己的规范性预期,都倔强地期待法律给予自己正面的评价,恰恰是现代司法场域的典型场景,因为没有任何理性的人愿意付出时间、金钱、精神的成本,去参加一场必败的诉讼。换言之,大量以法律为依据的规范性预期冲突,都必须通过司法在两造之间做出的合法/非法判断及时加以稳定。

更进一步说,司法决定性地担负起现代法律的功能,乃是社会复杂性膨胀使然。由于现代社会变迁迅速,行动和关系的可能性不断扩展,基于过去经验的立法,无可避免地丧失了掌控未来的能力。既有的法律适用学说将司法视为从一般到特殊的思维活动,也就是直接关联抽象立法与具体个案的活动,卢埃林(Karl Llewellyn)等法律现实主义者则针锋相对地指出,人类思维并不能直接理解抽象规范,只能依据既有经验在具体的基础上加以把握。② 因此司法并非从一般到特殊的简单演绎,而是特殊———一般——再特殊化的复杂过程。正如卢曼所说,任何一条法律规范的含义,都必须先根据过去的典型案例加以"凝练",才能在当下案件中加以"确认";③ 考夫曼(Arthur Kaufmann)的研究也已表明,司法论证的精髓在于"相同案件相同处理、不同案件不同处理"的"类比",而非基于"大前提——小前提——

---

① 参见邓子滨:《就一起故意毁坏财物案向虚拟陪审团所作的辩护》,《刑事法前沿》2008 年第 4 辑,第 187—194 页。

② 参见 L. L. Fuller, "American Legal Realism", *University of Pennsylvania Law Review*, 1934(5), p. 445。

③ 参见〔德〕尼可拉斯·鲁曼:《社会中的法》,李君韬译,五南图书出版股份有限公司 2009 年版,第 248 页。

结论"的演绎。① 鉴于在变迁迅速的现代社会中，相同/不同的判断只能是人为建立"类比项"、裁减复杂万端的现实的结果，司法活动实际上意味着过去被用于典型案例的规范，其含义被不断延伸和扩大。然而，考虑到立法总是呈现为滞后的状态，恰是司法在个案中对立法内涵的不断转换，保障法律能够始终紧随现代社会的变迁脚步，满足现代社会对于稳定规范性预期的极高要求。

第三节　现代司法作为解纷机制的决定性优势

在澄清了现代法的功能只是稳定规范性预期，阐明了司法之于实现此项功能的决定性意义之后，司法不可撤销的核心地位实际上已经得到了说明。然而，如果我们不满足于单纯的法学家姿态，不满足于仅仅为实现法的功能做出努力，而是将目光投向社会学的纠纷解决问题，也即投向一个仅具或然性的法律效果问题，则对现代司法与非正式解纷机制做一比较研究也属必要。比较项不可能是"纠纷解决的彻底性"，因为程度差异无法科学地界定，也没有任何单一的机制能够达到这样的理想目标。可以从"纠纷处理者"和"纠纷利害关系人"两个角度建立比较项，一为做成解纷决定的能力，二为解纷决定的可接受性。

就做成解纷决定的能力而言，司法达到了非正式机制无法企及的高度。毕竟，在稳定规范性预期的系统功能迫令之下，司法必须能够对一切纠纷做出决定。此处需要进一步提及缓解司法决定压力的三项

---

① 参见〔德〕考夫曼：《类推与"事物本质"——兼论类型理论》，吴从周译，学林文化事业有限公司 1999 年版。

制度设计，它们提升和保障了现代司法的决定能力。

首先，"既决案件不得再起诉"原则的存在，为法官免除了无穷无尽的论证压力。① 比克尔(Alexander Bickel)曾经惊叹，现代社会没有任何公职人员像法官那样，可以背着"反民主"的"罪名"维持既有决定的有效性。② 尤其在疑难案件的场合，也就是法律的"稳定规范性预期"功能即将丧失的那一刻，"既决案件不得再起诉"原则果断地阻止了关于何种规范更具适当性的论证。质疑生效判决合理性的各种说辞，都无法实际分派合法/非法的价值，因而只是单纯的伦理争论、学术讨论、新闻报道，也即被排除到道德、科学、大众传媒等其他系统中。更重要的是，即便出于对疑难案件处置结果的不满，立法机构改变了曾被法官援引的规范，也并不意味着生效判决出现了应当纠正的错误。只要不发生"革命"或者社会体制的重大变革，大规模"平反冤假错案"的情况就不可能出现，"既判力"就将继续得到维持，而且仅仅需要借助"法不溯及既往"原则作为补充。

其次，各种现代司法程序的设计，使法官能够回避艰难的实质性决定。(1)在现代的对抗制诉讼之下，作为事实判断者的法官能够采取不关心"真相"的被动姿态，将"真相"交由绝无合作可能的当事各方及其律师进行建构。③ 对抗制诉讼明显减轻了法官对案件事实加以实质性决定的负担，只要引导交叉询问等程序的行为不存在瑕疵，即便嗣后揭露出事实认定的客观错误，也不必为此负责。(2)围绕对抗制诉讼，现代诉讼法又形成了复杂精致的证据规则体系，目标同样

① 参见[德]尼可拉斯·卢曼：《法院在法律系统中的地位》，陆宇峰译，《清华法治论衡》2009年总第12辑，第137页。

② [美]比克尔：《最小危险部门——政治法庭上的最高法院》，姚中秋译，北京大学出版社2007年版，第20—21页。

③ [美]达玛斯卡：《漂移的证据法》，李学军等译，中国政法大学出版社2003年版，第102—173页。

指向案件事实的形式建构。证据排除规则限制了探求真相所必需的怀疑态度；对事关公共安全、国家机密、职业秘密的证据免于询问，则可能直接影响事实查明；对"举证责任"和"说服责任"进行的不平衡分配，迫使现代司法面向较难掌握证据和提供论证的一方探询事实；限制证据证明力的某些规则，也可能对查明案件事实形成障碍。总之，证据规则将"事实"仅仅与法律上"可采信"的证据关联，从而使法院回避了实质性事实认定。（3）现代司法程序还限制了特定类型纠纷的可诉性。比如在我国行政诉讼法上，由"内部行政行为""行政指导行为""教育管理机关的职权行为"引起的纠纷都尚未纳入受案范围；在美国联邦法院中，宪法争议如果"确属细枝末节""稀松平常""完全没有价值"，或者被认定为"政治问题"，也可以排除管辖。[①] 这些限制不是对"禁止拒绝裁判"原则的简单否弃，因为纠纷是否属于不具可诉性的范畴，仍然要由法官加以解释和决定；司法排除管辖的理由，也并非像中世纪普通法那样在于"令状"的阙如（"法律不明"），而是恰恰必须诉诸法律的明确规定。借助对可诉性的形式性决定，司法在不影响法律代码普遍化的同时，同样避免了对某些棘手问题的实质性处理。

最后，司法组织化与法律职业化的发展，能够帮助法官抵御裁判决风险。[②] "组织化"在很大程度上卸下了法官的个人责任。只要法官依法做出裁判，且没有徇私舞弊的行为，那么无论出现多么严重的不利后果、多么激烈的媒体批评，其职位、薪酬都不会有所损失。司法被构造为组织系统，意味着法官的裁判行为必须但也仅需符合法院

---

① 程洁：《从贝克诉卡尔案看美国政治问题的法治化》，《面向 21 世纪的司法制度》，知识产权出版社 2000 年版，第 315—323 页。

② 参见〔德〕尼可拉斯·卢曼：《法院在法律系统中的地位》，陆宇峰译，《清华法治论衡》2009 年总第 12 辑，第 128 页。

组织的内部规则，且只要达到如此低的要求，就将被视同于组织本身的行动。这样一来，组织就吸收和承担了法官裁判的风险。"职业化"同样具有对裁判风险的抵御效果。职业律师对诉讼的广泛介入，使纠纷的千头万绪在正式提交法院之前得到过滤，法官思维与当事人日常经验之间的距离，司法与社会生活之间的距离，在诉讼律师的辅助下拉近；在现代商业活动领域，职业法律顾问面向未来诉讼的可能性，设计避免诉讼的法律手段，以其"预防性实践"大大减轻了法院的裁判压力；各种非诉业务将情境多变、内容专业的商事关系法律化，也降低了合理裁判对法官知识范围的过高要求。此外，律师、法官的共同教育背景还塑造了沟通便利的同质性职业群体。律师不会被当事人的情绪左右，使法庭程序无法进行；除非职责所系，法官大都遵守不公开评论同行判决的"潜规则"；在律师协会纽带作用明显的地方，在律师成为法官职位主要来源的地方，在"关系"这种"社会资本"具有重要性的地方，律师与法官的合作更为密切。[①] 富有凝聚力的职业共同体保障了法律的权威，倾向于将因裁判风险引发的公众批评贬抑为非理性的外行话语，从而维护司法的决定能力。

另一方面，就解纷决定的可接受性而言，现代司法同样有其决定性的优势。无数研究者已从各个角度对此做出分析，从当事人地位平等、裁判者不偏不倚、审理过程公开进行，到事实认定全凭证据、判决做出只依法律、国家保障强制执行，不一而足。否认这一判断，倡导其他非正式纠纷解决机制的各种学说，至少应当首先回答以下三个问题：如果没有司法，其他机制的解纷决定还可接受吗？非正式纠纷解决机制更具可接受性的观点，预设了怎样的社会背景？如果不必屈

---

① 参见高其才：《中国律师执业中的法律与关系因素——社会资本理论视角的分析》，《法学家》2008 年第 6 期，第 16—21 页。

从于现实压力，纠纷当事人会做出何种选择？

　　第一，不论法院还是其他机构主持下的非正式解纷机制，都系参酌正式的司法裁判进行。那些进行调解、和解、仲裁、谈判的利害关系人，之所以感觉非正式机制的解决方案更可接受，是对比了诉诸正式裁判所需耗费的时间、精力、经济成本以及可能的结果。反过来说，对于某一项纠纷，如果正式的司法模式无法做出决定，非正式解纷模式就很难令人满意了。因为后一场合虽然允许大量实质理由的进入，但其中最具说服力的"砝码"，并非什么笼而统之的"常识、常理、常情"，而恰是对法院可能做出的正式决定的预测。没有正式裁判作为参照点，纠纷解决的方案就必须寻找其他参照点，而替代品中最重要的莫过于各方的经济、政治、社会势力。对此，我们可以想象一下"黑社会"解决内部矛盾的极端情况——纠纷的司法解决方案被排除了，代之以暴力"火并"或者以"江湖势力"为后盾的谈判。

　　第二，那些认为非正式机制更具可接受性的观点，大都预设传统色彩浓厚的"乡土社会"或者"熟人社会"作为纠纷产生的背景。在这样的社会中，纠纷处理的决定往往不是"非此即彼"的类型，比如中国古代的州县长官就常主持"父母官式的诉讼"，进行"教谕式的调停"，通过"各打五十大板"显示超然公正的立场；[①] 但现代司法为了在复杂社会中稳定规范性预期，必须在纠纷双方之间明确分派合法/非法地位，诉讼参与者面临的也必然是"全对全错"的决定，这就让许多思想上的"古代人"很难满意。正如在电影《被告山杠爷》里，

----

　　① 〔日〕滋贺秀三：《清代诉讼制度之民事法源的概括性考察——情、理、法》，载王亚新、梁治平编：《明清时期的民事审判与民间契约》，法律出版社1998年版，第19—53页。

法官不可能因为山杠爷将强英游街示众的良好动机，就给予一个"既正面又负面"的法律评价，而正是这一点让电影和现实中的乡民感到发生了悲剧。

第三，非正式解纷机制更符合人们的道德、伦理观念，这种说法也值得仔细分析。如果道德、伦理真正能够发挥作用，纠纷是否还需要帮助解决？使用道德、伦理理由，居间解决纠纷的人，为何必须拥有相对权威的身份？纠纷各方处于怎样的关系网络之中，会易于接受道德、伦理角度的说服，避免对簿公堂？事实上，与其说道德、伦理观念让人们青睐非正式的解纷机制，毋宁说人们因为现实的社会压力被迫做出这样的选择。诉诸正式裁判引发的关系破裂，会给许多人造成未来生活的诸多困难，正是对或明或暗的报复行为的恐惧，导致他们的所谓"厌讼"情绪。社会学的实证分析已经表明，是否选择进入法院并非取决于纠纷各方以往的关系，而是取决于他们对彼此未来关系的判断。[1]

总而言之，不论从做成解纷决定的能力看，还是从解纷决定的可接受性看，现代司法相对于非正式机制的决定性优势都不可否认。

第四节　"大司法"与"社会的司法化"

强调现代司法之于法律功能的决定性意义，及其在各种纠纷解决方案中的决定性优势，并非完全否认非正式解纷机制存在的现实合理性。从"成本—收益"角度看来不合算的纠纷当然不必诉诸司法，这一点毋庸赘言；弥补正式司法专业性不足的某些非正式机

---

① 参见 Macauley, Friedman, Mertz, *Law in Action: A Socio-legal Reader*, Foundation Press, 2007, pp. 145-161。

制，如仲裁委员会的实践，也实属必要；更重要的是，在经济实力、政治地位、人际关系等各种资源停止转化为社会权力之前，在人们还不能彻底解脱方方面面的社会压力之前，许多纠纷都只能寻求次优的解决机制。但现代法从来就不是也不应当完全屈从于现实，当前对非正式解纷机制合理性的承认，绝不意味着允许走上"去司法化"和"司法社会化"的发展道路。从世界法治发展的趋势来看，在高度复杂的当代社会中，不仅司法的核心地位不能动摇，还应逐步实现非正式机制的"司法化"，将整个社会纳入"司法治理"的轨道。

肯尼迪的研究表明，从 1850 年至今，法律与法律思想出现了三次全球化浪潮，法治发展从"立法主导""行政主导"转向了"司法主导"。① 赫希（Ran Hirschl）也观察到，自二战以来特别是近三十年以来，司法权在全球范围内发生了急剧扩张，全球的治理范式已经发生了转型，出现了"法官统治"和"司法治理"（juristocracy）的现象。② 高鸿钧教授指出，司法治理之所以得到普遍青睐，主要在于实现了"政治的司法化"："一是司法借助于专业技术性，具有去政治化的效果，有助于减少和弱化政治冲突；二是司法机构的中立性和解决纠纷的程序性，有助于当事人和社会公众对于裁决结果的接受和认可，从而可防止纠纷扩大和冲突激化；三是司法机构通过具体诉讼可以把许多群体之间的冲突分解为不同的单个纠纷，而这有助于防止纠纷群体化和冲突组织化；四是司法机构在解决纠纷的过程中，借助时间的冷却效应，可以缓解当事人和公众的情绪；五是在推进社会和政

① 〔美〕肯尼迪：《法律与法律思想的三次全球化：1850—2000》，高鸿钧译，《清华法治论衡》2009 年总第 12 辑，第 47—117 页。

② Ran Hirschl, *Towards Juristocracy: The Origins and Consequences of the New Constitutionalism*, Harvard University Press, 2004, pp. 1-5.

治改革过程中，诉诸司法判决比通过立法和行政决策更隐蔽，从而有助于减少改革的阻力和对抗。"①

　　按照本书的设想，司法治理的范畴不应局限于"政治的司法化"，而应扩展为"社会的司法化"。扩展的路径，则是在继续维持现代司法模式核心地位的同时，将各种非正式的纠纷解决机制加以不同程度的"司法化"，整合出一个多层次的"大司法"格局。

　　（1）以私法诉讼为典型模式的裁判实践构成大司法的"内环"。"内环"从根本上保障着法律系统"稳定规范性预期"功能的实现，呈现为现代司法的理想状态：高度职业化、组织化；法院独立、法官中立、两造平等、不告不理；严格的对抗制程序和精致的证据规则负责案件事实的建构性认知，法院则仅仅依据法律理由作出明确的合法/非法分派。此时，法律在"相同案件相同处理，不同案件不同处理"的原则作用下，通过法官对规范的不断"凝练""确认"以及小心翼翼的类比推理缓慢发展。

　　（2）在"二环"上，可以看到受同样严格的法庭程序和证据规则控制，但贯彻了刑事政策的刑事诉讼，以及允许诉诸实质理由的其他法院裁判，尤其是进行政策分析和利益权衡的行政诉讼和司法审查活动。在行政诉讼中，许多决定不完全是"依法"做出的，政策导向的合理性审查充斥在大量案件的处理过程中；最高法院或者宪法法院，则通过审查行政决定和裁判政治争端，担负起在诸多公共问题上做出决策的责任。值得一提的是，法学家往往过分狭隘地使用现代司法概念，将之等同于单纯追求形式正义的私法诉讼，实际上这些兼顾实质正义的公法诉讼同样属于

---

　　① 高鸿钧：《美国法全球化：典型例证与法理反思》，《中国法学》2011 年第 1 期，第 31 页。

"现代司法"范畴。

（3）"三环"上是各种模拟法院组织和程序，但又相对更为灵活的争端处理机制，主要包括仲裁委员会、行政裁判所、独立规制机构的工作。仲裁的特点在于强调仲裁员的非法律知识和经验，兼顾法律和公平原则，依照纠纷当事人的协议启动，一审终审和受法院监督，近年来已成为我国民商事纠纷的重要解决机制。在澳大利亚①和英国②，大多数行政纠纷由司法化的"行政裁判所"而非法院处理，其成员不全是专业法律人，程序灵活、快捷得多，"询问制"和"对抗制"按需选择，证据规则相对宽松，对裁判决定的说明不限于法律理由。在美国，大量"独立规制机构"对行政案件加以裁决，它们既是"目标导向的机构"，要在特定法律和政策背景下决断案件，有着实质性的裁量权，因此不同于法院的"依法裁判"；又在地位上超然于行政机关，由依法任命、经验丰富、训练有素的专家组成，适用与法院类似的回避标准、合议制度，以及由 1946 年《联邦行政程序法》统一了的裁判程序。③ 此外，如果检察权的行使像学者建议的那样实现司法化，则也可归属"三环"的范围。④

（4）在"四环"上，首先是在法院主持下依法进行的调解，其与民间调解的基本区别在于受控于法定程序、明确参酌正式裁判、调解者具备专业法律知识且独立于纠纷各方的社会关系；其次包括各种

---

① 参见宋应平：《澳大利亚行政裁判所制度研究》，《行政法学研究》2004 年第 1 期，第 115—120 页。

② 参见宋华琳：《英国的行政裁判所制度》，《华东政法学院学报》2004 年第 5 期，第 78—85 页。

③ 参见宋华琳：《美国行政法上的独立规制机构》，《清华法学》2010 年第 6 期，第 54—71 页。

④ 参见张铁军、易延友：《论检察权行使的司法化——以刑事诉讼为切入点》，《学习与探索》2010 年第 4 期，第 97—99 页。

"协商性司法"① 实践，比如以美国为代表的各种"辩诉交易"活动，以德国为代表的污点证人作证豁免制度，英国以合作为核心的证据开示、审前程序的扩张和陪审团制度的削弱等新的制度安排，台湾等地的"缓起诉制度"，以及西方刑事司法领域的和解、协商、圆形会谈等"恢复性司法"活动；② 还包括由组织规范和程序规范保障了平等参与，在法院监督下展开的德国式"新法团主义谈判"。这些机制都参酌了正式诉讼的可能结果，但以协商解决问题为价值导向，更加强调合作沟通，尊重当事人的自主意愿。

　　如此界定的"大司法"概念，并未丧失"被动性""公开性""亲历性""多方参与性"等固有特征③，因此没有失去与行政以及非正式解纷机制的基本分化，只是分化的程度自内而外有所减弱罢了。最重要的两个问题在于：虽然理想类型的现代司法凸现出"程序优先"的绝对性，但即便在最强调灵活性和便利性的辩诉交易中，程序依然是双方实现合作的最终保障，并受到法院监督和审查；虽然"地位独立"是现代法院的首要特征，但也是对各种司法化的裁判所和委员会的基本要求，允许它们进行政策分析和合理性评估，并不意味着放任它们受到行政权力和社会力量的控制。换言之，"大司法"的基本特征仅仅在于地位独立的组织者、公正且受控于法律的程序，仅仅意味着一种摆脱外部社会压力的纠纷解决模式，此种模式保障了人们不因法律之外的原因而调整规范性预期。

　　在这个大型"司法城市"中，司法服务的消费者越往"外环"走，

<hr/>

①　参见马明亮：《协商性司法——一种新程序主义理念》，法律出版社2007年版。
②　参见〔美〕凡奈思：《全球视野下的恢复性司法》，《南京大学学报》（哲学·人文科学·社会科学）2005年第4期，第130—136页。
③　参见陈瑞华：《司法权的性质——以刑事司法为典范的分析》，《法学研究》2000年第5期，第39—51页。

就越可以自由地讨价还价，进而获得自主性和特殊需求的满足；越往"内环"走，则越可以享有交易安全，从而取得权威的保护，免于考虑各种不确定的实质性因素。不过，个性化服务固然值得追求，但首先不应存在质量瑕疵，因此所有对"外环"司法服务不满的消费者，必须能够最终诉诸"内环"严格的合法/非法二元判断。总而言之，"大司法"概念既在"内环"维护了法律系统的封闭性，又在"外环"保障了向社会需求的有效回应，有利于构造全方位司法治理的格局，走向"社会的司法化"。

第二章
社会治理创新与法制改革转型

　　新世纪第二个十年以来，随着全球"Web 2.0革命"的持续深入，主要作为民间意见载体的中国网络公共领域也迅速崛起。其直接后果之一是：围绕大量法律主题，以"微博"为代表的网络新媒体日益成为舆论发源地，以"大V"为代表的网络意见领袖开始引领舆论方向；与此同时，前互联网时代和Web 1.0时代长期支配法律舆论的主流媒体，则一度深陷读者流失的"影响力焦虑"和意识形态控制力下降的"政治信任焦虑"。

　　为了缓和"双重焦虑"，2012年以来，主流媒体一方面大量开通微博、微信、移动客户端，努力改变话语风格、提升互动意识，以积极融入Web 2.0环境、争取网络读者群和广告客户群；另一方面致力于"网络舆论斗争"，不仅主动设置公共议题、促成宪法实施等重大法治议题的全民讨论，而且配合公安机关和司法部门，开展了全国性的互联网整顿，以多管齐下、"夺取网络舆论斗争主动权"。① 两方面的行动有效扩大了主流媒体的网络影响力，但也加剧了官民法律意见的碰撞，加速了"两个舆论场"的分化态势。②

----

① 陈华：《夺取网络舆论斗争主动权》，《解放军报》2013年9月4日。
② "两个舆论场"概念的提出，参见陈芳：《再谈"两个舆论场"——访外事委员会副主任委员、全国人大常委会委员、新华社原总编辑南振中》，《中国记者》2013年第1期，第43—46页。

在当前的法制改革转型期，这一态势反映了民间社会的何种诉求？如何在改革开放和"Web 2.0 革命"的宏观背景下理解其实质？民间社会之于法制改革转型的意义与局限何在？未来政府应当如何行动，以开辟法制改革转型的成功之路？本文依次讨论这四个问题。

第一节　民间社会的法制改革诉求

（一）法制改革进入转型期

2011 年，十一届全国人大第四次会议宣告"中国特色社会主义法律体系已经形成"，这意味着"基本法律创制"这项法治建设的阶段性任务顺利完成，也意味着高度依赖立法推进和国家推动的法制改革模式可能相应地发生改变。紧锣密鼓的新一轮改革证实了这一推测，日益明显呈现的三项重大变化，表明中国法制改革的转型期已悄然降临。

一是改革重心向法律实施转移。具有指标意义的事件，是司法体制改革成为司法改革乃至整个法制改革的焦点：党的十七大首次提出"深化司法体制改革"；党的十八大做出"进一步深化司法体制改革"的战略部署；党的十八届三中全会又出台《中共中央关于全面深化改革若干重大问题的决定》（以下简称《决定》），提出了旨在"加快建设公正高效权威的社会主义司法制度"的若干具体司法体制改革措施。这些改革决定的主要目标，都在于扫清体制性障碍，支持和督促司法机关落实三大诉讼法的规定，尤其是 2013 年生效的新《刑事诉讼法》的规定，进而在司法这一面向社会纠纷解决的关键场域落实宪法精神。

二是改革深度向领导体制拓展。具有指标意义的事件，是党委政法委启动职能转变和权力体制改革。党委政法委被要求"运用法治思维和法治方式领导政法工作"，不仅"不得干预具体案件的侦查、检察和审判"，而且据学者对 2014 年"中央政法工作会议"精神的理解，还应当"明确职能定位，进一步界定职责范围，既不越位，亦不缺位"。具体而言，"各级党组织及其职能部门与政法机关之间应依据法律的规定，从有利于党的领导的具体实施以及保证政法工作依法开展的要求出发，建立起常规性的工作机制，创造各级党组织及其职能部门与政法机关依据法律及其他制度良性互动的政治生态，用这种常规化工作机制保证党对政法工作领导的持续稳定实施"①。这就标志着法制改革迈入"深水区"和"攻坚区"，触及了党的领导方式和政法领导体制等中国语境下具有根本意义的改革问题。

三是改革广度向社会各领域扩张。具有指标意义的事件，是党的十八大首次提出经济建设、政治建设、文化建设、社会建设、生态文明建设"五位一体"的中国特色社会主义事业总体布局，以及《决定》将"实现国家各项工作法治化"和"全面推进法治中国建设"确立为深化改革目标。将二者联系起来，可以看出法律秩序的全面调整已箭在弦上，旨在以法治方式促成社会各领域的均衡发展，抵御社会整合的离心力量。② 尤其在社会和生态文明建设方面，近期出现了"四类放开"③、"政府购买服务"推广、小城镇"落户"限制取消、"医药分

---

① 顾培东：《善于运用法治思维和法治方式领导政法工作》，《人民日报》2014 年 4 月 10 日。

② 有鉴于此，学者提出树立"大法治观"和建立"大法治部门"的建议，参见江必新、郑礼华：《全面深化改革和法治政府建设的完善》，《法学杂志》2014 年第 1 期，第 6—7 页。。

③ 2013 年以来，多地纷纷试点行业协会商会类、科技类、公益慈善类和城乡社区服务类四类社会组织依法直接向民政部门申请登记，不再需要业务主管单位审查和管理。

开"试点和最高院环境资源审判庭设立等一系列重要改革，表明正式政治过程和政府管理之外的社会自我动员、自我管理、自我服务日益受到重视，经济高速发展之于其他社会功能系统和整个社会协调运转的负面效应日益受到关注；随之而来的法律制度供给新缺口，必然要求多年来主要面向政治稳定和经济建设需要的法制改革向更为广阔的空间扩张。①

　　法制改革转型及其相应的重心转移、深度拓展和广度扩张，既是执政党主动把握法制改革基本规律，适时推进"法治国家、法治政府、法治社会一体建设"的产物，也是执政党顺应人民群众的期待，着力化解法治发展深层矛盾和现实困难的结果；既要求政治国家总览全局、"顶层设计"，展现"更大的政治勇气和智慧"，② 也暗含着法治建设动力从政治国家向民间社会部分转移的题中之意。从现代各国法治化进程的基本经验看，迅速构建一套静态意义上逻辑自洽的法律体系，可以主要依靠政治国家和知识精英的智慧；持续运转一个动态意义上运作统一的法律系统，则需要借助民间社会和"草根阶层"的力量。尤其在一个幅员辽阔的国家，数量庞大、触角广布的社会公众积极参与到监督法律实施的行动之中，对于真正落实"纸上规则"并主动防止其异化风险，可能具有特殊的价值。正如有学者指出的，"法治中国建设"要求"考量中国国情，培育法治根基"，而其"根基在

---

① 已有学者将法制改革区分为"自身改革"和"配套改革"，后者是"为了保证、引导和规范经济社会生态等领域的改革而进行的与改革相适应、相协调的法制改革"。参见张文显：《全面推进法制改革，加快法治中国建设——十八届三中全会精神的法学解读》，《法制与社会发展》2014 年第 1 期，第 9 页。

② 《习近平主持政治局集体学习：以更大的政治勇气和智慧深化改革》，《人民日报》2013 年 1 月 2 日。

于社会而不是国家"。① 从我国经济改革的基本经验看，改革越是深化和扩大，就越是不适合完全自上而下、整齐划一的模式；面对复杂万端的深层问题和差异巨大的利益、价值诉求，适当结合自下而上、实验主义的改革模式更富成效。总而言之，未来的法制改革必须充分汲取来自民间社会的动力，在具体考虑各地区、各行业、各领域的不同实际，权衡综合社会多元意见的基础上，不断通过探索性的局部改革实验，提升整体推进水平和总体创新能力。

（二）民间社会试图主导法制改革

面对法制改革转型，民间社会动力充沛。在分享经济改革红利之后，进一步深化法制改革、全面推进法治中国建设已经逐渐上升为社会公众的首要关注。一方面，多多少少的财富，只有作为法律保障的产权，才能抵御公权的侵犯；利益受到损害的公民，只有诉诸独立审判的法院，才能获得公正的对待；衣食无忧的个人，只有成为享有人权的主体，才能开拓自由发展和自我实现的空间。另一方面，经济改革并非不可逆转的过程，即便在承认"市场决定性作用"的当下中国，资源配置多一点"市场"还是多一点"调控"，仍然是因时制宜的选择；法制改革却"开弓没有回头箭"——法治化程度越高，"作茧自缚"效应就越强；法治国家一旦成熟，除非从根本上摧毁法律系统，无法阻止其自我指涉、自我再生产的"自创生"运作。② 正是在这两种意义上，法制改革是巩固改革成就、防止改革倒退的根本，因此超越深化经济改革的紧迫性，得到民间社会不遗余力的推动。

---

① 马长山：《"法治中国"建设的转向与策略》，《环球法律评论》2014 年第 1 期，第 13 页。

② 参见〔德〕尼可拉斯·鲁曼：《社会中的法》，李君韬译，五南图书出版股份有限公司 2009 年版，第 129 页。

　　尤其自 2008 年"微博元年"以来，受益于 Web 2.0 技术发展，民间社会的法律商谈迅速展开、公共意见迅速汇聚。公众借助网络新媒体，持续关注刑讯逼供、违法强拆、强制引产、非法截访、暴力执法、司法腐败等不法现象，持续讨论行政诉讼立案困难、刑事被告辩护权被剥夺、律师执业权利受侵犯、政法委权力过度膨胀以及"黑打"等法治化困境，持续提出废除劳教和嫖宿幼女罪、确立沉默权制度、运行非法证据排除规则、限制口袋罪适用、扩大司法公开、推进审判独立等法制改革主张。这些自发的公众行动揭示了现阶段法治建设中存在的突出问题，表达了公众对于法制改革相对滞后于社会结构变迁和社会意识发展的不满情绪，显示了公众积极参与和着力推进法制改革的巨大热情。

　　更重要的是，通过共同参与法治建设、推进法制改革的实际行动，社会公众逐渐认识到 Web 2.0 网络公共领域自下而上提出公共议题、形成公共讨论和凝聚公共舆论的特殊优势，以及加速社会互动、扩大社会联系和重构社会资本的特殊能力。① 基于这样的明确认识，在一个具有"自我强化"效果的演化循环中，民间社会依靠自身力量主导法制改革的意愿不断得到激发和再生产：(1) 经由围绕个案的频繁互动和意见交换，民间社会开启了"自我同一化"的进程，以独立的价值立场判断法治发展的基本形势，并对各地的法制改革实践和主流媒体的法制改革宣传做出褒贬不一的评价；(2) 社会公众日益重视通过虚拟空间的横向联合开展"自我动员"，进而主动发掘和设置法制改革相关议题，自主讨论改革方向、改革目标、改革方案乃至改革路线图；(3) 相应地，微博"大 V"等群体迅速成长为法制改革的民

---

　　① 参见〔美〕詹姆斯·E. 凯茨、罗纳德·E. 莱斯：《互联网使用的社会影响》，郝芳、刘长江译，商务印书馆 2007 年版，第 395—400 页。

间意见领袖，他们的改革言论往往发挥着引导民间法律舆论的重要作用，这种舆论影响力反过来又巩固了他们的特殊角色；（4）随着网络公共领域"集聚效应"的增长，民间社会的"内部认同"取代政治国家的"外部认可"，成为诸多民间意见的首要取向，社会公众及其意见领袖不再满足于以"请愿"和"建言"的合作姿态提出改革建议，而是倾向于不断制造法制改革的舆论压力；（5）按照"刺激—反应"的线性因果关系解释范式，政治国家的某些法制改革举措被视为舆论压力使然，尚未满足公众预期的方面则被理解为舆论压力相对不足的结果，这就进一步强化了民间社会的自我认同，激发了民间社会主导法制改革的意愿。

（三）"两个舆论场"的加速分化

Web 2.0 技术发展促成了中国公共领域的崛起，借助网络公共领域的平台，民间社会得以实际表达法制改革的诉求，展开旨在主导法制改革的相关行动。对于这一现状，肩负法制改革转型重任、亟须借助民间社会力量的政治国家，难免抱有复杂且矛盾的态度。

一方面，民间社会及其网络舆论聚焦行政权、司法权的实际运行状态，改变了法治建设长期依赖立法引导和国家推动的局面，一定程度上得到政治国家的认可。从冤案错案的平反、《刑事诉讼法》的修改，到劳教制度的废除，党和政府主动吸收了网络公共领域的诸多合理意见；出于"倒逼司法公正"的需要，[①] 法院系统也积极利用现代信息技术建设审判流程、裁判文书、执行信息三大公开平台，吸引公众参与、欢迎公众监督；2013 年，各地法院对"薄熙来案""王书金强奸杀人案""大兴摔童案"等热点案件进行微博庭审直播，更表明"回应舆论"

---

① 吴斌：《周强：用司法公开倒逼司法公正》，《南方都市报》2014 年 3 月 12 日。

已经取代"教育群众",成为运用网络新媒体推进司法公开的出发点。

另一方面,网络公共领域多年来一再触及经济增长与人权保障、政治稳定与公民自由、党的领导与审判独立、舆论监督与司法权威、权力集中与官员腐败等深层矛盾,且其自主实践又呈现"去中心化""去组织化"的极度分散形态,这在相当程度上造成了某些地方政府和部门的失控感。作为民间社会表达主导法制改革意愿的主要方式,网络公共领域的上述自主实践尤其具有明显的两面性:"去中心化"的实践形态突破了信息来源的单一渠道,可能有利于收集多方证据、还原事实真相,但在一些公众高度关心、信息公开又相对不够及时的敏感公共事件上,也助长了看似合理的误导性观点,以及道听途说、无中生有的负面信息的广泛传播,以"信任危机"的形式给相关政府机构施加了巨大压力;"去组织化"的实践形态系以"弱联系"① 模式连接"利益相关者"与"围观者",使众人的意见经由"共振"放大成一张无形的舆论之网,可能有利于引起有关部门关注,促成问题的及时发现和及时解决,但也常常导致公共批评超越事件本身和事件发生的空间、时间范围,甚至以"上纲上线"的方式给政治国家施加巨大压力。对于主要依靠先进政党代表人民行使权力的国家来说,这种突然增长的民间舆论压力难免引起警惕,不仅被怀疑受到"外部势力"的操纵,而且可能从根本上被视为必须通过输入"正能量"予以化解的政治整合困难和权力合法化困境。

这就不难理解,围绕转型期的法制改革主导权,国家与社会之间展开了激烈的舆论竞争。自"汶川地震"和"08奥运"以来,监管部门依据2000年全国人大常委会《关于维护互联网安全的决定》、2000

---

① 参见 Mark S. Granovetter, "The Strength of Weak Ties", *American Journal of Sociology*, 1973(6), pp. 1360-1380。

年信息产业部《互联网电子公告服务管理规定》、2005 年国务院新闻
办和信息产业部《互联网新闻信息服务管理规定》等相关法律和部门
规章，通过敏感词过滤、删帖、禁言、封号、建设防火墙等多种技术
手段加强了网络新媒体的内容控制；2011 年"动车事故"后，由于微
博出现了"天价赔偿外国人"等谣言，央视等主流媒体开展了"拷问
微博道德底线"的宣传动员；2012 年，一些不法分子在互联网上无端
编造、恶意传播所谓"军车进京、北京出事"以及"福岛核辐射污染
山东海域"等谣言，更引致全国人大常委会"网络实名制草案"不失
时机的出台。① 2013 年，"Web 2.0 革命"进一步深入，网络公共领
域的社会力量进一步集中；与此同时，主流媒体也进一步发力，法
制改革主导权之争进一步明朗化。一是改革话语的竞争，表现为主
流媒体深度介入网络新媒体，以期引导网络公共领域的相关议程设
置和意见形成，帮助国家控制法制改革节奏；二是改革方向的竞
争，表现为主流媒体在重大法治议题上引导全民讨论，以期在网络
公共领域开展舆论宣传和把握意识形态主动权，帮助国家降低法制
改革风险；三是改革动力的竞争，表现为主流媒体、公安、司法部
门三方联合，发起"打击网络谣言"的全国互联网整顿运动，以期
从作为信息枢纽的"大 V"入手为网络公共领域"降温"，帮助国家
缓解法制改革压力。②

　　在激烈的碰撞与博弈过程中，"两个舆论场"加速分化。"民间舆
论场"的自我保护意识、共识达成能力和一致行动能力不断提升，越
来越展现出独立立场和竞争姿态，不再只是依附于官方舆论场的边缘

---

① 2012 年 12 月，十一届全国人大常委会第三十次会议审议并通过《关于加强网络
信息保护的决定草案》。
② 参见郭栋：《运动式治理、权力内卷化与弥散性惩罚》，《国际新闻界》2013 年第
12 期，第 123—131 页。

性存在。相应地，围绕公众关注的法制改革议题，原本似乎发生在网络公共领域内部的意见之争，开始呈现为国家与社会的权力之争。

第二节　国家与社会的权力碰撞

（一）改革开放作为权力再分配的过程

但若将围绕法制改革主导权的国家与社会之争，置于改革开放的大背景之下进行观察，可能得出不尽相同的结论。经济领域的"改革开放"，其实就是执政党顺应民意，适时推进国家与社会权力再分配的过程。"改革"的核心即国家向社会下放权力，正如家庭联产承包责任制是向农民下放土地承包经营权，"社会主义市场经济"是向包括民营企业在内的市场主体下放企业经营管理权，当前的金融改革和普惠金融是向民间资本下放金融业务进入权……这些个体权利经由市场机制的联结作用，不断转化为无中心、网络化的社会权力。①"开放"的客观效果之一，也在于通过积极参与经济全球化、融入 WTO 等全球贸易体制，倒逼向社会下放权力的改革成为不可逆转的趋势。改革与开放互相促进，不断重构国家与社会的权力边界，从而释放了巨大的社会能量。

中国持续高速增长的经济已经证明了改革开放的成功。从社会系统理论的角度看，其根本原因在于执政党从经济层面抓住了现代社会的一项普遍发展规律。现代性始于彻底铲除各种具有"中介"性质的

---

① 有学者认为，社会权力是诸多个人"权力"的有机联合。这种观点过度扩大"权力"的内涵，将个人因拥有"权利"而获得的影响他人、社会、国家的能力和力量等同于"权力"。参见王宝治：《社会权力的概念、属性及其作用的辩证思考——基于国家、社会、个人的三元架构》，《法制与社会发展》2011 年第 4 期，第 141—142 页。

"封建秩序"，形成垄断一切权力的政治系统，建立国家与公民的直接联系。此为国家—社会权力的首次分配，旨在牢固确立面向分散个体的统一的国家主权。现代性"否定之否定"的逻辑展开，则伴随着市场、家庭、社区、社会组织以及公共领域等中介结构的重建，亦即各功能系统内部的"中心／边缘"再分化。此为民间社会的再生和国家—社会权力的再分配，旨在重新利用社会的自我规制和自我反思能力，进而同时维系政治系统与其他功能领域的协调运转。① 中国共产党成功领导了改革开放，就是因为社会主义理念与上述现代社会普遍发展规律存在根本上的一致性。社会主义理念建立在批判资产阶级及其政权剥削压迫尚未联合的无产阶级基础上，内在地要求依靠无产阶级先锋队组织的力量"重建社会"，推进国家—社会权力的再分配，从而实现"人的解放"。

如果说中国经济改革的实质，是经济系统的国家—社会权力再分配，要求借助所有权、契约自由和公平竞争原则的设置加以法律保障；那么民间社会主导法制改革的诉求，也可以视为试图开启法律系统的国家—社会权力再分配，应当借助言论、出版自由以及批评、建议、监督权加以宪法保障。如果说经济领域的权力下放，造就了一个去组织化、非计划性、充分竞争的市场，经济的合理化程度得以提升；那么法律领域的权力下放，则将形成一个具备反思和批判潜力的法律公共领域，法治化程度也可能得到提升。

归根结底，"坚定不移地全面推进改革开放"，要求在全社会各功能领域重新分配国家与社会权力，经济改革如此，法制改革也不例外。经济改革的经验表明，民间社会在一定程度上分享国家权力、提

---

① 参见 Gunther Teubner, *Constitutional Fragments：Societal Constitutionalism and Globalization*, Oxford University Press, 2011, p. 20。

升自主性，不仅不会引发合法化危机，反而恰恰为政治系统持续输入了合法性。在经由经济改革释放的广阔空间中，公民在通过自由行动获得分享机会的同时，也通过积极参与分担了风险。对于转型期的法制改革来说，这可能是最重要的启示。

（二）Web 2.0 时代民间社会权力的扩大

当然，发生在改革开放背景下的国家与社会权力再分配过程，并非单向度地向前发展。经济改革反复出现的"国进民退"现象已经表明，由于内部形势和外部环境的频繁变动，国家与社会之间长期存在着碰撞的可能。就此而言，法制改革并无不同。关键问题是，仅仅几年之前，这种碰撞还主要以利益相关者的个人抗争形式或者分散化的集体抗争形式呈现，在经济意义上被理解为私人利益与公共利益的冲突，在法律意义上被解读为个人权利与行政权力的冲突，往往由政府方面纳入地方性、偶发性的"维稳"范畴加以解决。但随着"Web 2.0 革命"的展开，由于众多个人的力量经由网络公共领域的中介作用得以集结，且"社会怨愤"取代利益相关者的具体诉求经由低成本、低风险的网络平台被表达，国家与社会碰撞的抽象程度、严重程度、普遍程度同时急剧增长，显现出权力碰撞的真实底色。

最具典型意义的是，"上诉不如上访"已经成为过去，"上访不如上网"正在成为现实。后一种观念在当前的广泛传播表明了三个问题：首先，民间社会十分清楚地意识到，网络公共领域为其带来了巨大的权力。当公共舆论足以干涉自成一体的正式政治过程，促成政治系统社会回应性的持续提升，实质意义上的社会权力就逐渐增长了。[①] 其次，

[①] "社会权力"的三项构成要素：享有人权与公民权的社会主体、拥有相当的社会资源、具有对社会和国家的影响力和支配力。参见郭道晖：《社会权力：法治的新模式与新动力》，《学习与探索》2009 年第 5 期，第 138—139 页。

较之借助凝聚在网络公共领域中的社会权力以维护自身权益，策略性地利用信访等制度化渠道以及各级政府机构之间的微妙关系，投入极高时间、金钱甚至安全成本博取领导施恩，这种旧式维权的性价比太低。① 最后，在此情形下，民间社会的维权形式从"日常抵抗""依法抗争""以法抗争"② 向"正当性竞争"演变，不断超越现行实证法框架下的纯粹维权行动，提出以权力主张为背景的对"合法之法"的主张。

在今天的网络公共领域中，公众所诉求的，不再仅仅是具体个案的公正处理，而是法治理念的牢固树立和法律系统的自主运作；公众所争取的，不再仅仅是个人权利的有效保障，而是巩固和维护由众多个人的基本权利交织而成的权力空间。在计划生育、征地拆迁、互联网监管、律师制度、劳教制度、收容教育制度、司法政法体制等一系列主题上，网络舆论越来越集中于对法律与政策正当性的抽象讨论，并且直接诉诸人权、公民权以及宪法基本原则，提出批评意见和改革建议。2013 年，围绕宪法实施这项关乎法制改革远景和方向的根本问题，网络舆论与主流媒体还展开了一场多年未见的理论讨论。

所有这些变化，都与互联网技术的发展息息相关。前 Web 时代，互联网是由机器连接构成的"终端网络"；Web 1.0 时代，互联网是由超链接构成的"内容网络"；而在 Web 2.0 时代，互联网是由个体

---

① 社会学领域的经典案例分析，参见应星：《大河移民上访的故事——从"讨个说法"到"摆平理顺"》，生活·读书·新知三联书店 2001 年版，第 315—320 页。

② 有学者在斯科特的"日常抵抗"和李连江、欧博文的"依法抗争"之外，提出了中国农民维权活动的第三种解释框架，即更具主动性、政治性并有一定组织形式的"以法抗争"。参见于建嵘：《当代中国农民的"以法抗争"——关于农民维权活动的一个解释框架》，《文史博览》(理论)2008 年第 12 期，第 60—63 页。

连接构成的"关系网络"。① 每个个体都成为信息传播中心，无数传播中心相互连接成综综复杂的关系链条，反过来激发并加速传导了个体的能量。归根结底，互联网的技术升级深刻地改变了社会沟通的数量、性质和后果，推动了社会结构的转型以及分散的社会力量在公共领域的汇聚。"精英"与"公众"的意见重要性突破"帕累托法则"，"草根阶层"真正取得公共领域的主体资格。

这就再造了一个拥有"无组织的组织力量"② 的民间社会，不仅使其得以抵御可能试图"分而治之、各个击破"的公权力，而且为其带来了无法遏制的创造历史的冲动。一方面，"无声的大众"通过网络公共领域获得公开表达的平台，经由不断深入的公共讨论汇聚了分散的意见，日益壮大的社会必然要求主导法制发展方向，以便捍卫自身；另一方面，公民的言论自由权、监督权、批评权、建议权经由技术进步一劳永逸地得到落实，社会的宪法性预期和政治参与能力获得极大提高，国家几乎没有可能逆转由此开启的公共自主扩大化趋势。总而言之，在 Web 2.0 时代，国家与社会的权力碰撞已成无可避免之势。

第三节　转型期的法制改革与党的领导

（一）法制改革转型内在地依赖民间社会

法制改革转型和 Web 2.0 技术普及几乎同时发生，前者催生了主

---

① 参见彭兰：《"连接"的演进——互联网进化的基本逻辑》，《国际新闻界》2013年第12期，第10—13页。

② 参见〔美〕克莱·舍基：《人人时代》，胡泳、沈满琳译，中国人民大学出版社2012年版，第12—19页。

导法制改革的社会诉求，后者提供了民间社会深度参与法制改革的技术可能性，二者共同加剧了国家与社会的权力碰撞，也导致了政府对待网络法律舆论的复杂态度。然而，既然这一现实无可避免，就必须正视其必然性，从成功完成法制改革转型、全面推进法治中国建设的目标出发，客观分析民间社会及其网络公共领域的意义与局限。前文已经说明，从外在的动力机制角度看，转型期的法制改革需要民间社会的积极参与；此处应当进一步指出，法制改革转型也内在地要求更加依靠民间社会，以利用其在正当性、合理性和风险抵御三个层面的积极作用。

从正当性层面看，民间社会参与到政治决策之中，本身就是"法治"这一现代语意的固有内涵，也应当是以推进"法治国家法治政府法治社会一体化建设"为宗旨的法制改革的题中之意。社会成员凝聚在公共领域中的共同意见与共同意志，由被社会赋予权力的国家再度面向社会加以落实，构成具有宪法意义的合法性再生产循环；相反，国家及其政府通过自上而下的宣传动员"统一思想"、排除阻力，将执政者的意志强加或者"施恩"于社会，则是合法化效果明显不充分的循环路径。① 因此，如果说既有的法制改革初步建构了社会主义法律体系，初步实现了法律规则的科学供给，那么转型期的法制改革则进一步地要求民间社会的有序参与，为社会主义法律系统的有效运转奠定民主根基。

从合理性层面看，"国家是一个有着自己独立利益的实体……可以作为一个自主的行动者存在"②。由于政治组织和行政体系必须借

---

① 参见〔德〕哈贝马斯：《在事实与规范之间——关于法律和民主法治国的商谈理论》（修订译本），童世骏译，生活·读书·新知三联书店2011年版，第147页。
② 孙立平：《重建社会——转型社会的秩序再造》，社会科学文献出版社2009年版，第139页。

助封闭的内部结构，保障自身的独立运作和特有功能的输出，国家与社会之间无法避免根本的逻辑差异。无论是"向选民负责"的代议制度，还是"从群众中来，到群众中去"的工作方法，都不可能彻底消弭这种基于系统分化的差异。① 国家机构往往对法治建设中存在的问题及其变动的社会情境缺乏敏感，或者只能从自身的有限视角出发，建构问题的意义、重要性和紧迫性。对于强调法律实施的转型期法制改革来说，国家机构的这种"认知限度"必然造成更大的困难。相反，民间社会扎根于诸个人的具体生活历史之中，对法治运行的障碍富于切身体验，不仅能够借助日益崛起的网络公共领域，明确将这种体验表述为正当权益所遭受的损害，并经由公共传播和公共讨论制造的共鸣效果加以凸显；而且能够揭示社会"真问题"，排除不具法治意义的"伪问题"。从"问题发现"的意义上讲，民间社会的积极参与有助于法制改革决策的合理化。

从风险抵御层面看，国家越是垄断改革方案的供给，就越是独自承受改革风险。在已然降临的"风险社会"中，由于各种社会要素的普遍关联和复杂共变不断强化（"蝴蝶效应"），任何行动选择的后果都是不确定的；旨在解决一项问题的方案，完全可能引发一系列新的困难，从而使该方案事后被理解为不合理，并使其负面效果和副作用被归因于决策者。② 在法制改革转型期，不仅既有利益格局将会受到更大触动，而且诸多改革措施都不得不面对"牵一发而动全身"的系统性风险。就此而言，更加依靠民间社会及其网络公共领域的智识供给，无论是否直接有益于法制改革最佳方案的形成，至少是将风险与

---

① 参见 Niklas Luhmann, *The Differentiation of Society*, Stephen Holmes, Charles Larmore (trans.), Columbia University Press, 1982, pp. 138-165。
② 参见〔德〕尼克拉斯·鲁曼：《对现代的观察》，鲁贵显译，左岸文化出版社2005年版，第150—155页。

责任分担在国家与社会两个肩膀上，从而倍增了"顶层设计"的"可错空间"，倍减了决策失误的政治成本。

（二）民间社会无力主导法制改革

然而，不论是对国家与社会权力再分配进程的揭示，还是对法制改革转型期更需依靠民间社会的判断，都并不支持民间社会发挥主导作用。这主要是因为，尽管在 Web 2.0 网络公共领域日益成熟的历史新阶段，由于分散的个人权利得以集结为社会权力，民间社会对法制改革的影响越来越大，但其固有的局限性不仅仍然存在，甚至还更加明显。

首先，民间社会自主提出建设性改革意见的能力仍然有限。从社会系统论的角度看，民间社会与政治国家不仅无法克服先天的视角差异、倾向于以不同方式观察问题，而且难以避免后天的诉求分歧、倾向于各自谋求利益最大化，因此更适合扮演监督、批评而非建设角色。从时间社会学的角度看，在"信息大爆炸"和舆论热点频繁转换的 Web 2.0 时代，民间社会赖以汇聚自身力量的网络公共领域极度稀缺"时间"，不仅不适合开展旨在提出合理建设性意见的深入论证活动，就连对问题的病理学分析也往往采用高度化约的还原论方式，置于预先设定的、带有意识形态偏见的解释框架之中（比如将"司法不公"简单归因为过多或过少的政治干预），因此一再陷入没有建设意义的"立场"之争。在西方多党制下，这种意识形态化的立场之争早已存在，其实质是党派之间围绕"有权/无权"代码运转的执政纲要竞争。[1] 我国尽管不存在上述问题，但随着网络公共领域的崛起，围

---

[1]　参见〔德〕尼克拉斯·鲁曼：《对现代的观察》，鲁贵显译，左岸文化出版社2005年版，第166—189页。

绕"信息/非信息"运转的、意识形态化的纲要竞争也出现了，其实质在于竞争话语权和传播机会。

其次，民间社会权衡短期利益与长期利益的能力仍然有限。宪法基本原则在根本意义上反映了一国的长期利益，较之至少在一定程度上受其制约的政治国家，民间社会更易于无节制地追逐短期利益。[①]在从事"商品流通"的现代经济领域，瞬息万变的供需关系被反映为极度灵敏的价格，本身就要求经济参与者聚焦短期利益；健康运转的市场机制则负责协调民间社会的众多短期利益，通过充分竞争将其转化为长期利益。但在从事"意见流通"的现代公共领域尤其是网络公共领域，民间舆论的发生机制却既未提供聚焦长期利益的充分动力，又缺乏将短期利益转化为长期利益的类似能力。[②]一方面，由于信息的高效传播以空间维度的"近"和时间维度的"新"为前提，无关急切诉求的意见难以引起普通公众的共鸣，老生常谈的话题难以获得广泛的关注；另一方面，由于信息高效传播越来越成为信息传播的目的本身，新闻与深度报道又在传媒系统内部不断分化，那些艰难形成的、关乎长期利益的公共议题，完全可以与基于短期利益考量的公众舆论交替出现甚至同时存在，二者之间的矛盾背离既无处理的机制又无处理的必要。[③]

再次，民间社会就具体改革方案达成共识的能力仍然有限。在宪

[①] 中国宪法主要依靠政治化方式实施，但在法治化进程中，也逐渐形成了政治化实施和法律化实施"双轨制"。参见瞿国强：《中国宪法实施的双轨制》，《法学研究》2014年第3期，第82—94页。

[②] 关于网络法律舆论形成机制的个案分析，参见陆宇峰：《网络公共领域的法律舆论：意义与限度——以"微博上的小河案"为例》，《社会科学研究》2014年第1期，第1—9页。

[③] 〔德〕尼克拉斯·鲁曼：《大众媒体的实在》，胡育祥、陈逸淳译，左岸文化2006年版，第75—77、85—86页。

法权威、法治方向、人权保障、公民自由、权力制约、司法公开等较为抽象的问题上，民间社会已经通过网络公共领域展现出较高程度的共识。然而，对于旨在落实上述抽象共识的各种具体法制改革方案，民间社会有时分歧严重，有时只是随机表达了支持或反对态度。反映在网络公共领域的民间舆论中，分歧严重的情况如围绕"非暴力犯罪是否应当废除死刑"问题的争论，主要根源于价值判断的差异；随机表达的情况如围绕"是否应当限制律师披露案件重要信息"问题前后不一的态度，主要根源于个案情境的差异。① 更重要的是，由于缺乏足以发挥合法化效果和暂时搁置分歧的正式民主程序和"多数决"机制，民间社会及其网络公共领域更适合开展面向未来持续开放的商谈活动，而不是在当下就法制改革具体方案迅速做出决断。

复次，民间社会实际解决复杂改革问题的能力仍然有限。如前所述，与经济改革一样，法制改革也需要国家向民间社会放权，以充分利用其创造和反思潜力。但经济改革旨在释放社会自主生产经济产品的权力空间，法制改革却并非旨在释放社会自主生产"法律产品"的权力空间。尤其在以司法体制改革为核心的法制改革转型期，由于司法以在全社会范围内"稳定规范性预期"为基本功能，故其组织最终只能依靠超越社会各阶层诉求、地方各级政府利益以及公共领域舆论一时风向的国家。尽管通过网络公共领域，民间社会向国家施加了自我改革的巨大压力，但它既不具有国家的中立身份，也不具有国家的组织资源，因此没有能力替代国家实际解决错综复杂的法制改革问题。更不用说，转型期的法制改革明确取向于法治化，本身需要以"法治方式和法治思维"加以推进，而民间社会及其互动频繁的网络

① 在 2012 年的"贵阳小河案"和 2013 年的"李某某强奸案"审判期间，网络公众对这个问题持截然相反的观点。

公共领域并不接受此种要求过高的束缚，因此也不可能拥有解决复杂改革问题的适当手段。

在 Web 2.0 时代的网络公共领域中，民间社会更加暴露出固有的局限。① 这些固有的缺陷，不仅并非需要改进的"缺陷"，甚至反而是促进其多元化、提升其活跃度、激发其创造力、维持其反思性的保证，是其与政治国家功能互补的结构需要，是其能够为法制改革转型做出独特贡献的基本前提。但不论如何，法制改革的主导者必须提出建设性意见、权衡长期／短期利益、承担决断任务和实际解决问题，而囿于自身固有的局限，民间社会有权提出这一诉求，却无力扮演这一角色。

（三）党的领导是法制改革的成功关键

法制改革成功的关键，最终还在于坚持中国共产党的领导。这项判断不是基于党已经成为中国社会各项改革领导者的事实本身，而是基于对法制改革艰巨复杂的形势，以及中国共产党特殊地位和发展历程的综合考量。在民间的讨论中，法制改革的艰巨复杂常常被归诸三项原因：一是党在革命和战争时期非常规的组织方式和斗争手段，及其在 1949 年后的实际延续；二是计划经济体制下党对社会各领域的全面控制，以及放权过程的曲折漫长；三是市场经济改革以来党内腐败的加剧，以及既得利益集团对深化法制改革的阻挠。三者共同强化了政治对法律的支配意愿。因此，只要政治改革尚未完成，深入展开法制改革的空间似乎就十分狭小。它不仅要求党的"自我革命"——这终究是有限度的；而且要求以法治方式巩固"自我革命"的成果，

---

① 关于网络公共领域局限性的讨论，参见〔美〕凯斯·桑斯坦：《网络共和国》，黄维明译，上海人民出版社 2003 年版，第 36—62 页；〔美〕凯斯·R. 桑斯坦：《信息乌托邦——众人如何生产知识》，毕竞悦译，法律出版社 2008 年版，第 196—213 页。

亦即悖论地将法制改革的目标作为手段。

必须指出，这种观点同时高估和低估了法制改革的艰巨复杂，模糊了人们对于"党的领导是法制改革成功关键"的认识。高估之处在于，由于法制改革与政治改革存在"共振"效果，完成政治改革并非推进法制改革的必要前提。通过法制改革，在立法层面完善审议规则、保障公众参与，政治民主就可能相应地发展；在行政层面完善权限规则、保障媒体监督，政治体制就可能相应地理顺；在司法层面完善程序规则、保障律师执业，政治与法律就可能相应地适度分离。政治民主的发展、政治体制的理顺、政治与法律的适度分离不仅相互强化，而且又可能反过来促进法制改革，构成良性循环和共同推进。更一般地说，由于诸社会系统存在结构耦合关系，任何领域的改革都可能对其他领域形成激扰、造成变革；社会主义市场经济与社会主义法律体系的共同演化，就是一个鲜明的例证。因此，由于担心执政党难以迅速地大幅度推进政治改革，就对其领导法制改革抱持怀疑态度，并无合理理由。

低估之处至少有三个方面：首先，法制改革不仅需要克服政治系统对法律的支配意愿，还需要抵御政治以外各种社会系统对法律的同化效应。比如，单方面服从政治权力的法律固然早已受到批评，但放纵经济效率原则向科学、教育、医疗、环境保护等法律领域无度扩张，同样不符合法制改革的目标。① 其次，法制改革不仅要求扫清"既得利益集团"的障碍，而且要求在超越各方利益和价值诉求的基础上与时俱进地全盘考虑。从较具体的意义上讲，在一个高度分化和高速变迁的社会中，法治取向的法制改革应当结合不断变动的社会情

① 参见〔德〕贡塔·托依布纳：《多元现代性：从系统理论角度解读中国司法面临的挑战》，祁春轶译，《中外法学》2013 年第 2 期，第 255—258 页。

境，协调不同职业群体、利益群体、身份群体、意见群体的权益，既不能漠视多数人，也不能牺牲少数人；从更抽象的意义上讲，政治、经济、教育、科学、传媒各社会功能系统都倾向于自身运作逻辑的无限展开，由此同时造成了诸系统的过度发展态势和扩张主义倾向，以及因侵犯个人身心完整性而出现的人权问题、因系统际冲突而出现的社会撕裂风险，中国法制改革必须竭力避免这种在西方国家乃至全球层面已经出现的深刻危机。① 最后，法制改革并非旨在简单划定公权与私权、国家与社会、政治与市场的界限，而是应当在经济和经济以外的各功能系统中分别划分"公/私"，并强化"公私合作"。申言之，在各种现代社会子系统内部，都存在着"组织化领域"与"自发领域"的公/私再分化，二者的相对自治和相互合作是每个系统良性发展的必要条件，需要不同的部门法律分别加以确认和保障。②

真正理解了转型期法制改革的艰巨复杂，就必然承认坚持中国共产党的领导是法制改革成功的关键。一方面，与西方政党不同，作为"超级政党"的中国共产党拥有长期执政的特殊政治地位，这决定了她不是仅仅在既有政治框架下争取"轮流坐庄"，而是可能以"更大的政治智慧和勇气"持续推进政治改革；不是仅仅考虑有限任期内的问题，而是应当考虑百年大计和长远问题；不是仅仅致力于经济增长或者其他最受当下关注的单一目标，而是必须促进各社会领域的协调运转和整个社会的可持续发展；不是仅仅以党派竞争机制和代议制民主转移不同社会群体、不同社会系统的矛盾冲突，而是始终注重维系

---

① 参见陆宇峰：《全球的社会宪法》，《求是学刊》2014 年第 3 期，第 104—105 页。
② 参见 Gunther Teubner, *Constitutional Fragments: Societal Constitutionalism and Globalization*, Oxford University Press, 2011, pp. 29-30, 88-89。

社会团结和社会整合。[①] 另一方面，中国共产党的发展历程也表明，作为具有革命基因的政党，尽管她正在向执政党转型、努力实现各项体制的常规化，但她又确实拥有打破常规、重构体制的"自我更新"能力；[②] 尽管这种革命基因需要施加一定限制、寻求"破"与"立"的平衡，但它从根本上保证了中国共产党有勇气扫除各种体制、机制、利益、观念障碍，为"安放法治"创造良好的综合环境；更重要的是，尽管这种革命基因最初来源于工人阶级的利益诉求和对资本主义逻辑的反动，但它越来越与各行各业各阶层全体中国人民对"中国梦"和"法治梦"的共同追求结合在一起，这就进一步强化了中国共产党作为"革命的超级政党"的超越性。[③] 就此而言，只要中国的法制改革不是仅仅以照搬西方现成制度为目标，而是最终希望建成更为先进、更为合理、更适合当代中国社会的法治国家，就应当始终坚持中国共产党的领导。

第四节　以社会治理创新迎接法制改革转型

（一）党的领导与民间参与的兼容

转型期的法制改革既内在地要求民间社会的积极参与，又以坚持

---

① 国外学者的类似观点，参见〔德〕贡塔·托依布纳：《多元现代性：从系统理论角度解读中国司法面临的挑战》，祁春轶译，《中外法学》2013 年第 2 期，第 265—269 页。

② 参见闫健：《中国共产党转型与中国的变迁——海外学者视角评析》，中央编译出版社 2013 年版，第 119—169 页。

③ 有学者对此持负面评价，理解为"代表性断裂"现象，本文不同意这种观点。参见汪晖：《"后政党政治"与中国的未来选择》，《文化纵横》2013 年第 1 期，第 16—22 页。

中国共产党的领导为成功的关键。从理论上讲，二者具有兼容性：民间社会的主要功能，在于守护改革方向、推动改革常态化、提升改革回应性、强化改革执行力，亦即通过公众对法制运行的全程监督，持续发现问题、展开讨论、督促改善、追究责任，从而防止体制惰性、利益格局和僵化观念逆转改革方向、异化改革目标、枯竭改革动力。这并未否定在党的领导下取得的改革开放成就和法治建设成果，及其由此得到巩固的执政地位；并未排斥党借助组织力量和执政地位，约束党员遵纪守法、政府依法行政、公安机关规范执法、司法部门公正司法，扫除法制改革的公权障碍，以勤勉无私获取公众的承认；并未妨碍党利用媒体资源和智识、经验优势，主动设置改革议题、吸引社会参与讨论、甄别吸收民间意见、系统论证改革方案，以真知灼见博得民众的认同；甚至还十分需要党推动"国家与社会中的反思性动员"的联系，通过为社会提供物质条件和组织框架的保障，建立政府与公众之间的"积极信任"。①

　　但在法制改革实践中，由于中国共产党的领导地位还间接反映为对政府权力的实际控制，而政府的职能转变和体制改革又尚待深入，这就从客观上给党的领导与社会参与的相互协调造成了一定困难。一方面，政府如何在允许社会围绕法制改革议题展开充分自我动员、自由讨论和自主判断的同时，依法防止民间舆论突破政治底线、引发政治动荡？特别是在社会权力不断集中的 Web 2.0 时代，政府如何能够既充分利用民间社会反思和创造能力，又有效遏制社会戾气的病毒式传染，使非理性的极端意见不至于冲击政治秩序、造成改革倒退？当前的网络民粹主义"由两种力量所构成，一种是网络批判现实主义，

---

　　① 参见〔英〕吉登斯：《超越左与右——激进政治的未来》，社会科学文献出版社2009 年版，第 11 页。

另一种是网络民族主义。前者以国家内部的社会矛盾为主要关注点，以反权威、反精英主义的底层姿态出现；后者则以反对全球化、反对西方国家为内容，以极端排外性的情绪表达为形式"①。从这个角度看，上述两方面的问题都涉及网络民粹主义，亟待探索适当的处理方案。

　　另一方面，与现有政府治理水平相关的多重因素削弱了民间社会及其网络公共领域的自我反思能力。民间社会自我组织的程度还相当不够，社会组织代表特定利益和意见群体与政府理性沟通的功能，以及遏制"乌合之众"的"群体极化"倾向的功能没有得到充分发挥；网络公共领域架构设计的合理化程度还相当不够，比如互联网企业围绕"点击率法则"进行的技术设置鼓励"信息消费主义"而不是理由交互和理性商谈，又如"大数据分析"被用于面向用户偏好的信息筛选和"精准投放"，起到了强化社会偏见的负面作用；网络言论监管模式的策略还有待调整，从日常的内容审查和过滤到公安和司法机关的介入，层层升级的外部权力干预都直接针对高度分散的网络行为本身而非网络架构，不仅无法从根本上有效地维护网络公共秩序，而且不恰当地激发了作为弱势一方的网络公众的逆反心理，以至于对抗姿态和对抗话语本身被误导性地赋予了捍卫言论自由和推动法制改革的正当性。②

　　正如当前围绕法制改革主导权展开的舆论竞争所表明的，这样一来，政府与民间的相互不信任和相互对抗就可能形成不断强化的恶性循环，法制改革领域的国家与社会权力再分配过程也可能在现实中陷

---

　　①　陈尧：《网络民粹主义的躁动——从虚拟集聚到社会运动》，《学术月刊》2011年第6期，第24页。
　　②　参见陆宇峰：《中国网络公共领域：功能、异化与规制》，《现代法学》2014年第4期，第32—33页。

入一种"非此即彼"的斗争逻辑。长此以往，坚持党的领导与扩大民间社会参与在应然层面的兼容性，可能在实然层面受到破坏；二者协同运转以推动转型期法制改革不断前进和走向成功的理想前景，也可能被蒙上阴影。

（二）开辟"公私合作"新空间

法制改革转型亟须打破国家与社会权力再分配的僵硬斗争逻辑，促成党的领导与社会参与的理论兼容性的现实化。为了解决这个已成症结的问题，政府首先应当做出更大的努力，将开辟"公私合作"治理空间作为一项重要工作。

"社会治理创新"可能是这项工作的突破口。尽管"市场化""民主化""法治化"都致力于调整国家与社会的关系，但这些方案要么过度强调二者的截然分离，要么本身就是短期内难以实现的目标。然而，从强调政府权力结构优化的"政府治理"，到倡导公民和社会组织自治的"社会治理"，再到主张政府、社会组织、企业、社区、公民个人等利益相关者多元共治的"协同治理"，①"社会治理创新"在总结我国以及当代各国公共事务管理经验的基础上不断展开，越来越倾向于在国家与社会之间培育一种相互信任的伙伴关系，以及公权与私权的"官民共治"。② 2013年，党的十八届三中全会首次用"社会治理"取代"社会管理"的提法，全会通过的《决定》又提出了以"改进社会治理方式"和"激发社会组织活力"为主线的"创新社会治理

---

① 参见燕继容：《协同治理：社会管理创新之道》，《中国行政管理》2013年第2期，第58—61页；唐兴军、齐卫平：《治理现代化中的政府职能转变：价值取向与现实路径》，《社会主义研究》2014年第3期，第83—90页。

② 参见俞可平：《重构社会秩序 走向官民共治》，《国家行政学院学报》2012年第4期，第4—5页，第127页。

体制"改革方案，中国共产党已在积极推动政府创新社会治理。

为了开辟公私合作空间，社会治理创新至少需要政府的三方面努力。

一是"政府职能转变"，旨在继续推进国家与社会的适度分离，这是"公私合作"的基本前提。当前我国政府职能转变的任务还很艰巨，"政企分开"和"政资分开"进入攻坚阶段，"政事分开"和"政社分开"尚在探索之中。从管理型政府向服务型政府的职能转变，要求凡是适合社会提供的公共服务和处理的事务，都应当交由社会承担，通过"社会创新"充分发挥社会的自我服务功能和自我规制能力；[①] 反过来说，以"简政放权"为核心内容的政府职能转变，客观上也呼唤着足以承接"所简之政"和"所放之权"的自治社会。[②]

二是"参与式民主"，旨在持续扩大国家与社会的协同治理，这是"公私合作"的基本形式。20 世纪 60、70 年代，参与式民主在西方兴起，反对由政治精英和利益集团主导的代议制民主，强调将民主扩展至工作场所和传统上的非政治部门；20 世纪 80 年代，参与式民主因其"乌托邦"色彩受到批评，并被商谈民主理念所取代；20 世纪 90 年代之后，参与式民主的相关制度和实践在世界各地复兴，结合合作性所有、共同审议、共同决策、共同管理的参与式民主较之商谈民主的优势不断展现；21 世纪，Web 2.0 时代到来，参与式民主在线

---

① "社会创新"的国际趋势包括：社会企业家群体的崛起；社会企业异军突起；公司社会责任和公司社会创新蓬勃发展；政府、公民社会和公司企业在解决社会问题、提供社会服务方面寻求建立合作伙伴关系；政府、商业、非营利部门之间走向融合与趋同，"第四部门"悄然出现；社会经济迅猛发展。参见何增科：《社会创新的十大理论问题》，《马克思主义与现实》2010 年第 5 期，第 108—111 页。

② 美国学者在 20 世纪 70 年代的类似讨论，参见〔美〕唐·E. 艾伯利主编：《市民社会基础读本——美国市民社会讨论经典文选》，林猛等译，商务印书馆 2012 年版，第 143 页。

上空间开辟新局面，不仅坚持了民主的广泛性和直接性，而且从技术层面降低了参与的成本、增加了参与的现实性。如果说参与式民主在西方社会走过了兴起——衰落——复兴的一个周期；那么在中国，随着 Web 2.0 时代的到来，参与式民主直接迈入了一个新的周期。① 当前我国参与式民主的发展，最为突出地表现为网络公共领域的崛起——国家利用互联网的政务公开、司法公开和服务平台建设，与亿万网络公众的意见回馈、批评建议一道，构成了协同治理的新形式。但与此同时，不仅线上的参与式民主还需要通过网络治理模式的调整加以规范和落实，如何加快去行政化进程、改善线下的参与式民主，也是必须考虑的问题。其中，进一步完善基层群众自治，着力建设政治性人民团体、行业性协会、综合性社会组织联合会等"枢纽型社会组织"②，积极推广"温岭民主恳谈会"等线下空间新经验，以及在重大公共事项上引进"规制性协商"等新型决策模式，③ 可能是当前实现"增量民主"④ 的重点。

　　三是"自我规制的规制"，旨在不断提升民间社会的自我反思能力，这是"公私合作"的基本保障。社会团体、基金会、民办非企业等形式的社会组织，以及论坛、博客、微博等形式的网络公共领域，都在相当程度上适合"自我规制"，以调动其积极性、增强其活力、激发其创造力，满足多元的社会需要。社会组织主要按照章程自治，

①　参见〔美〕卡罗尔·佩特曼：《参与和民主理论》，陈尧译，上海人民出版社 2012年版，第 97—104 页；卢瑾：《西方参与式民主理论发展研究》，人民出版社 2013 年版，第 143—205 页。

②　参见彭善民：《枢纽型社会组织建设与社会自主管理创新》，《江苏行政学院学报》2012 年第 1 期，第 64—67 页。

③　参见蒋红珍：《治愈行政僵化：美国规制性协商机制及其启示》，《华东政法大学学报》2014 年第 3 期，第 63—75 页。

④　"增量民主"概念的提出，参见俞可平：《增量政治改革与社会主义政治文明建设》，《公共管理学报》2004 年第 1 期，第 8—14 页。

网络公共领域的治理主要依靠互联网行业规范的自律实施、互联网企业的自我审查以及网络社区委员会的自主纠纷解决。政府不应直接干预上述"自我规制"实践，但也不能听任其运转失灵或负外部性膨胀，这就需要"自我规制的规制"。① 就社会组织而言，政府当前最为重要的工作可能是推动社会组织得"法人治理结构改革"和信息公开，以及在"四类放开"背景下加强事中和事后监管；这两项工作都不是越俎代庖地将社会组织纳入行政管理，而是在保障其依据章程自治的同时，通过评级、示范、指导、处罚等多种灵活手段防范其活动超越法律底线。就网络公共领域而言，鉴于"数字执行"的僵硬形式性，政府未来尤其需要审查互联网企业政策制定的合法性，并保障网络用户在线复议的权利；② 鉴于网络架构在很大程度上决定了网络行为，政府未来应当更加注重向互联网企业强加架构调整义务，而非继续聚焦于亿万网民的行为控制；这两项工作同样不是替代网络公共领域的自治，而是同时防止互联网企业滥用自我规制权力和逃避自我规制责任。政府只有不放松对民间社会的规制，并真正将外部规制的目标理解为促进其自我规制和自我反思，民间社会的自治实践才能够有序开展。

(三)"公私合作"的改革之路

近年来，一些敏锐的学者已在热烈讨论社会治理法治化问题，强

---

① 这一点正在全球范围形成共识，相关实践也在不断展开。一个典型例证是英国2007年出台的《法律服务法》设立了一个独立规制机构，对传统悠久的法律职业团体自我规制加以规制。参见李洪雷：《迈向合作规制：英国法律服务规制体制改革及其启示》，《华东政法大学学报》2014年第2期，第55—66页。

② 参见〔德〕贡塔·托依布纳：《社会宪政：超越国家中心模式宪法理论的选择》，陆宇峰译，载〔德〕贡塔·托依布纳：《魔阵·剥削·异化——托依布纳法律社会学文集》，清华大学出版社2012年版，第154—182页。

调依靠法治思维、法治方法、宪法权威开展社会治理创新。① 但更应注意，无论是法治中国建设，还是法制改革转型，都在一定程度上反过来依赖于社会治理创新。如前所述，"政府职能转变""参与式民主""自我规制的规制"构成社会治理创新的三项基本内涵，分别为开辟公私合作空间提供了前提、形式和保障。对于转型期的法制改革来说，这就可能消解国家权力与社会权力的对立，缓和政府与公众的相互不信任，将党的领导与社会的参与结合起来，将自下而上与自上而下结合起来，为走一条公私合作的法制改革之路奠定基础。

　　具言之，法制改革转型的公私合作之路至少包含五个特色鲜明的过程：一是改革目标设定的反复协调过程，即改革目标不仅在部门、系统内部以及部门、系统之间达成一致，而且注重与民间社会的主要诉求相协调；不仅协调根据不同事项设定的各种特殊改革目标，而且调适不同社会领域和社会群体的目标分歧；由此从根本上缓解法制改革的"结构性失衡"问题和"短板效应"问题。二是改革方案形成的多方互动过程，即在符合党的改革决策精神的前提下，不局限于就改革方案征求体制内意见和专家意见，而是广泛征求社会意见；不局限于就已形成的改革方案征求意见，而是改革方案本身就源于社会所提出的意见、反映社会所提出的诉求；由此从根本上缓解法制改革的闭门造车问题。三是改革措施落实的持续监督过程，即对于改革措施的实施情况，不依赖于相关部门的自查自检或者上级的抽查抽检，而是综合考量行政相对人、诉讼参加者等改革利益相关者的信息反馈；不

---

　　① 参见刘旺洪：《社会管理创新与社会治理的法治化》，《法学》2011 年第 10 期，第 42—46 页；韩大元：《宪法实施与中国治理模式的转型》，《中国法学》2012 年第 4 期，第 15—22 页；江必新、李沫：《论社会治理创新》，《新疆师范大学学报》（哲学社会科学版），2014 年第 2 期，第 25—34 页。

依赖于半年的、年度的、阶段性的例行检查，而是接受和保障公众特别是网络公众的日常批评监督；由此从根本上缓解法制改革的"虎头蛇尾"问题。四是改革成效评估的共同参与过程，即在内部评估基础上，结合改革决策者的明确部署、改革实施者的自身规划、改革利益相关者的合理预期以及社会公众的普遍愿望，由专业评估组织、一般社会组织、科研机构和媒体等第三方机构设计指标体系和权重，对改革成效进行独立评估，同时满足成效评估的科学性、民主性、客观性要求；由此从根本上缓解法制改革的自我评价问题，化解"问责不力和激励机制失灵"难题。五是改革策略选择的灵活调整过程，即在改革目标、方案、措施既定的情况下，通过持续展开和多方参与的批评监督和成效评估，及时发现问题、提示风险、分析原因，结合形势的变化和情境的变动灵活调整改革策略；通过改革实施者与普通公众的持续互动、沟通，不仅充分利用民间社会的敏感度优势，而且争取试错和实验空间，并提升纠错能力；由此从根本上缓解法制改革"低头拉车"与"抬头看路"的矛盾。

应当承认，公私合作之路内涵丰富，以上讨论既不全面又不清晰。但无论如何，这条道路是对既有法制改革经验教训的总结，是对既有法制改革模式的发展，也是对当前法制改革任务和环境的重大变动的积极回应，值得未来继续探索。

第三章
网络舆论与法制改革顶层设计

第一节　法制改革模式转型背景下的网络舆论

"当年我们'摸着石头'搞改革，是因为对一些重大问题还没看清看透，而今天亟待推进的多项改革，我们党对其目标和路径都已明确。"[1] 为了克服"摸着石头过河"的系统性、前瞻性、方向性隐患，[2] 2014 年正式启动的法制"深改"转向"顶层设计"模式，这是当前网络法律舆论研究的基本背景。一方面，党的十八届三、四中全会的两个《决定》，表明了党中央通过顶层设计深化法制改革，尤其是扭转司法改革困顿状态的决心，极大激发了网络公众的法治预期和参与热情。[3] 在此背景下，网络法律舆论尽管仍然由具体事件所引

---

[1]　人民日报评论员：《那么一股子劲不能松——凝聚全面深化改革的力量之二》，《人民日报》2013 年 11 月 11 日。

[2]　参见竺乾威：《辩证看待顶层设计与摸着石头过河的关系》，《北京日报》2013 年 1 月 7 日；范清宇：《浅谈加强顶层设计与摸着石头过河相结合》，《中国行政管理》2014 年第 9 期，第 127 页；罗峰：《顶层设计和摸着石头过河》，《学习时报》2013 年 10 月 14 日。

[3]　参见徐昕：《司法改革的顶层设计及其推进策略》，《上海大学学报》(社会科学版)2014 年第 6 期，第 1—11 页。

发，但往往超越当事各方的是非曲直，诉诸法制深改的顶层设计。另一方面，围绕司法改革这一核心主题，党中央不仅通过两个《决定》勾勒了总体框架，而且由"深改组"持续出台指导意见、实施方案和试点安排，以顶层设计方式牢牢掌握了改革主动权，发出了"保持战略定力""排除外界干扰"的明确信号。① 在此背景下，面对法制深改的顶层设计，网络公众的参与热情与言说空间之间又形成了一种内在张力。这从根本上决定了网络法律舆论的发展现状。

由于未能充分考量法制改革模式转型的潜在影响，既有研究自限于两个舆论场"对立/融合"的二元观察图式，难以准确描述网络法律舆论的发展现状。② 近年来，依托迅速崛起的 Web 2.0 网络公共领域，民间舆论确实一度与主流舆论形成对立态势。③ 但随着法制改革转向顶层设计模式，这种对立态势自 2014 年起已趋缓和，以至于"司法舆情在 2014 年度未能进入 20 件热点舆情"，以微博为典型代表的民间舆论场活跃度也明显下降。④ 具言之：

第一，顶层设计勾勒了"法治中国"的蓝图，明确了"全面推进依法治国"的目标、原则、路径和任务，促成了网络公众从"法治理想呐喊者"向"改革现实观望者"的角色转变；废除劳教制度众望所归，司法改革寻求体制突破，"最高人民法院力推司法公开，

① 参见董振华：《不断开创全面深化改革新局面》，《光明日报》2015 年 9 月 22 日。
② 参见杨礼雕：《社会热点事件舆论场的博弈与融合》，《甘肃社会科学》2015 年第 4 期，第 189—192 页；姚广宜、吴柯：《涉法事件的微传播舆论场：多元意志的冲突与碰撞——以"李某某案"为例》，《当代传播》2014 年第 5 期，第 87—89 页；人民网舆情监测室：《2014 年：两个舆论场共识度明显提高》，《光明日报》2015 年 1 月 6 日。
③ 参见陆宇峰：《以社会治理创新迎接法制改革转型》，《法学》2014 年第 9 期，第 51—64 页。
④ 祝华新等：《2014 年中国互联网舆情分析报告》，载李培林等主编：《社会蓝皮书：2015 年中国社会形势分析与预测》，社会科学文献出版社 2014 年版，第 228 页。微博活跃度数据参见中国互联网络信息中心（CNNIC）：《第 35 次中国互联网发展状况统计报告》，第 57 页，2015 年 1 月发布。

重审疑案和平反错案，民众的关切得以释放"①……这些明显的进步，有效缓解了民间社会的法治焦虑，安抚了网络舆论的急迫情绪。

第二，经由顶层设计的改革措施层出不穷，除了解决立案难痼疾、惩治司法掮客行为、防止领导干部干预司法，以及规范减刑、假释、保外就医程序等早已进入网络公共领域的议题之外，从司法员额制、法官检察官遴选（惩戒）委员会、主审法官主任检察官办案责任制，到司法机关人财物省级统管、跨行政区划法院设立、最高人民法院巡回法庭试点……内部人视角的专业议程设置对民间社会的参与能力构成了挑战。地方试点改革缺乏公开性、改革对象特别是基层司法人员意见反馈不充分等问题，也制约了网络讨论的展开。②

第三，配合顶层设计保持战略定力的需要：（1）网络法律方面，以2012年全国人大常委会《关于加强网络信息保护的决定》为起点，以2015年网信办《互联网用户账号名称管理规定》为标志，"网络实名制"全面普及；依据2013年"两高"关于网络诽谤等犯罪的司法解释，以及2014年网信办《即时通信工具公众信息服务发展管理暂行规定》，"清网行动"扩大到音视频网站和微信。（2）网络意识形态方面，社会主义核心价值观与"普世价值观"的根本区别成为宣传重点，③ 建设相关

---

① 祝华新等：《2014年中国互联网舆情分析报告》，载李培林等主编：《社会蓝皮书：2015年中国社会形势分析与预测》，社会科学文献出版社2014年版，第228页。

② 参见胡献：《司法改革要避免神秘主义》，《中国青年报》2015年3月19日。

③ 参见韩震：《中西方核心价值观有何不同》，《求是》2014年第2期；姜胜洪：《不甘寂寞的西方"普世价值"观》，《中国社会科学报》2014年3月24日；蔡大祥：《社会主义核心价值观与"普世价值"》，《红河日报》2014年10月24日。这些文章被光明网、求是理论网、人民论坛网等转载。

"网上传播阵地"的任务正式部署;① 数量激增的政务新媒体积极打造"两微一端",开展移动化、立体化的"正能量"宣传;② 科研机构、高等院校加强网络纪律管理,科教身份的网络意见领袖活跃度大幅下降。(3)网络技术方面,监管部门与网络平台的公私合作超越人工形式,向智能化方向发展(如新浪微博的智能反垃圾系统、智能排序系统);基于大数据、云计算的舆情监测成为热门产业,政府通过购买服务等方式不断提升收集、追踪、评估、预判网络舆情的能力,"全景敞视主义"体系日益成型;③ "澎湃新闻""财新网"等善于报道敏感问题的新型主流媒体异军突起,利用信息渠道优势主导"打虎"等网络舆情,"网络反腐"等体制外集体行动出现"断崖式降温"。④

多种因素的共同作用,自"深改元年"起终结了"两个舆论场"的尖锐对立。一个重要舆情分析机构随即断言:"今年以来,主流舆论场和民间舆论场进一步加强融合,网络舆论共识度与政府认可度双双快速上升。"⑤ 然而,这幅戏剧化的图景仍然是基于"对立/融合"二元图式的观察结果,存在过度简化之嫌。更深入的观察表明,由于法制改革的顶层设计模式带来了网络公众参与热情与言说空间的内在

---

① 参见《关于培育和践行社会主义核心价值观的意见》,中办发〔2013〕24号。2014年1月,各级党委纷纷出台实施意见;2014年2月起,《人民日报》评论员五论"弘扬社会主义核心价值观";各地随即展开多种形式的宣传教育活动,并注重将树立和践行社会主义核心价值观与"净化网络环境"结合起来。

② 截至2014年11月底,我国政务微博认证账号达到27.7万个,累计覆盖人数达43.9亿人。参见上海交通大学舆情研究实验室:《2014年网络舆情研究报告》,《新闻记者》2015年第2期,第23页。

③ 参见〔法〕米歇尔·福柯:《规训与惩罚》,刘北成、杨远婴译,生活·读书·新知三联书店2003年版,第219—255页。

④ 比较马长山:《网络反腐的"体制外"运行及其风险控制》,《法商研究》2014年第6期。

⑤ 人民网舆情监测室:《2014年:两个舆论场共识度明显提高》,《光明日报》2015年1月6日。

张力，两个舆论场仅仅在语词层面发生融合、形成"话语共识"，亦即共同使用顶层设计的论证资源和修辞方式；而在运作层面，民间舆论场的网络讨论超越具体法律事件，试图通过非对抗性但高度选择性的理解、解释和回应，促使决策者调整其经由主流舆论场正式发布和权威论证的顶层设计。

　　这种网络公共领域的法律舆论新形式，可以称为策略重构。从行动理论的角度看，策略重构属于"目的理性"范畴，旨在以最低成本、最小代价促成符合自身利益的政策调整，既区别于不计后果的价值理性行动，又区别于不加反思的传统行动。受目的理性的支配，网络公众以策略性的言语行为重构法制改革顶层设计，既不使用可能对达成目标起反作用的激进话语，也不放弃"对周围环境和他人客体行动的期待"，[①] 这就扬弃了"对立/融合"的区分，构成既有网络舆论研究的观察盲点。如何理解网络舆论策略重构顶层设计的现象？就法制深改的前景而言，策略重构的意义和局限何在？法制深改转向顶层设计模式的现实，以及由此产生的排除外部干扰的客观需要，是否支持超越策略重构这一网络舆论形式的局限性？本章拟以2014年的四起公共舆情事件为例，讨论这些问题。

第二节　策略重构型网络法律舆论：
典型方式

　　这四起事件颇具代表性，分别例证了网络公众从时间、事物、社

---

① 参见〔德〕马克斯·韦伯：《社会学的基本概念》，顾忠华译，广西师范大学出版社2010年版，第31—35页。

会、价值四个维度，策略重构法制改革顶层设计的四种典型方式：进度压缩、目标扩展、议题重置、理念更新。

（一）"进度压缩"式重构——以"余杭联合通告事件"为例

进度压缩（schedule compression）式重构，系从时间（temporal）维度重构法制改革的顶层设计，[①] 以期调整其"时间效力"。此种模式下，网络公众基于对顶层设计的倾向性理解，凸显特定深改目标的优先性，进而将这一未来的事实性目标"调换"成当下的规范性要求，以"余杭联合通告事件"的网络舆论为代表。

2014 年 5 月 11 日，杭州市余杭区政府官方微博公布了一份由区公安分局、检察院、法院、司法局联合发布的通告，要求此前抗议当地建设垃圾焚烧厂并与警方发生严重冲突的人员"主动投案自首"。本就聚焦抗议活动的网络舆论立即爆发新的质疑，指责公检法司联合通告这种形式存在严重的司法地方化问题，违反党的十八届三中全会关于"维护宪法法律权威""依法独立公正行使审判权检察权"的决定，以及潜藏在这些决定背后的"司法去地方化"目标。与以往就事论事的对抗性舆论不同，借助"余杭联合通报事件"，网络公众对法制改革的顶层设计展开了策略重构。[②]

---

① 此处将顶层设计视为一种意义系统，借助社会系统理论的"社会—时间—事物"三分法进行分析。这一理论认为，任何社会系统都采用"意义"的形式，以解决排除什么、继续遵循什么、重新确认什么的问题，而意义从社会、时间、事物三个维度，"安排什么人在系统里何时可以（以及不可以）期待什么"。参见 Georg Kneer & Armin Nassehi：《卢曼社会系统理论导引》，鲁贵显译，台北，巨流图书公司 1998 年版，第 154—155 页。

② 值得一提的是，网络舆论焦点从"余杭民众抗议集体事件"迅速转向"联合通报事件"，本身可能就是规避审查的策略。晚近研究表明，较之批评政府和政策的网络言论，与"群体性事件"相关的网络言论更易被审查过滤。参见 Gary King, Jennifer Pan and Margaret E. Roberts, "How Censorship in China Allows Government Criticism but Silences Collective Expression", *American Political Science Review*, 2013 (May), pp. 1–18.

　　首先，网络公众指涉十八届三中全会顶层设计的背景，构筑法律层面的安全言说空间和技术层面的自由表达空间。地方公检法司的联合行动，不仅在 1983 年以降的历次"严打"运动中屡见不鲜，而且在 2008 年"金融危机"以后的"能动司法""社会管理创新"浪潮中重获政治正确性；地方政府迫于"社会治安综合治理一票否决制"的压力，亦将联合行动视为应对社会矛盾多发态势的必要之举。在"服务大局"这一更高理念的支配下，联合行动的政治正确性与行政必要性相互强化，政治正确与政治正当、行政必要与行政合法的差异则被淡化。因此，除了"重庆打黑"被正式否定后的短暂时期，联合行动模式近年来并未获得足够的可批判空间，以至于进一步呈现常态化趋势。[①] 只有当网络公众抓住十八届三中全会召开和十八届四中全会临近的时机，使服务大局的天平从"维护稳定"向"依法治国"倾斜，以至于"法治中国建设本身就是大局"成为新的大局观，[②] 联合行动的行政必要性才失去了政治正确性的支撑，暴露出行政合法性和政治正当性困境；只有当网络舆论指出，十八届三中全会关于法治中国建设的决定以"司法去地方化"为基本目标，余杭才失去了通过技术手段危机公关的余地，被迫承受"违背顶层设计"的公众批评。[③]

　　其次，网络公众在使用顶层设计话语的同时，基于自身立场对顶层设计进行了特殊的意义解读。相对直观的问题是，主流舆论全面理解了"司法去地方化"的字面含义和引申含义：司法之所以必须"去地方化"，既是因为司法回归"中央事权"有助于"更好坚持党的领

---

　　① 参见鲁篱、凌潇：《论法院的非司法化社会治理》，《现代法学》2014 年第 1 期，第 3—11 页。
　　② 参见胡新桥、刘志月：《服务法治中国建设大局》，《法制日报》2013 年 3 月 16 日。
　　③ 即便是支持余杭"秋后算账"的声音，也回避了"联合通报"的"司法地方化"质疑。参见单仁平：《赞杭州市依法对打砸者"秋后算账"》，《环球时报》2014 年 5 月 13 日。

导，更好发挥我国司法制度的特色"，也是因为排除"地方保护主义的干扰"有助于"依法独立公正行使审判权检察权"，进而"更好促进社会公平正义"；[①] 民间舆论对"司法去地方化"的理解，则倾向性地局限于其引申含义，或者说局限于"加快建设公正高效权威的社会主义司法制度"之中的"公正"元素。更深层的问题是，"全面推进依法治国"，并不表明"维护稳定"必然从"服务大局"的内涵中消隐；如何解读依法治国，取决于将"依法"还是"治国"视为重点，亦即取决于将法治视为国家权力的运行原则，还是国家治理的技术手段。决策者有理由将维护稳定与依法治国统一起来，将依法与治国统一起来，重视法治的技术意涵；网络公众的预设性理解，则暗含了"法治优先于稳定""维权优先于维稳"等价值判断。[②]

最后，基于对法制改革顶层设计的特殊解读，网络公众实际上发出了调整顶层设计"时间效力"的呼声。在十八届三中全会的《决定》中，司法去地方化只是一系列顶层设计方案的远期目标；学界内部对于这套"司法中央化"方案能否达成这一远期目标，及其可能存在的结构性障碍和副作用，甚至至今争议不断。[③] 但网络公众对此视若无睹，他们通过倾向性的解读，凸显了"司法去地方化"的目标优先性，进而提出了压缩顶层设计日程表的主张，将这一未来的事实性目标调换成当下的规范性要求。这种要求不仅拒绝以深层的原因合理化表面的问题，而且主张各种司法地方化模式一则应该在更短时间内成

① 人民日报评论员：《加快深化司法体制改革——五论学习贯彻习近平同志在中央政法工作会议重要讲话》，《人民日报》2014年1月22日；孟建柱：《深化司法体制改革》，《人民日报》2013年11月25日。
② 这种理解也并非没有现实依据。学者对"维稳政治法治化转型"的观察，参见魏治勋：《从"维稳政治"到"法治中国"》，《新视野》2014年第4期，第76—80页。
③ 参见陈卫东：《司法"去地方化"——司法体制改革的逻辑、挑战及其应对》，《环球法律评论》2014年第1期，第57—61页；李少文：《论司法中央化改革的困境》，《探索与争鸣》2014年第7期，第85—89页。

为事实上的"不能"，二则应该在当下确立规范上的"不应"。换言之，网络公众主张顶层设计立即"生效"。

（二）"目标扩展"式重构——以"取消律师年检运动"为例

目标扩展（target expansion）式重构，系从事物（material）维度重构法制改革的顶层设计，以期调整其"对事效力"。此种模式下，网络公众通过对顶层设计的体系解释和关联类比扩展法制改革的事项范围，将其他领域的改革安排"拟制"到法制领域，以"取消律师年检运动"的网络舆论为代表。

早在 2007 年，即有 50 多名律师上书司法部，建议取消律师年检。2014 年全国"两会"前夕，这个老话题再度成为网络热点：2 月19 日起，多名律师微博倡议废止律师年检；律师再彤向司法部申请公开取消年检的进展；《中国律师行业管理体制批判》等论文广泛流传；来自 12 个省份的 60 名律师还向国务院、司法部、全国人大寄出联署建议信。这些言论和行动迅速得到网络声援，形成了一场同样旨在策略重构顶层设计的"取消律师年检运动"。

首先，为了尽可能争取同行和公众的支持，这场运动策略性地放弃了高举十八届三中全会"保障律师执业权利"旗帜的选择，没有直接诉诸在法制领域的顶层设计。在行业内部，不惜发动网络舆论呼吁取消年检的，毕竟只是极少数代理敏感案件的律师，他们指责律协不符合《律师法》的"自律性行业组织"定位，与司法行政部门一道利用年检干涉律师执业；另一些律师尽管质疑律协强制收取会费的合法性，[①] 批

---

① 2001、2002 年，河南李苏滨、李午汜两位律师先后状告洛阳市司法局，法院判决洛阳市司法局未能提供省级以上政府批准收取律师年检注册费的依据，其年检注册收费行为违法。此案之后，不少律师认为，律协会费实际上就是 2002 年曾因被法院裁定违法而取消的"司法注册费"。

评司法部更改考核主体涉嫌违法扩权,① 但并不担心因年检不合格造成执业困难；其他律师出于经济压力和事务负担的考虑，也希望搭废除年检的"便车"，但都不愿冒犯司法行政部门和律协，更不可能以执业权利保障为由进行网络抗议。在公众中间，则长期存在轻视和敌视律师的情绪，前者认为官司输赢取决于公检法，律师的辩护只是"走过场"；后者认为律师靠"勾兑"法官等不正当方式牟利，或者靠为"坏人"辩护为生；当一些律师受新诉讼法扩大赋权的鼓舞，在法庭和网络上叫板公权，这些社会情绪又以一种复杂的方式，与主流媒体的警惕态度相互强化。在此现实情况下，直接主张律师执业权利可能引起不必要的争议，不仅难以获得广泛支持，而且容易招致舆论反弹。

其次，通过将律师事务所视同于"企业"，这场运动策略性地借"废除企业年检"的东风，诉诸经济和行政领域的顶层设计。2014 年2 月18 日国务院印发的《注册资本登记制度改革方案》，以及次日国家工商总局"停止企业年检"的决定，成为运动的导火索。尽管律所既不属于方案涉及的 27 个特殊行业，依据 1990 年司法部《关于律师事务所不应进行工商登记的通知》亦不属于企业，但律师们坚称"律所与企业一样是'市场主体'，这没有任何争议"，并基于此一前提强调，不废除律师年检是"部门利益作怪"，抗拒十八届三中全会精神。有律师对此提供了三条论据：一是市场化改革后的律所符合自主经营、自负盈亏的市场主体特征，"其经营好坏自有市场决定"；二是税务部门实际承认律所的市场主体地位，"在税务登记时，税务部门

---

① 2008 年修订的《律师法》明确了律所的年度考核主体地位，司法部 2010 年出台的《律师事务所年度检查考核办法》却将考核主体变成了律协和司法局，被认为违反宪法和立法法的相关规定，涉嫌私自扩权。

都会将律师事务所纳入私企";三是人事部门实际否认律所的事业单位身份,"在任何地方,人事局都不会给律所进行事业单位登记"。①

　　深入的分析表明,这种观点将律师职业的经济属性绝对化,选择性地无视其社会和法治属性。即便律所与企业一样拥有市场主体地位,也并不意味着律所应当被视同于普通企业,适用取消企业年检的改革措施。经典法律社会学指出,律师与委托人不是纯粹的利益关系而是"信任"关系,必须区分律师"执业"与"营业",以免法律被经济需要裹挟;② 我国学者也认为,律师作为"自由职业"的根本价值在于服务公众,因此虽然构成市场经济的一部分,但获得收入不是其首要目的;③ 根据我国《律师法》,律师不仅承担着"维护法律正确实施"等无法加诸普通企业的任务,而且除了"经营"活动之外,还须履行法律援助等义务。学理和法律赋予律师职业的复杂属性,虽然不足以证成年检制度的合理性,但至少说明取消年检的"市场主体"论证并非"没有任何争议"。所有这一切,律师们当然心知肚明,他们选择这种论证路径的真实原因,在于较之"保障律师执业权利","使市场在资源配置中起决定性作用""简政放权,深化行政审批制度改革"等顶层设计构成共识度更高的论据。

　　最后,这场运动的实质,是少数律师抓住市场和行政体制深改的最新动向,策略性地提出了扩大法制深改的诉求。此前,鉴于在理论上和法律上,司法行政部门和律协被定位成律师的保护者,而公检法作为司法场域中代表公权的一方,又与代表私权的律师形成制度性对称结构,因此各地贯彻十八届三中全会"完善律师执业权利保障机

---

① 参见王婷婷:《取消律师年检呼声再起》,《方圆律政》2014 年 3 月中。
② 参见 Dalcott Parsons, "The Professions and Social Structure", *Social Forces*, 1939 (4), pp. 457–467。
③ 参见季卫东:《法治秩序的建构》,中国政法大学出版社 1999 年版,第 235 页。

制"的改革方案，都主要面向公检法机关。比如，2013 年 11 月，上海市检察院出台了《上海检察机关依法保障律师执业权利的十条意见》；2014 年 1 月，福建省高院、司法厅出台了《关于构建法官与律师良性互动关系共同促进司法公正的若干意见》；2014 年 4 月，四川省公安厅、司法厅出台了《关于保障律师在公安机关侦查阶段依法行使辩护权的若干规定(试行)》。然而，经过"取消律师年检运动"，市场、行政、法制三个领域的深改决策被加以关联类比和体系解释，"发挥市场决定性作用"和"简政放权"等深改原则，被"拟制"到律师行业监管制度改革的事项上。这就向司法行政部门和律师协会提出了新的要求，以目标扩展方式重构了法制深改的顶层设计。2014 年 7 月，黑龙江省人民政府发布《关于工商登记制度改革有关事项的通知》，做出取消律师年检的改革决定，这一制度似乎出现了局部的松动。

(三)"议题重置"式重构——以"郭美美报道风波"为例

议题重置(agenda resetting)式重构，系从社会(social)维度重构法制改革的顶层设计，以期调整其"对人效力"。此种模式下，网络公众通常并不否定既有的法制深改议题，而是在公共讨论的过程中通过"变焦"，将顶层设计原本的议题指向予以"拨转"，以"郭美美报道风波"的网络舆论为代表。

2014 年 8 月 3 日深夜，新华网发布揭开网络红人郭美美"谜团"的 4000 字电讯，[①] 多家主流媒体迅速跟进，同时推出"郭美美大起底"系列报道。这些报道不仅涉及郭开设赌场和炒作虚假新闻的"犯

---

① 参见刘子阳：《从炫富到涉赌，她为何堕入犯罪深渊？——郭美美涉嫌赌博犯罪被刑拘的背后》，http://www.mzyfz.com/cms/pufazhuanlan/pufazhongxin/pufahuodong/html/1173/2014-08-04/content-1070661.html，2022 年 4 月 29 日最后访问。

罪事实"，而且包括其 19 岁被"包养"、私生活混乱等细节，其母经营洗浴服务和亲属曾受刑责的身世也被曝光，郭还通过电视直播悔罪，并向因她炫富而深陷信任危机的中国红十字会道歉。郭随即受到网络围观，但主流媒体也被批评超越法律界限和违背新闻伦理，遭遇舆论的强烈反冲。① 在这场风波中，网络公众层层递进地拨转了法制深改的原有议题指向，重构了关于新闻(网络)法治的顶层设计。

一阶层次上，网络公众并未区分两个舆论场，而是径直提出了认为媒体行为超越法律界限的两点质疑。一是侵犯人格权和隐私。面向亿万观众起底嫌疑人私生活，属于变相游街；痛斥其"无耻""丑态百出"，构成人身侮辱；曝光其亲属的无关前科，侵犯第三人隐私。② 二是未审先判。在侦查期间报道嫌疑人的"犯罪事实"，并让她身着囚服在看守所内荧屏认罪，违反《刑事诉讼法》中"不得强迫任何人证实自己有罪""未经人民法院依法判决，对任何人不得确定有罪"等规定。③ 主流媒体为此依据权利平衡的法理逐项反驳：曝光郭美美隐私是必要的，否则难以挽救公益慈善；曝光其家庭信息也是必要的，否则难以挽回红会声誉；未审先判不成立，媒体并无判决之权，而报道保障了公众知情权。④

二阶层次上，作为对"超越法律界限"质疑的补充，网络公众继续提出媒体"违背新闻伦理"的三点质疑，将议题焦点转向主流

① 参见王家全、李怀岩：《对内传播议程设置应警惕"反冲—外溢"效应——"起底郭美美"引发的对内对外融合传播思考》，《对外传播》2014 年第 10 期，第 30—31 页。
② 学理分析，参见慕明春：《从自我炫耀性传播到媒介侵权性传播——基于郭美美事件相关报道的病理分析》，《当代传播》2014 年第 6 期，第 63—67 页。
③ 参见赵男：《从"起底郭美美"事件看媒体伦理失范现象》，《新闻世界》2014 年第 12 期，第 179—181 页。
④ 参见王德华：《官媒曝光郭美美不存在"未审先判"》，http://opinion.huanqiu.com/opinion_china/2014-08/5097946.html，2022 年 4 月 29 日最后访问。

媒体。一是迎合公众窥私欲，有道德丑化之嫌；二是聚焦商人"包养"等"八卦"，却错失对红会是否与其违法合作等严肃问题，有转移视线之嫌；三是所有报道信源同一、时间统一，使用"通稿"，有受到操纵之嫌。[①] 这就对前述反驳意见给予了再反驳：鉴于我国主流媒体的特殊背景和影响力，公共利益与私人权利、公众知情权与个人隐私权、新闻自由权与公平审判权的西式平衡理论，能否简单套用？

三阶层次上，基于"舆论审判/媒体审判"的区分，网络公众重新设置了新闻(网络)法治顶层设计的核心议题。与曾经饱受"舆论审判"指责的药家鑫、李天一案不同，郭美美案报道被网络公众明确诟病为"媒体审判"。[②] 舆论审判遵循"媒体报道—公众声讨—领导介入—法院审判"的演进逻辑，[③] 而在媒体审判模式下，权力介入被认为先于报道，或者说报道本身就意味着权力介入。2013年以来，类似报道多次引发争议，潜藏着两个舆论场围绕顶层设计的理解分歧：对于主流媒体来说，这类报道符合"让人民监督权力，让权力在阳光下运行"的顶层设计理念，展示了国家依法公开处理社会关注问题的法治姿态；但对于网络公众来说，这些报道偏离了审判独立的顶层设计，因为在他们看来，主流媒体掌握着"准公共权力"，可能干扰法

---

① 参见朱学东：《郭美美报道与媒体的节操》，http：//cul.qq.com/a/20140807/025319.htm，2022年4月29日最后访问。

② 这当然不是说，舆论审判无害于司法公正。参见 Benjamin Liebman, Tim Wu, "China's Network Justice", *Chicago Journal of International Law*, 2005 (8)，p.286. 更激烈的批评，参见刘练军：《民粹主义司法》，《法律科学》2013年第1期，第15—29页。

③ 参见张冠楠：《媒介审判下的司法困境》，《法学》2011年第5期，第14—20页；晚近的个案研究，参见马长山：《媒体介入司法之"危险"与"忠诚"争议的背后——重拾张金柱案》，《社会科学研究》2014年第3期，第65—72页。

律体系的正常运转。① 一个具有中国特殊性的法治新议题在此浮现：
较之民间舆论，主流媒体的案件报道是否应当受到更严格的法律
限制？

顶层设计的议题指向由此被拨转。十八届三中全会《决定》在新
闻（网络）法治领域的议题焦点，本是网络谣言等主要存在于民间舆
论场的问题，要求"健全……网络违法犯罪防范和打击等工作联动机
制，健全网络突发事件处置机制，形成正面引导和依法管理相结合的
网络舆论工作格局"。在贯彻这一决定展开清网行动的过程中，主流
媒体承担着法治宣传的任务，通过相关报道教育公众"网络不是法外
之地"。但对郭美美报道的质疑，却明确将新闻法治议题变焦到主流
媒体：主流媒体不应被定位成法治的宣谕者，它们本身就需要被纳入
法治的轨道。一个多月后，十八届四中全会《决定》将规范网络行为
的切入点从"防范和打击违法犯罪"调整为"加强和完善立法"，"规
范媒体对案件的报道"也被写进新的顶层设计。②

（四）"理念更新"式重构——以"死磕律师之争"为例

理念更新（idea renewal）式重构，系从价值（value）维度重构法制
改革的顶层设计。与前三种方式试图直接调整效力范围不同，理念更
新式重构试图通过改变顶层设计的价值序列，间接调整特定深改决策
的效力位阶。此种模式下，网络公众并不诉诸顶层设计之外的法治理
念，而是通过将其边缘理念"发挥"成核心理念，影响法制深改的未

---

　　① 类似的观点，参见卞建林、焦洪昌等：《传媒与司法》，中国人民公安大学出版
社 2006 年版，第 27 页。
　　② 围绕《侵权行为法》是否应当特别规定"新闻（媒体）侵权"，民法学界曾出现
"肯定说"与"否定说"之争，立法机关最终采纳了后者。参见张新宝：《新闻（媒体）侵
权否认说》，《中国法学》2008 年第 6 期，第 183—189 页。

来走向，以"死磕律师之争"的网络舆论为代表。

从 2012 年"小河案"起，死磕律师即已引发网络和学界讨论，[①]但主流媒体的态度相对中立[②]。2014 年，随着主流媒体转向批判姿态，讨论迅速升级。4 月 9 日，"求是网"官方微博推荐博文《解读"死磕派"律师》，《环球时报》《人民法院报》随后相继刊文，指出死磕律师不仅追名逐利，而且以违法方式谋取名利；不仅损害行业团结，而且形成了垄断业务的类黑社会组织；不仅不尊重司法权威，而且"政治上自我高估""以质疑、修正现有法律体系为使命"。[③] 作为回应，自 4 月 11 日起，律师杨学林发表网文《论死磕派律师》，[④] 陈光武发表博文《客观评价死磕律师，凝聚法治建设正能量》，斯伟江发表博文《围剿死磕派：螺丝钉们的勇气》，《民主与法制》发表专题报道四篇……"死磕律师之争"拉开帷幕。[⑤] 在这场四阶段的争论中，死磕律师展开了自我辩护和自我反思，并借助冤错案件平反的契机，以更新法治理念的方式，策略重构了律师职业的顶层设计。

[①] 关于"小河案"，参见陆宇峰：《网络公共领域的法律舆论：意义与限度——以"微博上的小河案"为例》，《社会科学研究》2014 年第 1 期，第 1—9 页。学界对死磕律师现象的争论，参见王凤涛：《"磕出"中国法治进步？——死磕派律师的制度角色与中国司法的策略选择》，《时代法学》2014 年第 6 期，第 3—13 页；蒋华林：《"磕出"一个法治中国！——以死磕派律师的价值辨正为中心兼与王凤涛博士商榷》，《时代法学》2015 年第 3 期，第 3—10 页。

[②] 2014 年之前，主流媒体承认死磕律师为弱势群体提供免费法律帮助、为平反冤案错案而努力，揭示了一些政策弊病、纠正了一些违法行为，也提醒个别死磕律师注意把握网络言论倾向性、保护委托人利益、维护法律职业团结、引导群众理性表达诉求、遵守庭审纪律。参见梁言：《"磕"出一个法治中国?》，《检察日报》2013 年 4 月 24 日；吴庆宝：《死磕派律师更要维护法治社会》，《环球时报》2013 年 7 月 24 日。

[③] 参见单仁平：《"死磕派"律师不可政治上自我高估》，《环球时报》2014 年 5 月 8 日；郭敬波：《莫寄望一"磕"成名》，《人民法院报》2014 年 5 月 18 日。

[④] 参见杨学林：《论死磕派律师》，https://lawyer. fabao365. com/21729/article_156634，2022 年 4 月 29 日最后访问。

[⑤] 参见李蒙：《死磕是一种派别还是一种方法》《死磕派律师是怎么来的》《死磕什么》，王长河、吴思：《跟谁死磕》，《民主与法制》2014 年第 17 期。

第一个阶段，死磕律师从三个方面展开自我辩护，澄清各方对其执业活动的误解。一是否定"政治化"批评，说明"我为我的当事人竭力干活，就是我最大的政治"；二是澄清"组织化"质疑，指出死磕是"方法""精神""辩护风格"而不是"派别"；三是论证死磕律师的法治作用，从保障当事人诉讼权利、遏制司法腐败和公权违法、纠正冤假错案，直到确保法律正确实施、促进法律制度完善和"落实十八大依法治国方略"。

第二个阶段，死磕律师从五个方面展开自我反思，争取各方对其执业行为的同情和理解。一是政治尺度的自我反思，声明死磕律师"不是政治活动家、不是意见领袖"，也不"从宏观上涉及公民的自由平等问题"；二是死磕前提的自我反思，强调死磕须"办案机关明显且严重违法""当事人已经死磕且强烈要求律师死磕""不死磕已经别无法律通道"；三是死磕原则的自我反思，坚持"只磕公权不磕私权""只磕程序不磕实体"；四是死磕方式的自我反思，承诺不轻易采用静坐、绝食、申请游行示威等方式，以免被政治势力利用；五是死磕言行的自我反思，承认死磕律师是法治进程中的新生事物，未来应"谨言慎行"。

第三个阶段，随着两起轰动全国的冤错案件被平反，死磕律师的法治功能获得重新认识。"念斌投毒案"，律师张燕生死磕8年，多名死磕律师参与辩护。[①] 8月22日，该案终审宣告念斌无罪，主流媒体次日发表社评，指出死磕律师在该案中推动了司法建设和程序正义。[②] "呼格吉勒图案"暴露了公检法缺乏制约的司法体制弊端，当

---

① 参见韩雨亭：《念斌案背后的拉锯战》，《南都周刊》2013年第28期。
② 参见《从念斌终判无罪看"死磕"与"死磕派"》，《环球时报》2014年8月23日。

年的律师亦被指责"形式辩护"，引起网络热议死磕律师"把权力关进制度笼子"的积极作用。11月25日，主流媒体再发社评，承认律师是法律为公检法安排的"对立面"，在辩护中"较真"是其天职。①

第四个阶段，死磕律师之争的影响继续发酵，"发挥律师法治功能"这一原本相对边缘的顶层设计理念被深化，"保障律师执业权利"的深改目标被提升效力位阶。通过面向全社会提出律师如何对待法律、法官、法治三大问题，死磕律师引导公共领域走向新的共识：政治的需要、稳定的压力和体制的现状，都不足以成为破坏法律、漠视程序的正当理由；在司法场域中，为抗衡公权，律师的地位不低于司法人员；国家的法治进步，不能仅靠法律系统的自我完善，而是必须与执业权利受到保障的律师群体的外部监督结合起来。

这场争论之前，十八届三中全会《决定》已经提出"完善律师执业权利保障"，但将之与"完善违法违规执业惩戒""加强职业道德建设"目标并置，律师被认可的作用也只是"依法维护公民和法人合法权益"。这一顶层设计隐含着对律师职业的负面评价，构成主流媒体转向批判的深层背景。② 这场争论之后，十八届四中全会《决定》进一步提高了律师职业的法治地位：重点惩治的问题，不再是律师与公检法的对立，而恰是司法掮客行为和利益输送；队伍建设的主要手段，

---

① 参见《律师据法力争是法律的制度性安排》，《环球时报》2014年11月25日。

② 十八届三中全会之后，律协和司法行政部门的多项举措被认为主要指向死磕律师。2014年3月19日，北京律协执业纪律与执业调处委员会发布第9号规范执业指引，禁止律师在判决生效前利用微博、微信公开辩护词；5月23日，司法部出台《关于进一步加强律师职业道德建设的意见》（司发〔2014〕8号），指出"有的律师不严格依法履责，逾越法律底线，不守执业纪律，干扰办案秩序，肆意炒作案件"；6月25日，全国律协印发《律师职业道德基本准则》（律发〔2014〕3号），要求律师"尊重司法权威，遵守诉讼纪律和法庭纪律，与司法人员建立良性互动关系"。在此期间，全国律协《律师执业行为规范》和《律师协会会员违规行为处分规则》的修订草案也进入征求意见阶段，大量增加了对律师网上行为的约束。

也不再是违法违规惩戒和职业道德建设，而是加强律所思想政治建设和党的建设；决定还做出了吸收律师参加政府法律顾问队伍、代理涉诉涉法信访、开展普法宣传教育、发展法律服务业等重要部署，肯定了律师能够为全面推进依法治国发挥更大的作用。2015 年 8 月 20 日，中共中央政治局委员、中央政法委书记孟建柱出席全国律师工作会议并讲话，强调"依法保障执业权利""充分发挥律师队伍在全面依法治国中的重要作用"。①

第三节　策略重构之于法制深改：意义与局限

跳出"对立/融合"的二元观察范式，揭示网络公众策略重构法制改革顶层设计的现象，有助于重新审视"两个舆论场进一步融合"的判断，准确把握网络法律舆论的发展现状。然而，一旦将策略重构现象与法制深改的前景联系起来考虑，单纯的事实描述可能就不够了，其意义与局限更值得深思。

一方面，策略重构成为网络法律舆论的普遍形式，标志着网络公共领域的重大变化，足以对法制深改的前景产生影响。仅从 2014 年的情况看，上文列举的事件亦非孤证。就"进度压缩"而言，"追责张氏叔侄冤案"是另一个例子，网络公众借此表达了加速落实"冤假错案终身追究制"的诉求；就"目标扩展"而言，围绕"黄海波吸毒事件"，网络公众类比"废除劳教"的改革决定，要求废除收容教育制度；就"议题重置"而言，在北京律协禁止律师发布辩护词之后，

① 孟建柱：《充分发挥律师队伍在全面依法治国中的重要作用》，http://www.xinhuanet.com/politics/2015-08/20/c_1116323061.htm，2022 年 4 月 29 日最后访问。

网络公众同样拨转了议题指向，追问公检法机关和主流媒体公布案件信息的法律限制；就"理念更新"而言，"制度反腐之争"深化了人权司法保障的理念，将领导干部干预司法问题上升到政法体制改革层面。然而，这个紧跟顶层设计、高度自我克制的网络公共领域，能否充分发挥反思功能，[①] 有效推进法制深改？

另一方面，忽视对策略重构现象的深入讨论，可能放任"话语共识"掩盖两个舆论场的潜在分歧，导致高估法治建设合力形成的态势，错估法治建设合力形成的方式。顶层设计的出台虽然缓和了官民意见对立，但并未消除双方固有的视角差异：对于旨在传递和阐释决策者意图的主流舆论场来说，法制深改的核心目标是"国家治理体系和国家治理能力的现代化"；[②]"全面推进依法治国"被视为实现这一目标的合理性路径，有助于打破"利益固化的藩篱"，建立"更完备、更稳定、更管用的制度体系"。对于民间舆论场来说，支持法制深改的根本目的，则在于落实宪法法律规定的公民权利，扩大民间社会的自由空间，抵御公权的恣意行动和违法干预；"全面推进依法治国"被视为达成这一目的的正当性支撑，有助于降低争取公民权利和社会自由的成本。然而，策略重构的舆论形式能否充分呈现分歧、推动对话，为法制深改创造达成共识的真正机会？

初步评估的结论是：从网络公共领域的功能维持、两个舆论场的分歧弥合、顶层设计的调整优化三个角度看，策略重构都对推进法制深改具有积极意义。首先，尽管由于法制改革转向顶层设计模式，肩

---

① 参见陆宇峰：《中国网络公共领域：功能、异化与规制》，《现代法学》2014年第4期，第25—34页。

② 参见马一德：《法治助推国家治理体系和治理能力现代化》，《党建》2014年第6期，第31—33页；莫纪宏：《全面推进依法治国是实现国家治理体系和治理能力现代化的重要保证》，《当代世界》2014年第12期，第12—15页；泮伟江：《法治是国家治理能力现代化的必由之路》，《光明日报》2014年11月25日。

负舆论引导重任的主流媒体话语权力明显扩大，Web 2.0技术环境下迅速崛起的民间舆论场从进攻转向防御；但与此同时，由于主流媒体无法仅仅凭借其官方背景垄断解释权，民间舆论只要巧妙诉诸顶层设计的话语和文本，就仍然可以以退为进、再辟言路，在不公开对抗的前提下委婉表达不同意见。其次，尽管话语共识遮蔽了两个舆论场的固有视角差异，侵蚀了民间舆论场的自主性，使其公共意见带有"欢呼"色彩；但策略重构隐含着"商谈"性质，可能以特定法律事件为契机重新开启官民对话和双向反思，具有通过实践检验和理由交换弥合官民分歧的潜能。① 最后，与网络流行语、网络恶搞类似，② 策略重构体现了富有中国特色的"民间智慧"，是网络公众面向现实的"政治机会结构"长期"学习"的结果，③ 客观上也使公共舆论较能规避审查过滤、实现有效传播、发挥动员作用，甚至通过温和的建言获得决策者一定程度的回应或认可，促成法制改革顶层设计的实际调整。

然而，策略重构的所有积极意义，均因其四项基本特点而严重受限：

第一，各种策略重构方式都从顶层设计的话语中汲取论证资源，希望借助顶层设计话语保护和争取言说空间，尽可能避免挑战姿态。

---

① 哈贝马斯曾论及受到"宣传"操纵、"随时准备欢呼"的公共领域，以及基于"交往理性"开展"商谈"的自由公共领域，认为后者才真正具有达成共识的潜能。参见〔德〕哈贝马斯：《公共领域的结构转型》，曹卫东等译，学林出版社2004年版，第251页；〔德〕哈贝马斯：《在事实与规范之间——关于法律和民主法治国的商谈理论》，童世骏译，生活·读书·新知三联书店2011年版，第444—473页。

② 对"戏仿"这种网络恶搞行为的讽刺效果、批判作用、宪法意义（表达自由）的分析，参见季卫东：《网络化社会的戏仿与公平竞争——关于著作权制度设计的比较分析》，《中国法学》2006年第3期，第17—29页。

③ 政治学家认为政治机会结构深刻地影响着社会集体行动的策略选择。麦克亚当总结了这一结构的四个维度：政体的相对开放或封闭、构成政体基石的精英组合是否稳定、民众在精英中有无同盟、国家镇压的能力与倾向。参见朱海忠：《西方"政治机会结构"理论述评》，《国外社会科学》2011年第6期，第9—17页。

这就造成顶层设计话语被置于免受公共反思的特殊地位，不仅可能制约决策者保持问题敏感度、充分接收话语刺激、获取源于其他话语体系的智识资源，从而摆脱因话语封闭和意义固化导致的路径依赖，①提升理论创新能力和制度设计的想象力，其本身也可能走向异化或符号化。法制深改的顶层设计正在创造和使用中国特色社会主义的法治话语，这种法治话语致力于"总结和运用党领导人民实行法治的成功经验"，展现中国法治建设的"道路自信、理论自信、制度自信、文化自信"，进而"在世界层面上争夺法治话语权"。② 但当代中国的法治话语体系尚在构建过程之中，需要保持开放性的话语姿态，向域外开放、向实践开放、向未来开放。③ 更重要的是，西方法治实践的曲折历程早已揭示出，从公法上的"绝对主权"到私法上的"私有财产神圣不可侵犯""契约自由"，任何享有免受反思特权的特殊法治话语，都可能在社会发展过程中逐渐失去与普遍法治理念的内在关联，甚至因片面化、绝对化、扩大化而沦为反法治话语或者空洞的口号。

　　第二，各种策略重构方式都站在民间社会的自身立场，对顶层设计的文本进行高度选择性的解释，回避对顶层设计原意的理解。这就造成网络公众难以与决策者"视域融合"，可能妨碍民间社会反思自身前见、产生"同情的理解"。按照哲学解释学的观点，解释者自身的"当下视域"与文本的"历史视域"存在紧张关系，只有借助反复的互动调适，才能逐渐克服解释者的前见、消除此种紧张关系，经由

---

　　① 　对西方社会"话语领域的封闭"的批判，参见〔美〕赫伯特·马尔库塞：《单向度的人——发达工业社会意识形态研究》，刘继译，上海译文出版社 2014 年版，第 72—101 页。

　　② 　朱振：《中国特色社会主义法治话语体系的自觉建构》，《法制与社会发展》2013年第 1 期，第 22—30 页。

　　③ 　参见顾培东：《当代中国法治话语体系的构建》，《法学研究》2012 年第 3 期，第19 页。

视域融合真正理解文本的意义。① 民间社会回避触及顶层设计文本的
"决策者原意"，拒绝公开呈现自身立场与决策者立场的深层差异，
这种做法暂时带来了一种表面上的相安无事，但官民双方对于法制改
革的实际分歧却不断累积。尽管社会沟通理论将"误解"也视为一种
理解，认为现代社会的繁荣发展建立在"差异"而非"共识"的基础
上，一定程度的观念分歧以及由此产生的社会冲突，正是推动社会自
我反思、持续进步的源泉，② 但掩盖日益积累的分歧可能导致冲突的
能量无法及时释放，以至于一旦爆发就超出可容忍的秩序限度，严重
危及社会团结。

　　第三，各种策略重构方式都将顶层设计预设为静态的方案而非动
态的过程，致力于"不动声色"地影响顶层设计，促使顶层设计暗中
调整。这就造成顶层设计是否以及如何调整游离于观察视野之外，可
能不利于正反两方面改革经验的理性总结，以及广大法制工作者和公
众对深改进程、深改方向的明确认知。社会演化理论表明，在前现代
社会中，作为集体意识的产物和"机械团结"的纽带，③ 法律、宗教、
伦理、政治的诸多原则被视为亘古不变，社会依靠精英阶层对这些永
恒原则进行小心翼翼的义理解释和内涵扩展，在不触动其传统权威的
同时实现缓慢的变迁；④ 但在现代社会中，社会整合根本无需诉诸传
统的正当性，通过解释方式微调各种原则也远远不能适应社会生活的

---

① 参见高鸿钧：《伽达默尔的解释学与中国法律解释》，《政法论坛》2015 年第 2
期，第 11—12 页。

② 参见 Niklas Luhmann, *Social Systems*, Jr. Johan Bednarz, Dirk Baecker（trans.），
Stanford University Press，1995，p. 143。

③ 参见〔法〕埃米尔·涂尔干：《社会分工论》，渠东译，生活·读书·新知三联书
店 2013 年版，第 67—92 页。

④ 法律演化史上的例证，参见〔德〕尼可拉斯·卢曼：《社会中的法》，李君韬译，
五南图书 2009 年版，第 280—288 页。

高速变迁，直面社会新需要的决断才是现代政治的基本色调，不断改革才是现代国家治理的基本观念和现代政治正当性的基本来源。与此同时，至少就关系全局的重大改革决策而言，现代政治精英由于不得不依赖科层制体系的配合和民意的支持，也必须避免基层部门和公众的模糊认知。这就要求正视决策的可变性，承认顶层设计无法一步到位，在客观评估改革效果的基础上持续、公开、严谨地做出调整。

第四，各种策略重构方式都止步于顶层设计的效力问题，明示或暗示相关机构违背顶层设计的精神，似乎没有按照顶层设计落实法制改革决策是其发生错误的唯一原因。这就不仅造成顶层设计的实质内容和决策程序无法被纳入讨论，而且造成所有问题被一概归咎于执行者的态度和能力，严重低估法制深改的困难和风险。有学者已经注意到，法制深改的顶层设计试图突破"体制性捆绑"的障碍，触动了既有的实践习惯、观念结构和利益格局，需要通过科学设置双向激励机制解决由此产生的动机和意愿问题，有效防止既得利益群体扭曲改革目标的风险。[1] 但社会分化理论表明，最根本的改革风险还在于现代社会功能分化导致的系统际协调困难：诸功能系统既各自自主运作又彼此耦合共振，持续形成离心力量、相互释放负外部性，这极大地增加了社会复杂性；面对高度复杂的现代社会结构，任何由政治系统单独主导的改革都同时面临调整失灵和副作用蔓延的双重风险。[2]

"谁的行为如果是策略性的，那么，他就必然会伤害到交往行为的真诚性条件。"[3] 与初步评估的结论相反，自限于策略重构的民间

---

① 参见马长山：《新一轮司法改革的可能与限度》，《政法论坛》2015年第5期，第3—6页。

② 现代社会复杂性和"偶联性"的扩展，参见 Niklas Luhmann, *Observations on Modernity*, Stanford University Press, 1998, pp. 44—62。

③ 〔德〕尤尔根·哈贝马斯：《后形而上学思想》，曹卫东、付德根译，译林出版社2001年版，第117页。

舆论场，由于缺乏基本的"真城性"，既无法充分发挥网络公共领域
的反思功能，也无力弥合官民之间的深层分歧，更谈不上推动顶层设
计的持续调整。作为一种存在严重局限的舆论形式，至少在法制深改
问题上，策略重构只能暂时维持皆大欢喜的局面，却可能进一步强化
官方与民间共识度提升的表象，造成二者各自放大成功预期，不断增
加预期失落时的对立风险。

第四节　超越策略重构作为顶层
设计的内在要求

上文已经指出，就法制深改的前景而言，策略重构存在严重
局限。但若为了保持战略定力、防止外部干扰，顶层设计的改革
模式只能容纳相对有限的公共意见，那么策略重构就可能构成法
治建设新局面下网络公众的理性选择，并非需要否定的舆论形
式。然而，基于以下五方面的原因，保持话语的开放性、文本的
可变性、过程的可观察性、效果的可检验性，本是顶层设计模式
的题中之义；超越策略重构，拓展公共言说空间，进一步扩大网
络公众的参与，使法制深改全方位地面向民间社会，实为顶层设
计模式的内在要求。

第一，转向顶层设计模式的法制深改仍然属于"改革"而非
"革命"范畴，构成中国三十五年法治建设的正常延续，既不试图
"粉碎一切规则与传统"，也不诉诸仅仅接受无条件恭顺的权威。①

---

① 〔德〕马克斯·韦伯：《社会学的基本概念》，顾忠华译，广西师范大学出版社
2010年版，第264页。

十八届四中全会《决定》表明，法制深改建立在"中国特色社会主义
法律体系已经形成，法治政府建设稳步推进，司法体制不断完善，
全社会法治观念明显增强"的基础上，旨在解决立法、司法、执
法、守法环节违背"社会主义法治原则"的问题，并非一场可能造
成实质性历史转折的革命。① 相应地，顶层设计者是改革者而非卡
里斯玛型的革命"领袖"，致力于在相对稳定的环境下落实已具基
本共识的法治理想，并不创造不可预知的未来，无需大众对其超凡
魅力的内在认同；恰恰相反，作为"后革命时代"的重大改革决
策，顶层设计需要一种外在认同，形成于公众基于自身利益的理性
审视和公开论证。②

　　第二，法制改革的模式变化，本身就构成对既有网络法律舆论
的正面回应，绝非决策者排斥公众监督、避免公众争论的意图所
致。正是由于各地各部门主导的法制改革特别是司法改革近年来出
现了裹足不前的疲态，有案不立、审案不公、错案不究、执行不
力、辩护困难、以言代法等司法乱象不断受到网络公众的质疑，削
弱了民间社会对于法治建设的信心，顶层设计模式才应运而生。从
这个角度正本清源，顶层设计的"顶层"应当理解为相对于部门和
地方的权力结构顶层，而不是相对于公民和公众的社会结构顶层；
顶层设计的"设计"固然具有全局性、系统性、协同性的比较优
势，但其核心优势仍然在于"顶层"而不是"设计"；顶层设计者被
寄望于提供坚强的政治领导和组织领导，突破权力体系内部利益固

---

　　① 对"革命"性质和特征的界定，参见〔美〕哈罗德·J. 伯尔曼：《法律与革命——
西方法律传统的形成》，贺卫方、高鸿钧、夏勇、张志铭译，中国大百科全书出版社
1993 年版，第 104、119 页。
　　② 对"内在认同"与"外在认同"的区分，参见〔德〕马克斯·韦伯：《支配社会
学》，康乐、简惠美译，广西师范大学出版社 2010 年版，第 262—264 页。

化的藩篱，协调各方、推动执行，而不是拿出一套一劳永逸、无需再议的完美"设计"。① 因此，理解和执行顶层设计需要"统一思想"，创制和完善顶层设计需要"解放思想"，不应搞反。

第三，高屋建瓴且面向未来的顶层设计往往带有理想色彩，"上达天听"无可回避"下接地气"的问题。这些问题不可能仅仅依靠组织化、专业化的方式，通过系统中心的强制命令和系统内部的闭门摸索得到合理解决，而是必须借助系统边缘和系统外部的力量，特别是公共领域业余、自发的社会力量。② 当前的"顶层设计+试点改革"模式要实现预期的互补效果，也应当引入公共舆论这一外部要素。③ 试点改革在理论上固然可能暴露顶层设计存在的可行性问题，但由于试点改革本是顶层设计者经过必要性论证的安排，涉及对下级实施者改革能力和改革决心的双重考验，因此几乎从一开始就注定能够取得成功；④这些"成功"经验还可能随即被复制和推广，应用到未曾试点且条件迥异的其他地方，进一步失去"摸着石头过河"的"实验"精神和"试错"意涵，使顶层设计与试点改革成为一个相互证成的封闭循环。⑤ 只有系

---

① 具体到司法改革，学界的基本判断是："任何司法改革都不可能存在'一揽子'改进方案……指导司法改革的理论也必然需要不断地进行调适和修正。"杨建军：《司法改革的理论论争及其启迪》，《法商研究》2015年第2期，第22页。

② 参见 Gunther Teubner, *Constitutional Fragments: Societal Constitutionalism and Globalization*, Oxford University Press, 2012, p. 23.

③ 有学者已经指出我国在法律体系构建过程中存在的类似问题。尽管我国法律体系的构建也强调国家计划与地方试验的结合，但所有的试验都由政府主导，不是社会推动的自发实验。参见钱大军：《当代中国法律体系构建模式之探究》，《法商研究》2015年第2期，第6—12页。

④ 这是试点改革与各地自发的法治试验的根本不同之处。参见周尚君：《地方法治试验的动力机制与制度前景》，《中国法学》2014年第2期，第50—64页。

⑤ 这一封闭循环还可能否定"地方基于现实需要所进行的有益尝试和试点外的改革经验"。吸收这些尝试和经验的建议，参见徐昕等：《中国司法改革年度报告（2014）》，《政法论坛》2015年第3期，第125—141页。

统外部的公共舆论能够"激扰"这一封闭循环，① 基于广大"受众"实实在在的"服务体验"，反复检验试点方案的成本收益、试点结果与顶层设计目标的契合度、推广试点经验的可能性和限度，以及更为根本的——顶层设计本身的合理性和正当性。

第四，较之部门和地方的法制改革部署，顶层设计被熟视无睹的一项鲜明特征即在于其极高的关注度和公开性，这项特征为开放民间讨论创造了绝佳条件。公检法等部门的改革部署强调操作性，充斥着技术细节，专业化程度和进入门槛较高；地方党政的改革部署辐射面小，变动性大，落实前景不明，且经常处于半公开状态。相比之下，顶层设计突出方向性和原则性，着重精神和理念；使用政治语言或相对简单的专业语言，具有较少的认知障碍；从宏观着眼，关系到全局的安排和全民的利益；连续性和稳定性强，不至于朝令夕改；拥有组织保障的最高权威，动员效果和执行力度较好……这些特点使之更容易吸引广泛关注。与此同时，顶层设计方案经由执政党的中央全会审议通过，既是面向组织内部的核心任务安排，又是面向全体民众的执政纲领宣示，客观上要求最大限度的公开；党中央掌握着各地各部门无可比拟的宣传资源，建立了覆盖全国城乡基层的群众联系，也足以保证顶层设计的最大限度公开。这种极高的关注度和公开性是顶层设计独特的优势，使之可能成为在重大改革议题上展现和推进社会主义民主的契机，进而充分调动民间社会支持和配合法治国家建设的热情。

第五，顶层设计模式也存在一项毋庸讳言的劣势，即容易造成法

---

① "激扰"（irritation）是自创生系统论的术语，用以说明环境对运作封闭的系统发生影响的独特方式。环境并非直接"刺激"和"干预"系统，迫使系统做出一一对应的"回应"；而是通过制造"噪音"的方式"激扰"系统，系统则立足自身的固有运作有选择地做出"自我调整"。参见 Georg Kneer, Armin Nassehi：《卢曼社会系统理论导引》，鲁贵显译，巨流图书公司1998年版，第90页注释14。

制深改的风险完全集中到最高决策层，这同样要求通过扩大公众参与缓解压力。尽管改革在抽象意义上构成"时代的主旋律"，是"解决发展中的问题的关键"，但任何具体的改革都可能遗留旧问题或者引发新问题，难以避免目标落空或负外部性过大的风险。法制改革闯入"深水区"，既刺激了整个社会法治预期的迅速提升，又触及了积弊多年的司法传统和政法体制，尤其应当考虑风险分配问题。当决策权分散在地方或部门手中时，法制改革的风险尚可以通过自上而下的干预、调整、问责加以吸收，中央的权威并不受到严重减损；一旦开启顶层设计模式、直接行使决策权，改革风险就可能失去转移的余地和释放的空间，将执政党最终暴露在无可回避的问责压力之下，侵蚀其公信力基础和合法性根基。因此，面对深改进程中出现的问题，拒绝公开检视顶层设计方案本身，仅仅隐蔽展开细节性的调整，或者将之归咎于理解执行偏差，可能贻误重新统一认识、及时进行补救的时机，放任风险不断积累、酿成更大危机；承认顶层设计的人定性和可变性，在按照实事求是原则引入变更程序的同时，通过扩大公众参与落实共同决策、共享成果的理念，则不仅可能卸除"只许成功不许失败"的决策压力，而且可以将改革风险分担到国家与社会两个肩膀上，提升顶层设计者的风险承受能力。①

　　归根结底，法制深改固然应当保持战略定力，保证顶层设计不受非法治目标和既得利益的外部干扰，② 但顶层设计模式要扬长避短、发挥优势，就既不能满足于两个舆论场的话语共识，也不能局限于民

---

① 参见陆宇峰：《风险社会的民主理论》，《清华法治论衡》2009 年总第 11 辑，第108 页。

② 就全面推进依法治国的目标而言，保持战略定力就是保持"对法治的信心，或者说法治定力"。陈金钊：《全面推进依法治国所展现的战略定力》，《法学论坛》2015 年第 1 期，第 5 页。

间社会的策略式参与，而是应当通过多方的共同努力，超越策略重构，进一步扩大公众参与。一是顶层设计者应当探索建立甄别、收集、讨论重要公共意见的常态化机制，完善试点单位的深改信息公开制度并纳入深改成效评价体系，创设修订、修正顶层设计的特殊程序并纳入党内法规；① 二是监管机构应当重视在网络公共领域中落实公民基本权利，积极营造宽松的公共舆论氛围，扩大决策者、实施者以及两个舆论场良性互动的空间，善于依靠民主制度维护国家利益和社会秩序；三是司法机关应当依据宪法精神审慎开展互联网治理，打消公众不必要的言论顾虑，避免禁锢"思想市场"的发育，造成过度的"寒蝉效应"；② 四是宣传部门应当着力提升主流媒体代表党政坦率沟通、真诚对话的能力，与公众共同面向法制深改的实际进程和顶层设计本身，从而超越自上而下的单向宣传过程和自下而上的单向重构过程，使二者经由"官民互信"的重建逐渐耦合为平等、有效的双向商谈过程。

随着互联网技术尤其是 Web 2.0 技术的发展，民间社会突破传播媒介的限制，获得了独立表达意见、自主形成舆论的公共空间，主流媒体因此丧失支配性的话语权力，网络公共领域的二元分化不可逆转地展开。这是一个被学者形象地称为"技术赋权"的过程，不仅向社会赋权，落实公民言论、出版、结社自由和知情、参与、批评、建议、监督权，促进"宪法实施"；而且向国家赋权，"创造机会让改革派领导人与公民社会形成隐性联盟"，提升"国家能力"。③ 与此同

---

① 也有学者提出由全国人民代表大会制定《改革促进法》，规范"顶层设计、地方先行先试和公众积极参与的关系"。参见李洪雷：《深化改革与依法行政关系之再认识》，《法商研究》2014 年第 2 期，第 56—57 页。

② "我们的社会需要的不是'寒蝉'缺席，而是将寒蝉效应维持在一个最佳程度"，〔美〕卡斯·R. 桑斯坦：《谣言》，张楠迪扬译，中信出版社 2010 年版，第 124 页。

③ 郑永年：《技术赋权：中国的互联网、国家与社会》，邱道隆译，东方出版社 2014 年版，第 18 页。

时，正如国有经济与民营经济的分化带来了商品市场的繁荣，主流舆论与民间舆论的分化也带来了思想市场的繁荣；正如国企垄断造成商品市场的失灵，公共领域"去分化"也必然造成思想市场的失灵。从这双重意义上讲，网络舆论监管的目标不应是消除对立，而应是巩固分化；不应是引导融合，而应是鼓励多元。

　　既有的网络舆情研究之所以自限于"对立/融合"的二元观察图式，根本原因就在于误读了网络舆论的监管目标。出于对"对立"的过度忧虑和对"融合"的热切期待，研究者满足于两个舆论场的话语共识表象，匆忙得出了"网络舆论生态步入正轨"的结论，[①] 却无视网络公众仍然对参与法治建设充满热情，仍然通过策略重构的舆论新形式，积极回应和建言法制深改的顶层设计。

　　但策略重构毕竟迎合并强化了消除对立、支持融合的监管逻辑，既不利于网络公共领域的健康发展，又不符合法制深改顶层设计的内在要求。超越策略重构、进一步扩大公众参与，不仅关系到顶层设计能否获得民间社会的实际认同，依靠民间社会的自愿配合和依法监督克服实施阻力；也关系到顶层设计能否跳出"技术统治论"的陷阱，[②] 真正与"摸着石头过河"相结合，通过吸收民间社会的合理意见不断完善自身；还关系到顶层设计能否借助社会主义民主的创造性实践分散决策风险、化解问责压力，抵御复杂社会重大改革必然面对的高度不确定性。

---

　　① 人民网舆情监测室：《2014年：两个舆论场共识度明显提高》，《光明日报》2015年1月6日。

　　② 技术统治论及其对参与制民主的反动，参见〔美〕丹尼尔·贝尔：《后工业社会的来临——对社会预测的一项探索》，高铦等译，新华出版社1997年版，第397—401页；对技术统治论的批判，参见〔德〕哈贝马斯：《作为"意识形态"的技术与科学》，李黎、郭官义译，学林出版社1999年版，第97—117页。

第四章
中国网络公共领域：功能、异化与规制

　　我国公共领域的发展一直较为缓慢。1949 年建政后的前三十年，虽然历次运动都注重"发动群众"，并且创造了"大鸣、大放、大辩论、大字报"和"批斗会"等民间对话模式，但由于民间社会主要被理解为"改造"的对象，公民基本权利也缺乏法治保障，连接国家与社会的公共意见形成过程并未真正出现："人们很难冷静、客观、现实地去审视政治政策、公共事务和社会问题，而是完全被狂热的政治运动和'革命'激情所吞没"[1]。改革开放以后，党的核心任务由领导革命向建构国家转型，党的自身属性亦由革命党向执政党转型；在此宏观背景下，作为市场经济和法治国家建设的副产品，公共领域才获得了可能的成长空间。[2]

　　尽管如此，在 1978 年以后的整个前互联网时期，以及门户网站占据主导地位的 Web 1.0 时期，由于传媒领域的市场准入限制和内容审查机制始终高效运转，公共领域仍然受到宣传部门以及贯彻其意图的官方媒体支配，被国家纳入自上而下的意识形态整合轨道。唯有随着近年来 Web 2.0 的技术进步，尤其是随着 SNS 在线社

---

　　① 参见马长山：《公共舆论与和谐社会的法治秩序》，《浙江社会科学》2006 年第 5 期，第 79 页。

　　② 参见闫健：《中国共产党转型与中国的变迁——海外学者视角评析》，中央编译出版社 2013 年版，第 194—200 页。

交网站、网络"自媒体"、Wiki 社区的日益繁荣,国家的准入限制和内容审查才被实质性地突破;这样一来,公众就从信息接收者变成信息的传播、共享、协作生产者,公共舆论也几乎在一夜之间自下而上地形成。

不独中国,在西方国家乃至全球范围内,Web 2.0 技术同样促成了公共领域的跨跃式发展。按照"Web 2.0 之父"蒂姆·奥莱利(Tim O'Reilly)的理解,"Web 2.0 没有一个明确的界限,而是一个重力核心","不妨将 Web 2.0 视作一组原则和实践"。在他看来,Web 2.0 理念主要包含迥异于 Web 1.0(当然更迥异于前互联网时代的传统媒体)的七项原则:以网络为平台、利用集体智慧、以数据为核心、软件发布周期终结、轻量级编程模式、软件超越单一设备、更丰富的用户体验。[①] 对应于上述七项原则,结合大量的经验观察,互联网政治学家安德鲁·查德威克(Andrew Chadwick)论述了 Web 2.0 技术给西方国家公共领域的民主政治生活带来的七项新特征:以互联网作为政治讨论平台、源于政治性网络使用的集体智慧、数据相对于特定软件和硬件的重要性、公共空间持续不断的实验主义、基于消费主义的小规模政治参与的创造、通过众多应用进行的政治内容传播、政治性网站的丰富用户体验。[②]

简单的历史考察和比较分析已经暗示,中国公共领域迅速崛起的当下图景,主要不是政治国家导控松动的结果,也主要不是社区形态转变、社会组织发展、公民品格发育、社会运动展开的结果,

---

①　参见 Tim O'Reilly, *What Is Web 2.0?*: *Design Patterns and Business Models for the Next Generation of Software*, http://Oreilly. com/pub/a/oreilly/tim/news/2005/09/30/what-is-web-20. html, 2022 年 4 月 26 日最后访问。

②　参见 Andrew Chadwick, "Web 2.0: New Challenges for the Study of E-Democracy in an Era of Informational Exuberance", *A Journal of Law and Policy for the Information Society*, 2009(1), p. 19。

而是互联网技术升级的产物。从语言的使用、文字的发明，到印刷术、报纸、电报、电话、广播、电视的出现，历史已经不止一次地证实麦克卢汉（Marshall McLuhan）的天才洞见："媒介即信息"，新的媒介带来新的信息；媒介是"人的延伸"，新的媒介塑造新的人乃至新的公民。① 归根结底，互联网的技术升级，深刻地改变了社会沟通的数量、性质和后果，进而推动了整个社会结构的转型，以及分散的社会力量在公共领域的汇聚。在 Web 2.0 环境下，由于在线存储和在线发布的成本趋近于零，多元的内容市场得以蓬勃发展，"长尾效应"随之呈现，"内容生产的政治经济学"被彻底改变；② "草根"阶层真正取得公共领域的主体资格，"参与式民主"进入崭新的发展阶段。

仅此一点就足以令人怀疑，从汉娜·阿伦特到尤尔根·哈贝马斯的传统公共领域理论，强调奠基于"公民美德"或者"充满活力的市民社会"的公共领域的缓慢成长，并不适合描述以互联网为主要媒介、突然兴起的当代中国公共领域。网络公共领域向政治范畴以外的运作扩张，其极为特殊的异化现象，以及 2013 年遭遇挫折的全国互联网整治运动更清楚地表明，网络公共领域的功能定位、结构风险、规制模式都需要重新予以理论审视。③

---

① "对人的组合与行为的尺度和形态，媒介正是发挥着塑造和控制的作用。"〔加〕马歇尔·麦克卢汉：《理解媒介——论人的延伸》，何道宽译，凤凰出版传媒集团、译林出版社 2011 年版，第 19 页。

② 参见 Andrew Chadwick, "Web 2.0: New Challenges for the Study of E-Democracy in an Era of Informational Exuberance", *I/S: A Journal of Law and Policy for the Information Society*, 2009(1), p. 19.

③ 有学者也认识到在网络公共领域兴起之后，"哈贝马斯的概念需要重造"，但其目的仅仅在于"使其符合大规模社会中的交往关系的条件——这种条件不可避免的是超越时空的"。胡泳：《众声喧哗：网络时代的个人表达与公共讨论》，广西师范大学出版社 2008 年版，第 183 页。

第一节　促进社会各领域的自我反思

西方传统的公共领域理论聚焦政治性的公共领域。阿伦特以亚里士多德的分析为基础，指出在三种具有根本性质的人类活动中，"劳动"服务于"必需"的事物，"工作"生产"有用"的事物，只有公共领域的政治参与——"行动"，才是"完整意义上的生活，一种自主的和真正属于人的生活方式"。①她追溯古希腊、古罗马的历史，强调"行动"帮助人们走出私人领域，通过公共领域的政治讨论展现卓越、追求不朽，进而摆脱必然的束缚、获得自由的可能。她惋惜古希腊哲学家陷入面向彼岸之"永恒"的"沉思"，更批判现代以来过度发展的"社会"将财产等私人事务带进公共领域，因为二者都从根本上消解了追求尘世之"不朽"的自由"行动"，模糊了公共领域的政治属性。作为阿伦特的理论后继者，哈贝马斯尽管曾经谈及非政治形式的公共领域——"文学公共领域"，却也仅仅将之视为具有政治功能的资产阶级公共领域的前身，其意义在于为公开的政治批判提供"练习场所"。②

今天，国内外众多关于网络公共领域的研究，仍然高度依赖西方传统的公共领域理论，尤其是经由哈贝马斯进一步发展的公共领域理论。自 Web 1.0 时代起，后者所提出的交往理性概念，所倡导的审议民主模式，以及所设定的"理想言语情境"，都被研究者用于分析、

---

① 〔美〕汉娜·阿伦特：《人的境况》，王寅丽译，上海世纪出版集团 2009 年版，第 6 页。
② 参见〔德〕哈贝马斯：《公共领域的结构转型》，曹卫东等译，学林出版社 1999 年版，第 34 页。

评估、预测网络公共领域"电子民主"的现状与前景。[①]"电子民主"被赋予审慎、理性的商谈品格，西方学者希望借以弥补代议制民主下正式政策制定过程的固有缺陷，中国学者则希望借以弥补普通公众政治参与的制度化渠道的不足。然而，在 Web 2.0 时代，至少在西方的实践中，作为政治公共领域的网络公共领域远远没有实现"电子民主"论者的美好愿景——不论是真诚的对话、基于合理理由的相互说服，还是由此带来的偏好改变和共识达成，都没有令人满意地展开；尤其在强调用户自身内容生产的各种新兴在线社交网络中，情绪性的意见表达和五花八门的自我表现充斥其间，商谈和审议并未如期而至。[②]

更重要的是，正当学者们还在为网络公共领域的政治民主潜能争论不休之时，Web 2.0 时代已经在社会各领域全方位降临。其结果是，由于技术门槛的降低以及由此带来的利益和意见表达的便利，各行各业的公众参与飞速增长，公共领域的运作向政治范畴之外革命性扩张。在当代中国，网络公共领域的崛起也是全方位的；互联网以其固有模式"再制"了社会生活的方方面面，受信息共享优势和人气效应的吸引，线下世界迅速地全盘网络化。除了以电子政务为代表的互联网政治之外，以电子商务和互联网金融为代表的"互联网新经济"已经引发热议，[③] 互联网传媒、互联网教育、互联网艺术、互联网科

---

① 参见〔英〕安德鲁·查德威克：《互联网政治学：国家、公民与新传播技术》，任孟山译，华夏出版社 2010 年版，第 142—149 页；杨吉、张解放：《在线革命：网络空间的权利表达与正义实现》，清华大学出版社 2013 年版，第 77 页以下。

② 实证性的研究，参见 Stuart Shulman, "Whither Deliberation? Mass E-Mail Campaigns and U. S. Regulatory Rulemaking", *Journal of E-Government*, 2006(3), pp. 41-64。

③ 这场热议的焦点，最近进一步集中到互联网金融问题，尤其是 2013 年 6 月上线的"余额宝"是否冲击传统金融系统、提高社会融资成本、危及经济安全的问题。在 2014 年 4 月 10 日的博鳌亚洲论坛上，国务院总理李克强做了题为《共同开创亚洲发展新未来》的主旨演讲，指出"各国要顺应全球新技术革命大趋势……推动以绿色能源环保、互联网等为重要内容的'新经济'发展，占领未来发展制高点，提升产业和经济竞争"，http://politics. people. com. cn/n/2014/0410/c1001-24870401. html，2022 年 4 月 26 日最后访问。

学、互联网体育也蓬勃发展。它们建立在以互联网为媒介、经由代码转换的社会沟通基础上，却并非线下社会系统的单纯"复制"，而是Web 2.0技术环境下"苗生"（emergence，一译"涌现"）①的新型社会系统，因此极大地改变了诸社会系统原有的组织结构、运作过程和行为准则：信息可存储性的提升，导致移动学习的兴起，以及课堂教育垄断地位的丧失；信息可分析性的提升，导致面向点击率的新闻制造，以及新闻选题的非人工化；信息共享度的提升，导致艺术再创作的繁荣，新的艺术形式层出不穷；信息聚合度的提升，导致资料收集、分类、整理的智能化，知识生产方式乃至思维模式发生变革；②信息可交换性的提升，导致更多资金涌向虚拟经济，独立于中央银行、无法操纵币值的电子货币投入流通；信息技术环境模拟能力的提升，导致网络游戏的兴盛，电子竞技运动成为新的体育项目……

　　与此同时，在各种全新的互联网社会系统内部，业余、自发的"边缘"正日益壮大，并与专业化、组织化的"中心"进一步分离，逐渐形成互补关系和互动态势。③ Web 2.0的技术发展加速、拓展了在线互动的频繁度和网络化，并与网络用户对于自主性、荣誉感、参

---

　　① "苗生"是系统理论和社会系统理论的术语，指"在质上出现了新的秩序层次，这个秩序层次的特色是无法由物质性及能量性的下层建筑的特色来解释的"。〔德〕Georg Kneer, Armin Nassehi：《卢曼社会系统理论导引》，鲁贵显译，巨流图书公司1998年版，第83页。
　　② 比如"大数据"带来了从因果关系分析向相关关系分析的转变，"建立在相关关系分析法基础上的预测是大数据的核心"。〔英〕维克托·迈尔-舍恩伯格、肯尼思·库克耶：《大数据时代：生活、工作与思维的大变革》，盛杨燕、周涛译，浙江人民出版社2013年版，第75页。
　　③ 卢曼曾经论及法律系统、经济系统、政治系统的"中心-边缘"内部分化，参见〔德〕尼可拉斯·卢曼：《法院在法律系统中的地位》，陆宇峰译，《清华法治论衡》2009年总第12辑，第151—154页。托依布纳进一步指出，每个社会功能系统都存在"职业—组织核心"与"自发边缘"的内部分化。参见Gunther Teubner, *Constitutional Fragments: Societal Constitutionalism in Globalization*, Oxford University Press, 2012, p. 23。

与意识、共同体观念的社会心理体验耦合在一起，使这些业余、自发的系统"边缘"得以吸引扮演不同网络社会角色的大量公众参与，迅速形成不同类型的网络公共领域。不那么准确地说，"博客"和"微博"构造了网络政治和网络法律的公共领域，"维基百科"和"百度百科"构造了网络科学的公共领域，"视频网站"构造了网络艺术的公共领域，"大众点评网"等构造了网络经济的公共领域，"哈佛公开课"等构造了网络教育的公共领域，"虚拟教堂"（cyberchurch）等构造了网络宗教的公共领域，[①] "在线电子竞技平台"等构造了网络体育的公共领域，各式各样的"自媒体"构造了网络传媒的公共领域……在这些不同类型的网络公共领域中，通过不依赖于正式组织化模式的分享、合作、集体行动，业余者随时进行着"简单得可笑"的群体构建。[②]

　　问题在于，根据哈贝马斯的观点，公共领域的核心功能，是通过民主的商谈和理性的审议凝聚公众共识，从而将根植于"生活世界"的交往权力转化为政治权力，为政治系统输入合法性，亦即合法化政治决策和立法决定。[③] 然而，经验观察已经表明，对于网络公共领域及其电子民主实践来说，这样的要求不仅过度浪漫主义，而且根源于对民主的狭隘理解。网络论坛中那些专业化程度较高的严肃商谈固然正在衰落，但它们毕竟并非网络公共领域政治参与的唯一合理模式；在 Web 2.0 环境下，亿万普通公众夹杂着娱乐姿态、使用着日常话语的诉求表达，尽管无法实现达成"共识"的目标和开展"商谈"的理想，却同样可能对政策和法律的制定过程造成重要影响。此处更需强

　　① 参见秦州：《虚拟教堂：对"传播的仪式观"的另类解读》，《中国地质大学学报》（社会科学版），2009 年第 6 期，第 69—73 页。
　　② 参见〔美〕克莱·舍基：《人人时代：无组织的组织力量》，胡泳、沈满琳译，中国人民大学出版社 2012 年版，译者序。
　　③ 参见〔德〕哈贝马斯：《在事实与规范之间——关于法律和民主法治国的商谈理论》（修订译本），童世骏译，生活·读书·新知三联书店 2011 年版，第 474 页。

调的是，无论采取怎样广义的理解，面对超越政治范畴运作的网络公共领域，哈贝马斯的上述功能界定都不已再合适：在经济领域，企业并不利用网络民主机制进行商业决策；在法律领域，法院并不将网络公众舆论作为裁判依据；在科学领域，网友的共同意见无法决定命题的真伪；在传媒和艺术领域，恰恰是制造差异而不是寻求共识的行动，才能成功吸引浏览和点击。

　　归根结底，西方传统的公共领域理论立足一项过时的预设，亦即侵犯整个社会自治和全体人类人权的力量主要来自政治国家；因此，以"民主"方式集合分散个人的意见和意志，营造社会团结，以抗衡公权力的恣意行使，是公共领域的首要目标。然而，随着现代社会"功能分化"的展开，这项源于西方"启蒙"时代的预设早已摇摇欲坠。19世纪以来，除了政治系统之外，经济、科学、法律、教育、大众传媒都在自主运转的过程中竭力扩张，由此产生相互侵犯自治边界、威胁个人基本权利的倾向。① 20世纪90年代以来互联网的兴起和普及，更是加速了围绕不同"代码"（code）和"纲要"（programme）展开的各种社会沟通，加速了各种社会系统的自主发展，同时也加速了它们负外部性的增长和全社会离心力量的膨胀。相应地，公共领域逐渐将关注焦点从单一的、政治系统之中的国家，转向更多专业化、组织化的体制力量，尤其是经济系统之中的大型企业、法律系统之中的法院、传媒系统之中的官方媒体、科学系统之中的研究机构、教育系统之中的高等院校、艺术系统之中制定标准的协会以及互联网系统自身之中占据垄断地位的互联网巨头。

　　在此背景下，有必要改造哈贝马斯关于政治公共领域核心功能的

---

① 参见陆宇峰：《全球的社会宪法》，《求是学刊》2014年第3期，第103页。

论述。一则应当依据现实经验在一定程度上淡化其乌托邦色彩，尤其是淡化其对于严肃审慎的"理性商谈"的过度强调，承认"草根阶层"丰富多元的诉求表达和"自我表现"同样具有政治上的民主价值；二则应当超越"政治民主"范式本身，在更高层面将公共领域的功能分析予以理论一般化，以便使之适合于描述已然扩展到全社会各子系统的网络公共领域。社会系统理论有助于相应的"双重改造"：从社会系统理论的视角出发，政治公共领域的功能可以更加"价值中立"地重新界定为"通过促成正式与非正式的政治过程的内部再分化，提升整个政治系统的自我反思能力"；在此基础上进一步抽象，则网络公共领域的社会功能，可以重新理解为通过在各种社会子系统内部造成"职业—组织中心"与"业余—自发边缘"的再分化，促进后者批判潜力和创造性的发挥，并最终促进社会各领域的自我反思。

这种"自我反思"具有两方面的重要后果：一方面是划定了诸社会子系统的运作边界，使它们各自运行不悖、加速发展。比如，近年来的司法公开化改革以及由此带来的网络司法舆论的高涨，不仅不应对司法权威和审判独立的匮乏负责，反而有助于推动法院地位的上升和司法权的强化。2009 年最高人民法院《关于司法公开的六项规定》和《关于人民法院接受新闻媒体舆论监督的若干规定》颁布后，网络公众、网络媒体以及律师和法学家"博主"积极参与热点案件的公开讨论，由此产生的新型"社会声誉机制"迫使当事人考虑长远利益，提高了法院判决的执行力；由此产生的新型"公众强制机制"增加了政府在行政诉讼中的公关成本，强化了司法权约束行政权力的能力和意愿。①

---

① 参见钱弘道、姜斌：《司法公开的价值重估——建立司法公开与司法权力的关系模型》，《政法论坛》2013 年第 4 期，第 126—128 页。

　　另一方面，社会自我反思的发展也有益于矫正诸系统的扩张主义倾向，防止它们相互侵犯体制完整性，以及威胁人类的身心完整性。今天正在广泛讨论的互联网之于诸多传统产业的颠覆性效果，就是根源于网络公共领域所激发的这种自我反思力量：在第三方交易平台上分享商品信息的网络消费者改变了经济领域的定价机制，并通过众多分散的意见回馈建立起庞大的电商信用体系，要求企业和商家真正面向需求、面向无法操纵的市场，提高商品质量；博客、微博等自媒体日复一日地生产海量新闻、形成舆论热点甚至设置公共议题，迫使传统媒体改革形式和内容，放弃意识形态控制的幻想；网络作家及其千万粉丝重新界定了文学标准，官方协会的权威形象遭到解构，传统文学期刊的优秀作品读者流失；网络"恶搞"文化对电影、电视剧进行再创作，"在对照中显出滑稽的嘲弄效果"，实际上构成文艺批评的新形式，就连大牌导演都不得不予以重视；[①] 网络环保主义者有力地塑造了公众的环境意识，环保抗议运动风起云涌，石油化工企业和其他污染企业在抗议声浪中四处搬迁；越来越多的网络公开课增加了人们的学习时间，动摇了学校在教育领域的垄断地位，照本宣科的教学方式逐渐退出课堂；婚恋和交友网站扩大了人们的择偶范围，年轻人的交往进一步冲破家庭的束缚和地域的限制，恩格斯所说的以爱情为基础的婚姻正在实现……

　　一言以蔽之，随着网络公共领域的崛起，诸社会功能系统的基本游戏规则都在动摇。占据系统中心的专业化、组织化力量制定了这些既有的游戏规则，其对基本权利和人权的潜在侵犯，以及经由与法律系统的耦合而被再度强化的负外部性，尽管早已在个人的生活历史中

---

　　① 季卫东：《网络化社会的戏仿与公平竞争——关于著作权制度设计的比较分析》，《中国法学》2006年第3期，第23页。

留下了痛苦记忆，但长期作为无可逆转的命运被无奈接受。更严峻的问题是，系统运作的惯性削弱了系统反思既有规则的能力，除非在极度膨胀后彻底崩溃，系统内部的合理化进程以及系统际的相互协调进程不会开启。后现代主义的解构叙事对此有所揭示，比如福柯描述的"全景敞视主义"的"规训社会"，[①] 就曾唤醒人们对于"无所不在的枷锁"的感悟，但其提供的唯一反抗方法似乎只是自我放逐；大量人群仍然只能被动接受"旁若无人"、自主运转的社会系统的"排除"（exclusion）——或者沦为形式平等的牺牲品，或者沦为福利救济的对象；包括经济在内的各种社会子系统周期性地陷入崩溃，不仅一再造成无可估量的资源浪费，而且总是伴随着对"弱势群体"的洗劫和残酷的"马太效应"。

就此而言，网络公共领域的苗生带来了现代社会"凤凰涅槃"的希望。公众得以通过各种形式的信息共享、意见表达、协同行动、群体建构，依靠"弱联结基础上的社会网络"、"无组织的组织力量"，绕过易受社会事实性摆布的各种中介结构，直接参与游戏规则的重制，进而提升诸社会系统的自我反思能力。对于陷入"加速发展螺旋"的各种社会系统来说，网络公共领域为其崩溃风险提供了预警机制，一轮又一轮触底反弹的恶性循环可能走向终结；[②] 对于那些因历史原因遭遇"排除"的个体来说，网络公共领域为其"涵括不足"提供了修正机会，使之可能得到"再涵括"（re-inclusion），[③] 亦即重新成为"自创生"的诸功能系统的沟通发送对象，从而有效参与社会现代化的进程；压抑

---

① 〔法〕米歇尔·福柯：《规训与惩罚》，刘北成、杨远婴译，生活·读书·新知三联书店 2003 年第 2 版，第 219—256 页。

② 参见〔德〕贡塔·托伊布纳：《宪法时刻的来临——"触底反弹"的逻辑》，宾凯译，《交大法学》2013 年第 1 期，第 28—29 页。

③ 现代法律系统对个人的"涵括"与"排除"，参见〔德〕尼可拉斯·鲁曼.：《社会中的法》，李君韬译，五南图书出版股份有限公司 2009 年版，第 635 页。

多时的利益需求和价值诉求一旦释放，社会各领域的利益格局都面临重新洗牌，更加公平的再分配将从普遍意义（而不仅仅是经济意义）和实质意义（而不仅仅是形式意义）上展开。从法律层面讲，所有这一切，意味着在更大范围内落实以自由、平等为核心的基本权利和人权。

第二节　基于技术设置的异化风险

也是由于聚焦政治性的公共领域，哈贝马斯强调公共领域的风险根源于其交往结构易于受到"权力化"的破坏。他认为，严格意义上的公众舆论应当满足两个条件：一是"合理形成"，即舆论形成基于对可认知事态的自觉把握；二是"在商谈中形成"，即舆论形成经由具有批判意识的公众的矫正。他由此断言，在从"自由主义法治国家"向"社会福利国家"转变的过程中，政治权力和准政治性的社会权力"异化"了承载公众舆论的公共领域。尽管大众传媒的商业化和广告业的兴起，本身并没有模糊私人领域与公共领域的界限，阻碍公共领域的功能发挥；但借助大众传媒和广告的操作模式，大型企业和现代政党都发展出一套公关技术，将私人利益包装成具有普遍性的公共利益加以"宣传"，进而左右政策和法律的制定。尤其是，现代政党以争夺选票为目的的大规模政治推销和政治动员，与"娱乐文化"所塑造的并不真正关心政治的"政治消费者"，以及习惯于提出要求而非参与政治商谈的"社会福利接受者"三方面共同作用，造就了在竞选期间定期出现的、受操纵的公共领域。这样一来，"随时准备欢呼的情绪"和舆论"氛围"就取代了公众舆论本身。①

————————

① 参见〔德〕哈贝马斯：《公共领域的结构转型》，曹卫东等译，学林出版社1999年版，第251页。

与哈贝马斯的理解不同，对于当代中国的网络公共领域来说，外部权力干预并非影响其功能发挥的主要因素。从政治权力角度看，由于技术上无法垄断网络话语权，尤其是无法排斥"草根"阶层通过社交网站、博客、微博的政治参与，政党的宣传攻势随时面临解构威胁，甚至因被理解为打压言论自由而遭到公众敌视；官方的网络媒体越是介入政治议题的争论，越是暴露出意识形态权威地位的丧失，扮演中立角色以维持"左右互搏""左右均势"似乎更为明智；被讥讽为"五毛党"的"网络评论员"队伍仅仅起到负面作用，以至于任何稍显直白的支持政府的声音，都可能引发公众的敏感和警惕。从准政治性的社会权力角度看，由于自媒体和电子商务带来了资讯和商品的进一步多元化，个性化消费、消费信息共享和消费者批评日趋成熟，大型企业和大众传媒的社会权力逐渐瓦解；网络危机公关行业的兴起，从反面显示了舆论失控的严重程度，以至于大型企业和大众传媒从主动操纵舆论转向被动应对舆论；面对竞争激烈化造成的利润率下降，以及电子商务挤压线下市场的现实，大型企业甚至逐渐放弃与昂贵的大众传媒结盟，转而发展自己的广告部门，或者求助于分众传媒、网络营销甚至"网络推手"——后者价格更为低廉，且更能理解和适应网络公共领域的意见形成过程。总而言之，在"信息过剩"的网络公共领域，政党、大众传媒、大型企业都遭遇了"宣传滑铁卢"，不论政治权力还是社会权力，都难以将其私利包装成公益。

经验观察也表明，较之传统的政治公共领域，网络公共领域在认知、对话、行动三个层面均出现了不同的异化现象。尤其进入 Web 2.0 时代以后，网络公众一是同时免于信息的封锁和受到不良信息的腐蚀，不仅使阴暗心理发生病毒式传播，而且由于群体无意识的作用，更加易于丧失自控力和辨别力;① 二是同时面对信息爆炸和遭遇信息的选择性供给，不仅难以展开理性商谈，而且由于既有偏见的不断强化，情绪宣泄现象日益严重;三是同时成为信息提供者和沦为无偿的信息工人，不仅在网络企业的鼓励下免费生产信息，而且由于"点击率"法则的导控，时常相互侵害名誉和隐私。可以说，无论是政党，还是大型企业和大众传媒，都并不愿意面对这样的网络公众，也不可能有意识地"制造"这样的网络公众。他们无法促进诸社会领域的合理化，却致力于摧毁现有秩序;无法抵御诸社会系统的负外部性，却试图解构所有组织形态和专业知识;无法就现实的解决方案达成共识，却成功地形成了无条件对抗一切权威的群体意识。要言之，异化的网络公共领域尽管无法实现自我反思功能，却完全可能危及政治支配和社会整合。这就再一次表明，尽管政治权力和社会权力仍然可能长期致力于舆论控制，但网络公共领域的异化问题并非根源于此。

唯有互联网企业在乱局中获利。正当学者们针对互联网服务提供商区别对待内容提供商的问题(亦即"接入平等"问题)，争论"网络中立"原则之时，② 由于众多内容提供商摇身一变"平台提供商"，后者自身的实质性"平台中立"问题也已提上议程。在 Web 2.0 环境下，那些提供信息交互平台的互联网企业日益主导网络空间的基本架构，它们基于自身利益最大化的考虑进行技术设置，造成了网络公共领域独特的结构风险:借助"互粉""取消关注""拉黑""关闭评论"

---

① 参见〔法〕古斯塔夫·勒庞:《乌合之众——大众心理研究》，冯克利译，中央编译出版社 2005 年版，第 15 页。

② 参见 Tim Wu, "Network Neutrality, Broadband Discrimination", *Journal of Telecommunications and High Technology Law*, 2003(2)，pp. 141–176。另参见付玉辉:《美国"网络中立"论争的实质及其影响》，《国际新闻界》2009 年第 7 期，第 91—94 页;罗昕:《美国"网络中立"争论:在接入控制与开放之间》，《新闻与传播研究》2010 年第 3 期，第 92—98 页。

等设置，微博在不断吸引更多用户的同时，各种意见圈子的规模和封闭性也在增长，就事论事的温和观点陷于"沉默螺旋"，言论自由由于"群体极化"失去协商意涵；① 电商过度利用大数据详尽记录和分析消费者偏好，通过共享这些数据推销符合偏好的商品，潜在地剥夺了消费者的选择权，削弱了消费者的商品批判能力；网络论坛为了提高点击率，放任隐私甚至诽谤信息的传播，默许"人肉搜索"和其他类型的群体宣泄，或者直接与"网络推手"和公关公司联合，靠侵犯公众知情权的虚假宣传和"删帖"服务牟利；② 搜索引擎采用单纯的"竞价排名"模式，使网页优化技术（SEO）变得毫无意义，欺诈信息、钓鱼网站获得更高排名，公众遭受严重误导，寻医问药者甚至被危及生命；电子文库和视频网站借口"信息分享""平台开放"和"技术中立"，变相鼓励用户上传侵犯知识产权的论文、书籍、电视剧、电影，并利用"避风港规则"规避法律责任；③ 网络游戏中赌博、暴力泛滥，未成年人沉迷现象严重，电子竞技运动走向衰落；"网络民科"抢占贴吧和博客阵地，以毫无科学精神的方式宣扬伪科学，鼓吹"科学大跃进"。在很大程度上，这些异化现象应当归咎于自诩只是"平台提供者"的网络企业。这些平台的设计便利了符合设计者（网络企业）利益的信息传播，却严重地异化了网络公共领域的反思功能，使之沦为娱乐文化的信息剧院、山寨文化的信息作坊、消费主义的信息市场、民粹主义的信息广场、反智主义的信息狂欢节，预示着线下空间的游戏规则重获支配地位。

---

① 参见〔美〕凯斯·桑斯坦：《网络共和国》，黄维明译，上海人民出版社 2003 年版，第 36—61 页。

② 参见胡凌：《商业网络推手现象的法律规制》，《法商研究》2011 年第 5 期，第 3—5 页。

③ 参见崔国斌：《网络服务商共同侵权制度之重塑》，《法学研究》2013 年第 4 期，第 142—144 页。

　　更明确地说，诸多非理性网络行为的基本模式是由互联网技术设置决定的，无关网络公众自身的素质和意愿。只要网络游戏开发游戏币、鼓励装备交易，玩家就难免沉溺其中；只要粉丝数量等同于信息传播范围，微博博主就必须尽可能迎合大多数人的偏见，或者对平庸观点保持沉默；只要被下载次数与积分挂钩，进而与下载的权利挂钩，用户就可能不断上传盗版或者色情作品；只要购物网站根据大数据分析推荐同类商品，消费者就难以改变根深蒂固的消费偏好，建立低碳生活理念。尤其以当前最受关注的各种在线社交网络为例，如果并不采取将合理理由、论理质量纳入评价指标的技术措施，使较高质量的意见和建议能够经由推荐得到更多倾听，用户就不可能呈现所谓"公民品格"和"理性精神"；反过来说，如果互联网企业不改变技术设置，所有直接约束网络行为的方法都难以起到应有的作用："文明上网"的频繁宣传只会招致反感；实名制无法促成声誉监督机制的运转，其潜在威胁无非迫使一部分人退出，另一部分人依然我行我素；网络社区的自治规范约束不了影响力巨大的特殊用户，这些用户可能不符合公共道德的要求，但在两种意义上恰是互联网企业的利益所在——一方面，他们贡献了点击率，提升了网络活跃度，带动了广告收入的增长；另一方面，成功赢得关注的事实本身就表明，他们的行为充分利用了互联网企业的技术设置，符合网络公共领域的"真实规则"（real rules）。

第三节　"行为主义"规制模式的错位

　　正是因为局限于规制网络用户的"行为"，在向网络公共领域延伸的过程中，传统的内容管理体制和手段早已陷入了困境。在传统公共领域和 Web 1.0 网络公共领域中，只有少量媒体机构享有信息传播的特权，且此种特权以及附着其上的稳定的经济利益根源于"政治信任"；因此，以业务许可制度、年度审查制度为核心，以专项审查为补充的内容管理成效显著，甚至完全可以做到收放自如。为了适应改革要求、促进行业发展，主管部门可能在一段时间内放松监管，使媒体机构受益于市场化进程；一旦失控风险出现或者重要政治时点到来，主管部门又能迅速"收网"，保证"大局稳定"。但在 Web 2.0 网络公共领域中，技术发展造就了"人人都有麦克风"的全新局面，数以亿计的新媒体根本无法纳入许可管理，年度审查和专项审查也应付不了海量的信息传播，以及随时随地形成的无可预料的舆论。换言之，仅仅是公共传播主体及其行为数量暴涨这一最为基本的变化，就决定了传统的行政管理手段难以在网络空间延续高效内容控制。

　　为了弥补常规行政手段内容监管能力的不足，近年来，宣传、公安、司法部门的非常规行动逐步延伸至网络公共领域，并在 2013 年汇集成一场全国性的互联网整治运动。[1] 遗憾的是，"行为主义"的规制模式并无改变迹象：官方媒体日复一日的"文明上网"教育，仍然聚焦网络公众传播谣言和发表煽动性言论等威胁社会稳定的行为；各地公安机关的"清网"行动，以及为此项行动提供合法性支持的"两高网络诽谤"解释，[2] 仍然没有将决定网络行为基本模式的互联网技术设置作为规制重心。因此，从媒体宣传到公安执法再到刑法司法解释，尽管明显可以看到网络行为控制手段的升级趋势，

---

　　[1]　参见郭栋：《运动式治理、权力内卷化与弥散性惩罚——当前微博规制检视》，《国际新闻界》2013 年第 12 期，第 123—131 页。
　　[2]　参见《最高人民法院、最高人民检察院关于办理利用信息网络实施诽谤等刑事案件适用法律若干问题的解释》（法释［2013］21 号）。

效果却并不尽如人意。

网络舆论尤其对"两高"的"网络诽谤"司法解释充满疑虑。批评意见集中在三个方面：第一，由于刑法介入的门槛设置过低，涉嫌诽谤和寻衅滋事的网络行为可能数量极大，相关打击行动无法避免选择性执法问题，甚至可能沦为公权力报复网络监督的工具；第二，将"同一诽谤信息实际被点击、浏览次数达到五千次以上，或者被转发次数达到五百次以上"认定为刑法诽谤罪条款中规定的"情节严重"，将网络实际上认定为"公共场所"，进而将辱骂、恐吓他人或者散布虚假信息的网络行为纳入寻衅滋事罪的范畴，是不合理的扩大解释和违反刑法"罪刑法定"原则的类推解释；第三，"两高"的司法解释权本身不合法，根据《立法法》第 42 条的规定，当法律需要进一步明确具体含义，或者法律在制定后出现新情况，需要明确适用法律依据的时候，应当由全国人民代表大会常务委员会进行解释。

三条批评意见都存在似是而非之处，但也都富有启发意义，值得认真分析。首先可以看到，自媒体时代公共传播行为在数量方面的急剧增长，再次对网络规制提出了挑战。从理论上讲，作为"规则之治"，法治首先强调法律本身的"匿名的权威"，反对任何人、任何组织的操纵；在统治秩序受到威胁时，将刑法与刑罚作为专政工具，通过选择性的适用制造震慑效果，有悖于法治国家的基本理念。对于普通公众来说，较之主管部门对于网络公共领域的日常行政规制，司法规制尤其是刑法规制必须更为严格地满足法律面前人人平等的要求。行政机关区别对待各类网站尚可理解，比如官方网站担负意识形态宣传的政治职责且大量属于非经营性网站，私人的非经营性网站和经营性网站亦存在是否以赢利为目的的差异，采取不同形式的监管手段有其合理之处;① 司法机关区别对待网络传播者却不可原谅，尤其是利用刑法处罚某些网民的诽谤行为，同时又放纵更多网民以及网络官媒的类似行为，必然在动机层面引起怀疑。为此最高法院新闻发言人专门指出，"广大网民……即使检举、揭发的部分内容失实，只要不是故意捏造事实诽谤他人的，或者不属明知是捏造的损害他人名誉的事实而在信息网络上散布的，就不应以诽谤罪追究刑事责任",② 似乎意在回应公众关于网络诽谤犯罪的司法解释可能成为地方官员打击报复网络反腐之工具的担心。但鉴于"两高"解释设置了极低的犯罪门槛，并且着眼于海量的网络传播行为，选择性司法的现象是无可避免的，动机"纯正"的自我声明也因此于事无补。

其次，从合理性和合法性角度对司法解释的质疑揭示了一个新的问题，即在线行为和线下行为不仅存在数量上的差异，而且存在性质和后果上的差异。一方面，公众之所以直觉地认为"诽谤信息转发五百次入罪"是不合理的扩大解释，根本原因是互联网的技术设置导致了线上/线下社会空间的分化；而在高度分化的两个社会空间中，"相同"行为的固有性质可能截然不同。③ 线下空间人际联系固定，当捏造的事实被五百名熟人口耳相传，确实可能形成长期的社区舆论；线上空间人际联系松散，舆论热点切换又极度频繁，转发五百次的信息往往不值一提。日常生活中的诽谤者无法控制不实信息的进一步传播，容易给他人名誉造成不可挽回的影响；网络用户如微博用户却可

---

① 比如，根据国务院《互联网信息服务管理办法》第3条，国家对经营性互联网信息服务实行许可制度，对非经营性互联网信息服务实行备案制度。

② 《两高：非故意捏造事实诽谤他人，不构成诽谤罪》，https://www.chinanews.com.cn/fz/2013/09-09/5264124.shtml，2022年4月26日最后访问。

③ 学者早已指出，"赛博空间"以账户和密码为边界，其规则体系与以领土为边界的现实空间的法律体系截然不同。参见 David R. Johnson, David Post, "Law and Borders—the Rise of Law in Cyberspace", *Stanford Law Review*, 1996(5), pp. 1378–1381。

以在转发量超过五百次后主动删帖，从根本意义上消除严重的危害后果；① 更不用说，只要自主"删帖"或者设置"转发上限"的功能获得技术支持，意图诽谤的网络用户完全可以规避刑罚，使打击网络诽谤变成一场"猫鼠游戏"。此外，热烈争论"五百次转发"的公众没有意识到，"实际被点击、浏览次数达到五千次以上"其实是更为严格也更为模糊的网络诽谤认定标准：在线下空间中，理论上可以查证人们是否"实际"获知一则诽谤传闻，在线上空间中，计算机统计根本无法区分"实际/不实际"的"点击"；两种空间的"浏览"行为也存在本质上的不同，比如为了铺餐桌而摊开报纸肯定不算浏览，但随手打开根本没有阅读的网页已经是"浏览"。

另一方面，公众批评者也以刑法禁止"类推解释"为由，反对司法解释将网络认定为需要"秩序"保护的"公共场所"，并因此适用关于寻衅滋事罪的规定。他们强调，《刑法》第 291 条关于扰乱公共场所秩序罪的规定列举了"车站、码头、民用航空站、商场、公园、影剧院、展览会、运动场"等公共场所，因此在规定寻衅滋事罪的《刑法》第 293 条第 4 项中，"公共场所"的外延应当与之保持一致。这种批评其实是站不住脚的：《刑法》第 291 条毕竟采用不完全列举的方法，留下了"或者其他公共场所"这一待解释空间；随着社会的发展和技术的进步，公共场所存在形式的多元化不仅实属正常，而且意味着公共生活的日益丰富；更不用说，网络公共领域确实也与那些被列举的公共场所一样，面向公众的社会生活需要，具有开放性、人

---

① 社会联系越是紧密的网络空间，如电子邮件、QQ 群、微信群等，越是与线下空间近似；社会联系越是松散的网络空间，如微博、社交网站、维基百科等 Web 2.0 网络空间，越是与线下空间分化明显。因此，在具体的司法操作中，可能有必要区分强联系/中等联系/弱联系的网络空间，以便论证特定法律规范的可适用性。

员的多数性和不特定性等诸多共同特征。

　　又一次地，批评者没能合理论证他们的正确直觉。"两高"将网络空间等同于线下的公共场所之所以属于类推解释，并不在于法律没有明确列举，而在于两种空间的高度系统分化，以及由此造成的行为后果差异。举例来说，如果有人在车站、码头、机场、剧院"起哄闹事"，作为乘客、顾客是无法立即离开现场的，公共场所秩序的混乱往往使他们无可选择地成为被动受害者；相反，如果有人在网络社区"起哄闹事"，作为网友可以马上关闭网页甚至关闭计算机，网络"围观"则是其主动的选择。至于网络空间的"秩序"，典型如"黑客"的非法侵入，确实足以造成混乱，但"起哄闹事"者根本没有这种能力——较之钢筋水泥架构的物理空间，信息技术架构的网络空间容量之大，很大程度上消解了物理空间中由于人际之间无法保持足够距离导致的秩序问题。换言之，刑法上"公共场所"所具有的"开放性"特征，实际上是"受限于物理空间容量的可进入性"，而诸多网络空间的"开放性"，则是"无限的可进入性"，故既不存在社会秩序问题，也不应归属于"公共场所"。

　　有学者已经认识到，"对网络的管理甚至进行一定程度上的刑罚应对也是应当的，但绝不是通过一个对传统刑法随意延展的解释所能解决的"；① 但也有学者不承认线上/线下空间的高度分化，认为 Web 2.0 网络正在"从虚拟性向现实性过渡"，"网络行为不再是单纯的虚拟行为，它被赋予了越来越多的社会意义"，并以赌博网站与物理性的赌博场所被统一视为刑法中的"赌场"为例，论证网络空间也是

---

　　①　孙万怀、卢恒飞：《刑法应当理性应对网络谣言》，《法学》2013 年第 11 期，第16 页。

"公共场所"。① 这种论证认识到线上/线下空间的现实性以及线上/线下行为的社会性，却混淆了"网络社会"的"现实性"与"现实社会"的"现实性"，以及"网络行为"的社会意义与线下行为的社会意义。此处的关键问题是，类似行为在不同空间语境下是否仍然保持相同意义？毫无疑问，具体情况必须具体分析：不论开设赌博网站还是物理性的赌博场所都是"开设赌场"，这是因为该行为的特定性质和后果不因线上/线下的空间转换而呈现重要差异。这并不意味着所有网络空间都可以与物理空间一一对应。恰恰相反，网络空间与物理空间的高度分化普遍存在，只不过在定性问题上，"开设赌场"这类犯罪行为缺乏"空间关联性"罢了。另有学者转而强调，网络寻衅滋事犯罪所扰乱的不是网络社会的秩序，而是现实世界的社会秩序。② 这种观点在一定程度上限缩解释了网络寻衅滋事犯罪的认定条件，似乎试图扩大网络言论自由的边界，但仍然必须面对一项关乎"立法者原意"的质疑：刑法惩罚"在公共场所起哄闹事，造成公共场所秩序严重混乱"的寻衅滋事行为，有何证据表明此处的两个"公共场所"可以不同？

　　最后，网络公共领域的兴起还改变了公众的行为预期，造成"两高"解释可能陷入"违宪"境地。尽管在法学界内部，司法解释权与立法权、法律解释权的界限早已引发争论，但普通公众广泛质疑司法解释权的情况还是第一次出现。网络舆论反复强调《立法法》将法律解释权授予全国人大常务委员会，却忽略了鉴于我国的立法水平尚有待进一步提高，没有司法解释或者仅仅依靠立法解释只会造成司法工作的混乱；忽略了《立法法》尽管在效力等级上属于宪法性规范范畴，

① 参见于志刚：《网络、网络犯罪的演变与司法解释的关注方向》，《法律适用》2013年第11期，第24页。
② 参见曲新久：《一个较为科学合理的刑法解释》，《法制日报》2013年9月12日。

但专门致力于规范"立法"行为，其所谓"法律解释"仅仅指"立法解释"；忽略了我国宪法并无"三权分立"的制度设计，不仅惯例上允许针对具体法律适用问题的司法解释，最高人民法院《关于司法解释工作的规定》甚至赋予抽象的司法解释以"法律效力"；① 也忽略了自 20 世纪 60 年代以降，全球范围内都出现了"司法治理"的潮流，司法成为社会治理的主导机制，法院在法律系统的中心地位不断巩固，"司法至上"原则实际上获得确立。② 更不用说，如果全国人大常委会在网络诽谤、寻衅滋事等问题上做出了与"两高"一致的解释，公众还能质疑什么呢？

　　平心而论，司法解释权本身的非法性只是部分公众的一个借口，用以表达对"两高"限制网络公共领域的不满，其实质是恐惧于宪法基本权利可能遭受的侵害，因此选择了富于进攻色彩的自我保护策略。"文革"结束后的二十多年中，我国的言论控制主要不再依靠向个体施加刑罚，私人领域的言论一般不会遭到"检举揭发"，试图进入公共领域的言论则由行政监管下的媒体加以过滤。但在那个时代，绝大多数的普通人局限于私人领域，本不可能获得稀缺的公共媒体资源，出版著作、撰写报纸专栏或者发表电视讲话，是故只有少数知识分子和政治异议人士感受到言论自由的限制。然而，随着 Web 2.0 互联网技术的发展，即便草根阶层也获得了面向全国乃至全世界说话的实质性权利，公众对于言论自由的理解很快发生了改变。"普通人的言论不入刑"这项前互联网时代的行为预期，由此扩展到高度开放的网络公共领域；所有试图控制普通公众网络行为的法律，都难免从根

---

　　① 参见金振豹：《论最高人民法院的抽象司法解释权》，《比较法研究》2010 年第 2 期，第 56 页。

　　② 参见〔美〕肯尼迪：《法律与法律思想的三次全球化：1850—2000》，高鸿钧译，《清华法治论衡》2009 年总第 12 辑，第 114 页。

本上面临合宪性质疑。

第四节　"公—私"合作的新型网络规制

再一次强调，全新的中国公共领域，归根结底是 Web 2.0 技术进步的产物。在 Web 2.0 环境下，网络公共领域向传统的政治公共领域之外延伸，其功能不再局限于凝聚商谈共识和支撑政治合法性，而是扩大为通过推动各种社会子系统的内部分化，全面提升政治、经济、法律、科学、教育、传媒、艺术的自我反思能力。作为具有业余、自发特征的系统"边缘"部分，各种类型的网络公共领域都富有创造性和批判潜力，有助于改善"组织化、专业化"的诸系统"中心"制定的游戏规则。这就同时促进了已然高度分化的各社会系统的"合理化"，以及被现代化进程"排除"的弱势群体的"再涵括"。各种社会离心力量得到有效遏制的前景，对于普通公众来说，意味着人权和基本权利的进一步落实；对于政治系统和法律系统来说，意味着社会复杂化带来的整合压力可能全面缓解。

由此可见，网络规制的首要目标，不应是维护网络公共领域的秩序"稳定"，而应是保障其自我反思功能。为了实现这一首要目标，必须化解网络公共领域的异化风险。与传统的政治公共领域不同，网络公共领域的异化主要不是源于政治权力和社会权力的外部侵蚀，而是源于互联网企业主导的内部技术设置和架构设计。美国学者莱斯格早已指出："互联网的'性质'并非由上帝的旨意来决定，而仅仅是由它的架构设计来决定，并且，那些架构设计可以是五花八门的。"①

---

① 〔美〕劳伦斯·莱斯格：《代码2.0：网络空间中的法律》，李旭、沈伟伟译，清华大学出版社2009年版，第43页。

正是诸多技术设置搭建了不合理的网络"架构"，才模糊了各种社会系统已然展开的"中心/边缘"分化，形塑了网络公众带有非理性色彩的行为模式。长此以往，系统"边缘"的批判潜力和整个网络公共领域的反思功能可能再度受到抑制，职业化、组织化的"中心"以及符合其利益的游戏规则可能重新获得支配地位，对抗诸社会系统扩张倾向的理性化进程可能被迫中断，普通公众基本权利的扩大化进程可能走向停滞。

当前的"行为主义"网络规制模式着眼于普通公众的网络行为，而非形塑其行为的互联网技术设置和架构设计，因此难以应对网络公共领域的异化风险。在 2013 年的全国性互联网整治运动中，"两高"司法解释由于忽视互联网技术发展带来的线上/线下社会空间分化，以及网络行为在数量、性质、后果、预期方面的特殊性，受到网络公众诉诸直觉的广泛质疑，并在实践中陷入困境。[①] 这一例证再次表明：调整线下社会空间的法律规范不能不加甄别地直接"移植"到线上的网络公共领域；[②] 未来网络公共领域的规制重心应当从行为向架构转移，从普通网络公众向互联网企业转移，从单纯的外部规制向"自我规制的规制"转移。

比如，由微博运营商自主设置"官方辟谣微博"和"不实信息曝光专区"，就比强行推出"微博实名制"更能有效抑制虚假信息传播，

---

① 2013 年 9 月 27 日，最高法院有关人士通过媒体表示，已注意到"出现对执法过程中存在个别偏失现象的质疑"，并透露"最高法已经对地方法院进行指导，将进一步统一执法标准，规范执法行为"。《最高法将统一执法标准》，《京华时报》2013 年 9 月 27 日。

② 有学者甚至认为，"全球信息化技术的迅速发展……将使 18 世纪工业革命以来围绕能量与物质构建的法律秩序向围绕信息构建的法律秩序全面转型"。余盛峰：《全球信息化秩序下的法律革命》，《环球法律评论》2013 年第 5 期，第 106 页。

同时又不必付出侵犯公民隐私权的成本;[1] 又如要求观点对立的政治性网站和网络社区相互链接,以增加异质信息的传播和不同意见的理性讨论,不仅无损公众的言论自由,而且比惩罚发表激进观点的网民个人更能防止群体极化;再如数字权利管理技术(DRM)可以在很大程度上控制数字环境下的内容使用,通过法律合理规制数字化作品经销商的技术实施,远比"严打"盗版用户或者简单地提供司法救济更有助于保护版权人的合法权益。[2] 一言以蔽之,未来的网络法应当避免直接侵犯公众在 Web 2.0 技术条件下获得落实的宪法基本权利,应当更加重视向互联网企业强加监管责任,积极探索政府与企业"公私合作"的新型网络规制模式。[3]

中国互联网经济日益被少数企业主导的现实,也迫使当前网络规制模式的转型。经过多年的残酷竞争,一些互联网巨头在全国乃至全球范围内脱颖而出,并逐渐通过"对内容、服务、应用、操作系统、硬件终端甚至是管道的垂直整合","排他地向用户提供一站式服务"。[4] 与此同时,由于我国在互联网领域实行严格的市场准入管制,大量中小互联网企业被排除在许可之外,后进入的企业不仅处于不利的资本市场竞争地位,以及受制于高科技行业特有的知识产权"差序格局",而且因为难以获得"牌照"而面临巨大的政策和法律风险。[5] 在市场准入管制短时间内难以松动的情况下,主导网络架构的企业数

---

① 参见韩宁:《微博实名制之合法性探究——以言论自由为视角》,《法学》2012 年第 4 期,第 8—9 页。

② 关于数字权利管理技术的滥用,参见 Lawrence Lessig, "Re-crafting a Public Domain", *Yale Human Rights & Development Law Journal*, 2006(3), p. 62。

③ 参见[德]贡塔·托依布纳:《魔阵·剥削·异化——托依布纳法律社会学文集》,泮伟江、高鸿钧译,清华大学出版社 2012 年版,第 154 页。

④ 胡凌:《大数据革命的商业与法律起源》,《文化纵横》2013 年第 3 期,第 69 页。

⑤ 参见马骏等:《中国的互联网治理》,中国发展出版社 2011 年版,第 21—24 页。

量可能越来越少，其规模和影响力可能越来越大。这种发展趋势一方面便利了开展"公私合作"的网络规制，另一方面也要求国家强化对大型网络企业的法律规制。

毋庸讳言，Web 2.0 网络公共领域有力地冲击了既有社会规则，甚至全面地解构和重构着既有社会秩序，难免遭遇大量利益集团和保守势力的围追堵截。在这种局面下，"公私合作"可能沦为"公私合谋"，以至于反而加剧网络公共领域的功能异化。因此，不论具体的规则为何，"公私合作"首先要求更高程度的公开透明，其基本规则应当通过立法形式确定下来，接受公众舆论基于宪法基本原则的检验。其次，鉴于"电子执行"的极端彻底性，网络企业的私人管理行为可能更为严重地侵害网络公众合法权益，应当严格限定在法律的明确授权范围内进行，防止公权力借助网络企业的技术手段对网络公共领域实施不当干预。再次，权利救济方面，互联网企业不得利用点击生效的电子协议等手段排除用户的申诉权利，对于用户与互联网企业之间基于私人管理关系产生的纠纷，互联网行业组织应当积极探索各种解决机制，法院更应保障相关的诉讼权利。最后，互联网企业的技术设置还应当有助于经由网民互动自主形成的自律规范的运行，亦即在架构搭建的过程中充分考虑自治元素，以强化"软法"治理、减少"硬法"的不当干预。① 以"维基百科"为例，其秩序维持一方面依靠"保留网页历史版本""版本对比""更新描述""沙箱测试""IP 禁止""页面锁定"等技术手段；另一方面也依靠经由用户互动自发产生的一系列编辑规则，以及监督执行这些规范的具有准官僚制特点的志愿管理者体系，二者相得益彰。以这种"自组织模式"，维基百科

---

① 参见周庆山、王青山：《维基百科信息自组织模式探析》，《情报资料工作》2007年第 2 期，第 29—32 页。

保障了多人协作、共享的有序知识生产，并且贡献了大量高质量的知识产品。正如 Web 2.0 带来了"软件发布周期的终结"，在 Web 2.0 网络公共领域中，各种社会规则的演化速度也在不断加快，而作为"软法"的各种自律规范无疑更具回应性、效能性。①

　　网络公共领域的崛起开启了一个新的时代，如何加以适当的规制，考验着包括中国在内的世界各国的战略眼光和法治决心。从我国的信息化发展战略看，可以认为，中国互联网规制模式转型的长期目标和未来方向是走向多元网络"治理"，即"坚持法律、经济、技术手段与必要的行政手段相结合，构建政府、企业、行业协会和公民相互配合、相互协作、权利与义务对等的治理机制，营造积极健康的互联网发展环境"。② 但鉴于目前中国的互联网行业组织仍然受主管单位管理或"业务指导"，"自主性、志愿性、非政府性并不明显"③，网络公众自治意愿和自治能力的提升又在技术上取决于网络企业的平台设计，此项转型的短期目标只能是走向政府与互联网企业"公私合作"的新型网络规制。尽管如此，"公私合作"模式毕竟是实现多元"治理"模式的关键一步，并且分享了后者的一项基本预设：任何试图通过控制网络公共领域，维护既有规则、恢复既有秩序的企图，都与时代的发展方向背道而驰；相反，至少在诸大国之中，谁能够有效保障和充分发挥网络公共领域的自我反思功能，防止其因功能异化而丧失冲击、解构和重构能力，谁就可能更快实现社会结构的全面转型升级，进而在 21 世纪的国家竞争中立于不败之地。

---

① 软法的主要功能，参见罗豪才等：《软法与公共治理》，北京大学出版社 2006 年版，第 55 页以下。
② 参见 2006 年 5 月 8 日中共中央办公厅、国务院办公厅印发的《2006—2020 年国家信息化发展战略》。
③ 唐康廉主编：《互联网及其治理》，北京邮电大学出版社 2008 年版，第 15 页。

第五章

信息社会技术反噬效应及其法治挑战

信息技术曾被寄望于支撑一个接近"理想言语情境"[①] 的新型社会，其中所有参与者都因身处去中心化的交往结构而丧失事实性的强制力量，都因不必屈从于外部压力而享有实际的表达自由。他们从生活世界提炼重要的问题，交换准确的事实、有用的知识、合理的理由，经由平等商谈达成规范性共识。制约传统市民社会和公共领域理性化的各种因素，不论是政治权力还是经济权力，都可能被信息技术一劳永逸地克服。[②] 然而，既有研究已经证实了国家和市场对信息社会及其网络公共领域的强大影响，揭示出上述图景的乌托邦色彩。[③]

近年来的网络舆情事件进一步暴露出新的问题：与政治权力和经济权力的外部侵蚀不同，信息社会及其网络公共领域正在遭遇信息技术的内部反噬。理想的网络公共领域迟迟没有出现，不能仅仅归咎于政治干预和经济操控，而是也必须归因于信息技术本身。

这似乎不过是滥用科学技术导致现代社会风险的又一例证，但信

---

① 〔德〕哈贝马斯：《在事实与规范之间——关于法律和民主法治国的商谈理论》，童世骏译，生活·读书·新知三联书店 2011 年版，第 398 页。

② 富有影响力的类似观点，参见〔美〕约翰·P. 巴洛：《网络独立宣言》，李旭、李小武译，高鸿钧校，《清华法治论衡》2004 年总第 4 辑，第 509—511 页。

③ 参见陆宇峰：《策略型网络法律舆论：方式、影响及超越》，《法商研究》2016 年第 5 期，第 39 页。

息技术的独特之处，在于它与社会结构密切关联。信息技术对于信息社会具有奠基作用，滥用信息技术可能直接造成信息社会的结构异化，产生"技术反噬"效应。申言之，所有科学技术都可能潜在推动社会结构的变迁，但只有信息技术塑造了全新的"信息社会"及其网络公共领域。① 信息社会不是区别于"现实社会"的"虚拟社会"，而是相对于"线下社会"的"线上社会"，其中实实在在地发生着社会沟通；信息社会不是通讯手段更先进、信息传播更迅速、人际交往更便捷的社会，而是借助信息技术人为建构的另一个社会；作为信息技术的构造物，② 信息社会及其网络公共领域拥有独特的社会结构和社会文化，以及与线下社会迥异的思维方式、行为模式和沟通形式。因此，信息技术一旦遭到滥用，就不可避免地导致信息社会本身的结构异化，进而导致远较非信息社会严重的社会风险，这给现代法治带来了前所未有的挑战。

　　本文从晚近四起网络舆情事件出发，初步讨论这些法治挑战。在"魏则西事件"和"水滴事件"中，公众已经看到了滥用信息优化和信息监控技术对公民权利的损害；在"罗尔诈捐事件"和"辱母杀人事件"中，公众则还没有深刻洞察信息传播和信息交互技术的反噬威胁。如果说网络法治研究的关注焦点一度在于，政治、经济权力主导信息技术的发展方向，以服务于自身的支配需要和商业利益；那么现在必须警惕的是，信息技术本身破坏了信息社会及其网络公共领域，法律必须转而对其施加适当治理，防止公民的合法权益受到侵犯。

---

　　① 参见陆宇峰：《中国网络公共领域：功能、异化与规制》，《现代法学》2014 年第 4 期，第 4 页。
　　② "代码的规制"，参见〔美〕劳伦斯·莱斯格著：《代码 2.0：网络空间中的法律》，李旭、沈伟伟译，清华大学出版社 2009 年版，第 93—172 页。

第一节 信息技术的"逆向淘汰"效应

"魏则西事件"反映出,原本可能优化商品服务信息供给、提升消费者理性选择能力的信息搜索技术被滥用,劣质医疗资源吸引了有限的注意力,优质医疗资源湮没无闻。这是一种可以被称为"逆向淘汰"的信息技术反噬效应,意味着在信息社会的特定领域,包括专家体系、行业标准、公共舆论、人际联系在内,各种具有信息甄别和优选效果的社会结构全部失灵,消费者的知情权、选择权受到侵犯,公民的生命权、健康权、财产权受到威胁。

2016 年 3 月 30 日,在知乎网"你认为人性最大的恶是什么"的问答之下,罹患重病的大学生魏则西记录了自己的求医经历。他通过百度搜索"滑膜肉瘤",第 1 条就显示为实际由"莆田系医院"承包的"武警二院"相关科室,这让他产生了错误信赖,导致他在耗尽钱财的同时贻误了病情。4 月 12 日,年仅 21 岁的魏则西病逝,百度推广的竞价排名机制,亦即付费越多越能被优先搜索到指定链接的一种算法,因此被推到了风口浪尖。

各方的讨论均聚焦竞价排名是否属于商业广告的问题。这个问题关乎百度公司的民事责任:"如果将竞价排名定性为商业广告,则搜索引擎服务商相应的成为广告发布者,对参与竞价的关键词负有类似主动审查的注意义务。如果违反该义务,那么搜索引擎服务商就可能因其疏忽大意而承担间接侵权的赔偿责任。反之,若不适用广告法,就意味着将竞价排名服务定性为非商业广告,适用《信息网络传播权保护条例》和《侵权责任法》。按照相关规定,搜索引擎服务商仅承担消极的断开和删除义务，得以进入'避风港'。"①

　　"魏则西事件"之前，尽管百度推广曾在司法裁判中被定性为广告，②但由于我国广告法并未明确界定"互联网广告"，工商部门也并未要求搜索引擎服务商申领广告发布者资质，百度公司从不认可这一定性。在 2015 年的年报中，百度公司表示自己的 P4P 服务不受中国广告法的约束。在此前的"大众搬场诉百度侵犯商标权"案中，百度公司也认为，竞价排名是其搜索引擎服务下为客户提供的一种服务模式，并不直接提供任何信息。③换言之，尽管与"自然搜索"依据关键词的匹配度、出现位置、网页浏览量等条件决定链接呈现顺序不同，竞价排名系按照出价高低为不同链接排序，但归根结底仅仅指向链接，并未"广告"链接内容。这是一种立足于"技术中立"说的解释：搜索技术不考虑被链接网页的实质内容，不论采用哪种算法，本身都不构成促销商品或者服务。正如一本纸质电话簿，只要不特别区分字体，或以图片、文字形式宣传特定商品和服务，不论企业电话号码系按照首字母、注册资本、地理位置还是出价高低进行排序，就都不过是旨在便利用户查找罢了。

　　"魏则西事件"之后，网络公众从常理出发，对竞价排名的技术中立说提出质疑。首先，百度公司凭借竞价排名业务获得了巨额收入，这样的巨额收入竟然源于向企业提供信息被优先检索的服务，而

---

　　① 张建文、廖磊：《竞价排名服务商审查义务研究》，《甘肃政法学院学报》2016 年第 5 期，第 85 页。
　　② "田军伟诉百度案"，参见北京第一中级法院民事判决书（2013）一中民终字第 9265 号。
　　③ 案件详情，参见上海市第二中级人民法院民事判决书（2007）沪二中民五（知）初字第 147 号。相关讨论，参见袁秀挺、胡宓：《搜索引擎侵权及不正当竞争的认定和责任承担——网络环境商标间接侵权"第一案"评析》，《法学》2009 年第 4 期，第 154—160 页；李明伟：《论搜索引擎竞价排名的广告属性及其法律规范》，《新闻与传播研究》2009 年第 6 期，第 95—100 页。

不是广告服务，不合常理；其次，在莆田系医院眼里，它们付给百度推广的就是广告费，而且是天价广告费，这样做竟然不是为了寻求广告效果，也不合常理；最后，莆田系医院以公立、三甲、武警等名头进行虚假宣传，把国外已经淘汰的治疗方法包装成先进疗法，收取高额费用并造成严重后果，固然是直接侵权人，但从它们的非法行为中获得巨大利益的百度推广竟然由于不是广告，而逃脱法律的处罚，更不合常理。

然而从法理角度看，搜索引擎竞价排名为何应当被定性为商业广告，这个问题仍然没有得到正面的回答。依靠竞价排名赚钱，并不能说明竞价排名就是广告，毕竟不是只有广告可以赚钱；莆田系医院为了广告效果而竞价，顶多只是一种商业定性，不是法律定性；百度从违法者那里获得了利益，更不等于百度就是违法者。应当认为，网络公众已经意识到竞价排名技术的反噬效果，它既有利于迅速找到适宜的商品或服务信息，也可能释放出严重的负外部性，侵犯消费者的选择权和人身、财产权益，必须加以规制。网络公众没有深入考虑的则是，为什么会出现这种反噬效果，以至于必须将之纳入广告法的规制？

原因在于信息社会的特殊结构。如前所述，纸质电话簿采用竞价排名可能并不构成广告行为。但这是因为，纸质电话簿容量有限，企业即使由于出价低而被排在末尾，也不影响用户查找。互联网信息却是海量的，没有参与竞价排名的企业很难通过关键词被搜索到，参与竞价的企业则获得了明显高得多的交易机会，真正"出现"在市场上。这也是因为，用户从纸质电话簿中找到一家企业之后，还需要另外花费精力联系该企业，从其广告内容中具体了解产品或服务情况；查询企业基本信息与获取企业广告内容，在时间甚至空间上都是分离的。但用户从互联网上搜索到一个优先显示的企业网址，只需要动动手指点击进入，就立刻接收到详细的企业广告，二者紧密联系在一起，对此加以区分没有实际意义。

更重要的是，在搜索引擎市场化程度更高的国家，竞价排名已被视为广告；① 与此同时，亿万中国用户完全依赖百度了解商品和服务信息，缺少可替代的选择。在此互联网国情下，对百度搜索结果排名靠前的企业产生信任无可避免，应当被界定为"合理信赖"。这一互联网国情也决定了，在中国，竞价排名技术具有更强的反噬效应，只有纳入广告法而非"避风港规则"加以公法规制，才能有效防止其异化网络公共领域的社会结构，扭曲信息社会的信息筛选机制，产生信息的"逆向淘汰"效应。中国的相关立法已承认这一基本法理：2016年6月，国家互联网信息办公室发布《互联网信息搜索服务管理规定》，要求醒目区分自然搜索结果与付费搜索信息；② 2016 年 7 月，国家工商总局公布《互联网广告管理暂行办法》，首次明确推销商品或服务的付费搜索广告属于互联网广告；2018 年 8 月，《中华人民共和国电子商务法》出台，规定"对于竞价排名的商品或者服务，应当显著标明'广告'"。

第二节　信息技术的"全景敞视"效应

"水滴事件"反映出，原本用于安全保护的信息监控技术被滥用，

---

① 2002 年和 2013 年，美国联邦贸易委员会两次发布公开信进行行政指导，以"确保自然搜索与搜索引擎的网络广告区分开来，更好地保障消费者权益"。周辉：《美国网络广告的法律治理》，《环球法律评论》2017 年第 5 期，第 150 页。

② 相关评论，参见支振锋：《法治保障搜索服务不偏航》，《光明日报》2016 年 6 月 28 日。

个人言行的公开程度脱离自我意愿的控制，全部暴露在网络公众的观察之下。这是一种可以被称为"全景敞视"①的信息技术反噬效应，意味着信息社会中私人领域/公共领域的分化遭到瓦解，私人自主与公共自主的辩证关系不复存在，公民的言论自由、人格权、隐私权受到威胁。

2017 年 12 月 12 日，网文《一位 92 年女生致周鸿祎：别再盯着我们看了》席卷微信朋友圈。作者陈菲菲发现，360 网络公司建立了一个"水滴"直播平台，实时直播通过智能摄像机拍摄的公共场所监控影像；大量消费者的就餐、上网、健身影像未经告知就被上传平台，受到围观和评论。这种行为被认为严重侵犯公民隐私，激起了网络舆论的汹涌浪潮。第二天，360 网络公司紧急召开媒体座谈会，董事长周鸿祎做了五点回应：水滴摄像头不经复杂设置无法开通直播，公司也不能远程启动直播，直播的摄像头应系商家故意打开；公司早已要求启动直播的商家必须"贴上标签"作为提示，保证消费者知情同意；确实存在商家不贴标签的情况，公司对此"无法控制"，但消费者如认为商家直播侵犯了隐私权、肖像权，可以向平台举报，平台只要收到举报，就会下线相关影像；公司并未向大量商家赠送摄像头以获取直播内容；水滴直播尚未商业化，未来可以关停或者改进。

这样的回应聪明地排除了 360 网络公司在现行法上的责任，否认了与商家合谋的侵权情况，以及不履行"通知—删除"规则的侵权情况，仅仅承认难以杜绝因他人过错导致的隐私泄露，并表示未来将继续改进。但周鸿祎随后又发表评论，②指责对水滴的质疑系利益冲突

———————

①　〔法〕米歇尔·福柯著：《规训与惩罚》，刘北成、杨远婴译，生活·读书·新知三联书店 2003 年第 2 版，第 219—255 页。

②　参见《周鸿祎回"92 年女生"：以 90 后创业者的身份干黑公关》，https://www.sohu.com/a/210238868_479806，最近访问时间 2022 年 4 月 29 日。

的摄像头厂商所为，直斥陈菲菲"黑公关"，这就错估了公众心理，再度引起了网络舆论的反弹。当晚，陈菲菲公开声明"黑公关"之说是阴谋论式的污蔑；指出水滴直播"得罪了消费者，得罪了普罗大众"，"监控是监控，直播是直播，监控直播是不应该存在的东西"。①网络公众普遍声援陈菲菲，并进一步讨论了座谈会回避的问题：水滴提供的告示贴纸仅仅写有"正在直播，感谢关注""我的精彩生活，分享给你看"等字样，足够引起消费者重视吗？消费者如果知情，真的会同意自己就餐、上网、健身被直播吗？水滴要求商家张贴标签告知消费者直播情况，否则就强制停播，究竟有没有这样做？水滴平台最受关注的内容，恰恰就是那些涉及个人隐私、满足某种窥视心理的内容，这是巧合还是商业模式？

　　这些疑问的背后，反映了互联网时代人们对全方位信息监控的极度恐慌，尽管监控者并非公权力，而是其他网络公众。二者都代表了一种公共力量，在此并无根本差别。在一些情况下，网络公众的监控甚至比公权力的监控更让人恐惧，因为网络公众不仅关注违法犯罪行为，还关注一切引起他们兴趣的信息，包括合法的个人言行。不希望受到关注的言行受到了关注，本身就可能侵犯言论自由、人格和隐私，更不用说，挥舞着道德大棒的口诛笔伐还可能随之而来，使那些并未违法犯罪的普通人身败名裂，或者严重困扰其正常生活。

　　在网络舆论的"围剿"之下，12月20日，360网络公司宣布主动、永久关闭水滴直播平台。与此同时，水滴直播产品经理发表了真正中肯的两点"反思"。一是没有考虑消费者的感受，也就是日益蔓延的信息监控恐慌。这种恐慌根源于一种被窥视的不适感，与360网

---

① 参见陈菲菲：《92年女生再致周鸿祎：我告诉你幕后黑手是谁》，http://tech.ifeng.com/a/20171213/44803362_0.shtml，2022年4月29日最近访问。

络公司是否违反现行法无关。对水滴直播没有侵权的辩解毫无意义，因为仅仅是被"盯着"，就令人极度不适。二是指出关闭水滴直播平台的原因，在于"各种手段加人力审核，仍然是无法完全避免公共场所直播出现"，这涉及作为信息监控恐慌之根源的技术反噬效应。开发智能摄像机的初衷是安防监控，在安防监控之外加上直播功能，则是为了满足客户的要求，帮助他们推销自己的产品、服务，或者帮助家长了解孩子的学习状态。但这些技术产生了副作用，构成了对公民言论、隐私和信息安全的威胁。一篇评论指出："当一款产品的功能开发无法有效管控其社会风险，企业就应该及时做出取舍。"① 网络公众的实际想法，正是要求互联网企业承担避免技术反噬效应的社会责任，而不是狭义的侵权责任。

的确，水滴平台发布商户上传的直播内容，只要满足一定条件，就很容易规避现行法律在公共场所设置的相关禁止性规定。但网络公众的恐慌绝非无理取闹，因为信息监控技术的全景敞视效应改变了社会结构，即改变了"公共场所"的性质。大量摄像头以及与之相连的直播平台的出现，取消了公共场所原本存在的"公共领域"与"私人领域"之分。公共场所以往只是在可以随意进出的意义上具有"公共性"，其中既有聚光灯下的舞台般的公共领域，也有可以"破帽遮颜过闹市"的私人领域，并非全无隐私之地。信息监控技术的泛滥，使越来越多的公共场所成为可以不加区分的窥视空间，而且是不在场者和非监管者都可以窥视的空间，其中的行动者甚至根本没有任何被观察的预期。法律不能变相要求公民在所有公共场所承担预见是否被观

---

① 朱昌俊：《水滴直播永久关闭，"有所为有所不为"容不得侥幸》，http：// www. thepaper. cn/baidu. jsp？contid＝1913998，2022 年 4 月 29 日最后访问。

察的注意义务，这在信息社会属于富勒所谓"不可能之事"；① 法律也不能变相要求私人领域毫无预期的公民承受被观察的不利后果，否则就不再能够执行卢曼所谓"稳定规范性预期"的功能。② 就此而言，信息监控恐慌实际上提出了全新的法治议题，即在公共场所这一社会结构发生性质改变的背景下，重新划定信息监控的法律界限，进而按照兼顾安全防范与广义的个人信息保护的原则，向相关企业课以相应的社会责任。

　　一些研究者已经给出了初步建议：鉴于《民法总则》仅仅规定公民个人信息受到法律保护，未来的人格权立法应当改变这一现状，明确个人信息的权利属性，并据此制定详细合理的个人信息保护原则和规则；③ 鉴于互联网时代隐私侵权行为方式和结果多样化，行为与结果之间因果关系的松散化，以及被侵权人与侵权人（往往是大型互联网内容或平台服务提供商）诉讼能力的不平等，应当通过加强利用实质标准判定隐私利益、扩张隐私损害结果范围、适用过错推定原则，以增加被侵权人胜诉可能性等方式重构侵权规则，扩大隐私侵权救济；④ 鉴于在当前的司法实践中，存在狭隘解释"侵犯公民个人信息罪"中"公民个人信息"概念的问题，以至于刑事司法实际上形成了一种"隐私权保护模式"，未来应当转向以个人信息权为基础的保护

---

① 〔美〕富勒：《法律的道德性》，郑戈译，商务印书馆2003年版，第72页。
② 参见泮伟江：《双重偶联性问题与法律系统的生成——卢曼法社会学的问题结构及其启示》，《中外法学》2014年第2期，第556—558页。
③ 参见张璁：《保护个人信息 法律还要更强——访北京大学教授王成》，《人民日报》2018年1月10日；与学界通说不同，有学者认为《民法总则》已经确立个人信息权，参见郝思洋：《个人信息权确立的双重价值——兼评〈民法总则〉第111条》，《河北法学》2017年第10期，第128页。
④ 参见徐明：《大数据时代的隐私危机及其侵权法应对》，《中国法学》2017年第1期，第145—149页。

模式。① 这些建议都取向于一个基本思路，即从法律上扩张和强化个人信息保护，迫使互联网企业抑制信息技术的负外部性，从而间接向互联网企业施加保护个人信息的社会责任，再度关闭信息技术的"全景敞视"效应打开的法律规避空间。

第三节　信息技术的"加剧排除"效应

"罗尔诈捐事件"反映出，原本可能帮助弱势群体获得公众关注和社会救助的网络传媒技术被滥用，熟悉网络新文化者得到广泛的同情，真正值得同情的遭遇却无法被充分论题化。这是一种可以被称为"加剧排除"的信息技术反噬效应，意味着信息社会出现了"新社会鸿沟"，是否理解网络传媒技术和融入网络新文化成为"被涵括/被排除"的新标准，信息富裕者与信息贫困者的阶层分化持续扩大，公民的社会经济权利受到威胁。②

2016 年，深圳作家罗尔在微信公众号上发表了有关女儿罗一笑罹患白血病的多篇文章，并接受"赞赏捐助"。期间罗尔一度声称善款已足，拟将全部赏金捐出，但不久又重开"赞赏"。11 月 25 日，罗尔写下《罗一笑，你给我站住》，文中提到"重症室的费用，每天上万块"，"我们花不起这个钱"。11 月 28 日，经与罗尔协商一致，深圳小铜人公司公众号转发此文，并说明罗一笑的医疗费每天 1 万至 3 万元，父亲心急如焚，"但他没有选择公益捐款，而是选择'卖文'，

---

① 参见于志刚：《"公民个人信息"的权利属性与刑法保护思路》，《浙江社会科学》2017 年第 10 期，第 10—12 页。

② 关于"涵括/排除"成为社会主导区分的可怖后果，参见〔德〕尼可拉斯·鲁曼：《社会中的法》，李君韬译，五南图书出版股份有限公司 2009 年版，第 635—638 页。

大家每转发一次，小铜人公司向罗尔定向捐赠 1 元"。此后，该文影响力迅速扩大，网友通过打赏、转账等方式，捐助了超过 200 万元。

11 月 30 日开始，质疑的声音突然出现：罗尔被指"诈捐"，因为罗一笑的善款早已凑齐，且自费部分仅 4 万余元，以其经济条件完全能够承担；小铜人公司则被批"带血营销"，通过附条件捐赠，利用网友对罗一笑病情的善意关注扩大公司知名度。更专业的讨论围绕《慈善法》展开：首先，罗尔声称自己的行为是"卖文"，但其文章之所以被大量"打赏"，并非由于给读者带来了精神满足，而是由于网友对作者处境表示同情，因此必须界定为"个人求助"；[1] 其次，《慈善法》将"个人求助"行为排除出"慈善"范畴，不适用相关监管程序，使该领域高度依赖缺乏制度保障的人际信任，在互联网环境下更是导致了严重的信息不对称问题，亟待加以完善；[2] 最后，《慈善法》虽然允许"个人求助"，但禁止具有"利他"性质的"个人募捐"，即便是慈善组织的公开募捐也必须取得相应资格，是故罗尔声称将全部赏金捐给贫困白血病儿童的行为，以及小铜人公司的募捐行为，均涉嫌违法。[3]

所有这些讨论，都在一定程度上涉及信息技术的反噬效应。如果没有用户高达数亿，且通常与移动通信设备捆绑、操作极其便捷的微信，如果微信没有开通电子支付渠道和"打赏"功能设置，或者没有开发"公众号"产品以至于造就了"粉丝经济"，那么"罗尔诈捐"就不可能获得如此巨大的"成功"。但更深刻的技术反噬问题，还在于

---

[1]　参见金锦萍：《傻傻的善良胜过聪明的冷漠 ——"罗一笑事件"引发的六道思考题》，http：//www.infzm.com/content/121192，2022 年 4 月 29 日最后访问。

[2]　参见马剑银：《"罗一笑事件"：警惕"好故事"欺骗满满善意》，http：//www.infzm.com/content/121141，2022 年 4 月 29 日最后访问。

[3]　参见曾于里：《罗尔，谢谢你留给我们未解的议题》，http：//www.infzm.com/content/121144，2022 年 4 月 29 日最后访问。

网络传媒技术发展带来的"新数字鸿沟"。这个问题，至今只有一篇网文有所触及，该文提到中国还有众多真正需要帮助的贫困重病患者只能无助等死，其原因就在于"家人不懂得炒作，不会上网写虚假煽情文章"。① 剔除情绪化的表述，此文实际上意识到，中国的网络公共领域在善于/不善于利用网络媒体技术的人群之间，已经形成了一种"新数字鸿沟"，其影响十分深远。

1996 年，美国前任副总统阿尔·戈尔于创造了"数字鸿沟"一词，主要用于描述信息富有者与信息贫困者之间在"信息硬件和软件的拥有，以及网络的接入、使用、培训等方面的差距"。② 但"罗尔诈捐事件"真正揭示的，并不是设备、技术或知识层面的传统"数字鸿沟"。罗尔能够获得网友的大量捐助，不仅仅因为他拥有计算机或手机并安装了一款微信软件，也不仅仅因为他作为一名作家写得一手感人肺腑的文章；那些难以得到民间捐助的重病患者并非无法使用能够上网的工具，也并非不能把反映自己或亲友困难的文字上传网络。二者之间真正的数字鸿沟，在于对网络传媒技术造就的新网络文化的不同理解程度。

熟悉新网络文化的罗尔掌握了微信用户容易接受的短小、煽情文风；洞悉了微信朋友圈独特的社会结构，这种社会结构既建立在"好友"关系之上，又通过"好友的好友"迅速扩展，既能够在熟人之间产生"道德绑架"效果，又能够在陌生人之间实现信息的"病毒式传播"；消除了向他人求助的心理障碍和违法顾虑，将自己的行为视为靠本事"卖文"；深谙于打造"十万+"文案的"套路"——与"大

①　二岩：《罗尔事件结束了，但影响足已杀死任何一个人》，http：//club. kdnet. net/dispbbs. asp？id＝11996435&boardid＝1，2018 年 10 月 20 日最后访问。

②　参见曹荣湘：《数字鸿沟引论：信息不平等与数字机遇》，《马克思主义研究》2001 年第 6 期，第 20 页。

号"合作，或者依靠专业机构的商业性营销。可以说，尽管同样拥有互联网软硬件设备，但罗尔是网络传媒技术塑造的信息社会的深度"涵括者"，大量真正遭遇困境的人，则在一定程度上被这个社会系统"排除"了。"新数字鸿沟"之"新"，就在于它形成了一种文化意义上的"涵括/排除"效应。信息技术的发展带来了新网络文化，不理解这种新文化的人，即便能熟练操作信息软硬件，也根本没有生活在信息社会。其结果是，原本旨在促进沟通交流的信息技术，反而加剧了群体之间的隔阂。

因此，"罗尔诈捐事件"提出的根本法治问题，既不是打击网络诈骗，也不是落实和完善《慈善法》，而是应对信息技术导致的"新数字鸿沟"。由国家法向网络平台施加监管责任，迫使其通过技术手段调整平台架构、开展自我规制，可能是弥合"新数字鸿沟"的适当路径。2015 年新广告法出台以后，特别是 2016 年 9 月《互联网广告管理暂行办法》正式施行以后，腾讯公司在国家工商总局的压力下采取技术措施，对微商进行整顿，即为一例。通过限制微信分享链接的频次、对系统判定的营销号执行"朋友圈降权"、清理具有"加粉""一键转发""微信多开"等功能的"外挂软件"、自动删除"黑五类广告"等方式，腾讯公司迅速改善了微信消费环境，降低了信息社会"涵括"不足者的消费风险。基本的经验是，"新数字鸿沟"作为信息技术反噬效应的后果，不可能依靠教育和宣传得到解决，国家与企业的合作治理至关重要。未来这种公私合作治理的发展方向，可能在于依法强制企业通过在平台发布"辟谣公告"、"风险提示"之中加入事实和法律理由说明等方式，以及自动向所有用户添加起辟谣作用的官方"好友"等手段，全面提升公众适应新网络文化的主观能力。

第四节　信息技术的"异议阻却"效应

"辱母杀人事件"反映出，原本被寄望于凝聚合理共识的信息传播技术被滥用，公众无意识地受到"微信朋友圈"独特的社会结构支配，不同意见和理由丧失了交锋的机会，在"共同表演"的基础上形成"过山车式共识"。这是一种可以被称为"异议阻却"的信息技术反噬效应，意味着信息社会成为"新熟人社会"，严重抑制了多元观点的自由表达，可能带来毫无参考价值且不断"反转"的公共意见，对公民的民主参与权利构成实质性威胁。

2017年3月23日，《南方周末》报道了山东冠县的一起刑事案件：企业家苏银霞向地产公司老板吴学占借"高利贷"135万元，无法按时偿还。2016年4月14日，吴学占指使多人将苏银霞和儿子于欢限制在公司接待室，催债人员杜志浩甚至"掏出下体往苏银霞脸上蹭"。由于警察出警后很快离开，情绪激动的于欢试图冲出室外，但被拦下。混乱中，于欢从桌子上摸出一把刀，当场捅伤四人。杜志浩随后因未及时就医导致失血性休克死亡，另两人重伤，一人轻伤。2016年12月，聊城市中级法院开庭审理该案，认为于欢不能正确处理冲突，持尖刀捅刺多人，构成故意伤害罪；同时否定了于欢的行为属于"正当防卫"，说明于欢当时虽然人身自由受到限制，也遭到侮辱，但对方无人使用工具，在派出所已经出警的情况下，于欢及其母亲的生命健康权被侵犯的危险性较小，"不存在防卫的紧迫性"。①

《南方周末》的报道发布后，网易、凤凰、网易新闻app迅速转

---

① 参见王瑞峰：《刺死辱母者》，http：//www.infzm.com/content/123659，2022年4月29日最后访问。

载，并更改题目为《11 名涉黑人员当儿子面侮辱其母 1 人被刺死》等，引爆网络舆论。《南方周末》微信公众号也推送了该报道，文末获"赞"最多的一条评论是："作为一名正常人，自己的母亲受到这样的侮辱，我会毫不犹豫的刺倒他们，此时生命已不重要。"一时间，微信被"辱母杀人案"刷屏，大量转载评论充斥着"男儿""血性""孝道"的字眼，表态遇到类似情况会做同样的事，指责一审判决缺乏基本的"人性"。另一种观点则关注该案中的"高利贷""黑社会"和"保护伞"问题。两种观点汇聚在一起，形成了一个令人义愤填膺的逻辑链条：放高利贷的黑社会人员在警察的保护下讹诈并百般凌辱企业家，孝子护母心切、奋起反抗，却被法院判处重罪。微信朋友圈因此形成了一种共识：于欢的行为属于"正当防卫"，无罪。

即便是 2009 年"邓玉娇案"的网络舆论，都没有达到这样的统一程度。[1] 官方微信媒体随即表达了支持：澎湃新闻发表社论，指出"在公众一边倒地同情'辱母杀人案'的时候，我们期待足以令人信服的正义理据，或者做出正义的修订"；[2] 人民日报评论部公众号发文，要求二审法院"回应好人心的诉求，审视案件中的伦理情境、正视法治中的伦理命题"；[3] 人民日报海外版公众号发文，断言"这是一个自我的防卫，也是一个为母亲的防卫"[4]。最高人民检察院也迅速派员赴山东阅卷，表示将依法审查认定于欢的行为，依法调查处理

---

[1] "邓玉娇案"舆情，参见马长山著：《公共领域兴起与法治变革》，人民出版社 2016 年版，第 150—154 页。

[2] 澎湃新闻：《辱母案：期待"正义的理据"》，http：//www. thepaper. cn/newsDetail_ forward_ 1647938，2022 年 4 月 29 日最后访问。

[3] 《人民日报评"辱母杀人案"：法律如何回应伦理困局》，http：//opinion. people. com. cn/n1/2017/0326/c1003-29169272. html，2022 年 4 月 29 日最后访问。

[4] 蔡斐：《辱母杀人案：对司法失去信任才是最可怕的》，http：//news. haiwainet. cn/n/2017/0326/c3541086-30817996. html，2022 年 4 月 29 日最后访问。

媒体反映的警察失职渎职行为。还有 20 多位法律专家通过微信公众号发声，众口一词地认定于欢的行为构成正当防卫，最多只是防卫过当，一审判决存在明显失误。

　　然而，要论证于欢的行为成立"正当防卫"或者"防卫过当"，其实都并非易事。首先，于欢挥刀乱刺之时，是否满足"不法侵害正在进行"这一"正当防卫"前提，并不容易判断。毕竟案发前警察已经到达现场，催债人员已经停止了暴力、侮辱行为，"非法拘禁"也很难说正在进行；于欢挥刀乱刺，可能只是由于主观认为"警察不管"而产生了绝望心理。其次，论证于欢并无"防卫过当"更加困难，除非催债人员正在进行"绑架""强奸"，于欢有权"无限防卫"，或者于欢的防卫行为没有超过"必要限度"。但"绑架""强奸"明显需要更多证据，在一审法院并未认定"生殖器蹭脸"等媒体报道情节的情况下，尤其如此；挥刀捅向数人，造成一死两重伤的行为是否在当时已别无选择，同样见仁见智；由于时间上的间隔，就连媒体在"辱母"与"杀人"之间建立起来的直接关联，都十分牵强。最后，在司法实践中，出于安抚被害人家属情绪、防止缠讼和无休止上访的考量，类似情况类似判决甚至是常态。站在一审法官的立场上，该判决更像是一种稳妥的选择，试图平衡当事双方的诉求，将更大的裁量空间留给二审，从而既不挑战关于"正当防卫"成立条件的主流刑法理论，又不挑战类似案件的裁判"先例"。实际上，部分法学家也承认，该案更大的意义在于"法治启蒙"，要求反思"正当防卫的法定要件和司法社会功能"（陈瑞华的观点），治疗"我国刑法和刑诉法适用中的一大痼疾"（童之伟的观点），这很难认为是一审法官的职权所在。

　　因此，如果说外行公众出于朴素的正义感，共同主张本案成立正当防卫，尚且可以理解；那么微信上所有权威媒体和法律专家也完全一边倒，以至于进一步巩固了朋友圈的共识，彻底消灭了不同的声音，则有些不可思议。这不是暗示政治权力或者经济权力操纵微信，通过删帖、关键词屏蔽、禁止评论、禁止转发等技术手段阻止了对立意见的传播。没有任何具备此种能力者存在批判该案判决的强烈动机，"辱母杀人案"的朋友圈共识并非以此种方式形成。这也不是怀疑媒体权力刻意引导舆论，"辱母杀人案"的共识跨越立场迥异的媒体、针锋相对的大V、彼此竞争的大号，它们之间不存在相互"带节奏"的可能。应当认为，不是外在的权力因素，而是内在的结构因素，塑造了微信朋友圈关于本案的共识。

　　与传统的共识形成模式不同，微信朋友圈的共识不是缓慢磨合的结果，不是教化或宣传的结果，也不是商谈或压制的结果。这种共识在一瞬间形成；整个过程既没有说教，也没有实质性的论辩，只有附和性的表态；压制性权力没有机会发生任何作用，反而只能表示认可；除了不表态，也几乎没有人敢于发表不同意见。更独特的一点是，这种共识在形成之时似乎十分牢固，但不久之后又可能突然消失，甚至在一瞬间"反转"为截然对立的舆论。2017年5月，媒体披露苏银霞、于家乐（于欢之父）涉嫌非法吸收公众存款2000余万元之后，[①] 微信朋友圈就差点上演了一幕舆情反转剧。因此这是一种全新的"过山车型共识"，过山车呼啸而上，满载所有人，但又可能在顶点处急转直下，同样满载所有人。

　　"过山车型共识"对应一种前所未有的社会结构，可以称为"新熟人社会"。微信朋友圈主要由亲友、同学、同事、同好构成，其中每个人都需要相对稳定的自我呈现，这一点与传统的熟人社会

---

　　① 人民网北京5月26日电：《苏银霞、于家乐等非法吸收存款案告破》，http://news.cyol.com/content/2017-05/27/content_16122143.html，2022年4月29日最后访问。

并无二致。但较之传统的熟人社会，微信朋友圈的社会场景更均质，只要公开发表言论，不分亲疏远近，任何好友都可以看到，无法"见人说人话，见鬼说鬼话"；社会连接更强，"好友的好友"远超线下生活圈子，令人更容易感受到舆论的洪流；社会传播更快，一条异议意见发出后，无需口耳相传，就被所有微信好友看到，对于被批评者而言无异于当众受到冒犯；社会记忆更持久，从技术上讲，任何言论都可以永久储存、随时调用，无法被淡忘，是故对错误言论的容忍度极低；社会关系更脆弱，线下本非朋友的人可能成为微信好友，冲突又总是发生在众目睽睽之下，彼此之间的关系一旦破裂，就很难再修复。所有这一切都是微信技术设置的结果，它们共同塑造了"新熟人社会"，要求一言一行更加谨慎，更考虑各色好友的感受，这造就了高度一致又变迁迅速的"过山车型共识"。

微信降低了人际交流的成本，联结了更大范围的人群，理论上为全社会的共识达成提供了新的工具，却由于特殊的技术设置带来了"新熟人社会"和"过山车型共识"，这也是一种技术反噬效应。来去匆匆的"过山车型共识"并非理性的共同意见，而是具有"异议阻却"效果的"共同表演"。赞同者走上前台，似乎代表了民意，但反对者其实只是沉默不语、退居幕后，二者之间没有任何有效的沟通。这种情况也不同于舆论形成过程往往涉及的"沉默的螺旋"，后者的典型情形是对立意见势均力敌的状态被打破——占据下风的一方走向沉默——"最后一刻的跟风者"出现——占据上风的一方突然取得压倒性的胜利。① "过山车型共识"的形成过程，完全没有经历意见尖锐对立的阶段，无关"沉默的螺旋"。由此传递的公众意见还随时

---

① 〔德〕伊丽莎白·诺尔-诺依曼著：《沉默的螺旋：舆论——我们的社会皮肤》，董璐译，北京大学出版社2013年版，第6页。

"翻烧饼"，对于立法司法而言都并无真正的参考价值，诉诸此种意见的司法裁判可能被置于进退两难的尴尬境地。从法律上解决这个问题，可以有各种方案，但当前最重要的，是从保障实质性言论自由的目标出发，进一步审视微信技术设置与其塑造的新熟人社会之间的结构关联，向经营者施加技术调整的责任。比如在不违背"后台实名，前台自愿"原则的前提下，要求微信经营者更改技术设置，允许个人在不暴露任何信息的同时就特定事件发表评论，以增加微信朋友圈的匿名性。这将大大提高异议者的言论发表意愿，防止"过山车型共识"的裹挟。

第五节　通过反身法化解信息社会的 法治困境

　　四起网络舆情事件揭示了四种信息技术反噬效应，它们发生在一个共同背景下，即互联网时代的"信息过剩"或者说"信息爆炸"。这是信息技术高度发展的必然结果，本身无可非议。但信息技术还有另外一面：由于与信息社会存在根本意义上的结构性关联，各种信息技术实际上决定了特定信息的岛屿在信息海洋中的选择性呈现。在信息过剩的前提下，被滥用的信息技术有的异化了信息优化的社会结构，选择性呈现出价更高、质量更低的商品或服务资讯，导致"逆向淘汰"效应；有的异化了信息监控的社会结构，选择性呈现不愿为人所知的私人言论或私人行为，导致"全景敞视"效应；有的异化了信息传播的社会结构，选择性呈现大 V、大号、营销号的意见，导致"加剧排除"效应；有的异化了信息交互的社会结构，选择性呈现"朋友圈"容易共同接受的观点，导致"异议阻却"效应。

这也意味着，被滥用的信息技术并非"反噬"所有社会部门和社会群体。一方面，少数社会主体从异化的信息社会结构中获益，互联网企业得到了商业利润，公权力机构提升了支配能力，新媒体精英的话语权力日益扩大。法律尤其应当瞄准互联网企业，它们既是信息技术的开发者、使用者、控制者，又是信息技术反噬效应的根源；它们即便并非直接借助此种反噬效应赚钱，也没有任何限制此种反噬效应的天然动力。另一方面，在信息社会发生结构异化的情况下，较之企业、政府和特定人群，普通公民的权利，特别是言论自由、人格尊严、获得物质帮助等基本权利受到了严重侵害。而且，这样的严重权利侵害由于从未在线下社会的类似情境中出现，因此往往溢出现行法，给互联网企业留下了法律规避的空间。借助对现代法治原则的深刻理解，填补信息社会的实质性法律漏洞，以抑制互联网企业滥用信息技术的行为，防止其异化信息社会及其网络公共领域的合理结构，是亟待开展的工作。

然而，仅仅强调聚焦互联网企业和依靠法治原则填补法律漏洞，还只是停留在表象层次。更深层的问题在于，面对互联网企业借助信息技术人为建构的全新社会系统，面对因互联网企业滥用信息技术而发生异化的网络公共领域，坚守几百年来在非信息社会中确立的法治原则可能遭遇三方面的特殊困境。[1] 这是信息技术反噬效应带给现代法治的全新挑战，表明"头痛医头、脚痛医脚"的法律漏洞填补远远不够，或者说远远没有正确估计事情的难度；只有积极探索全新的法律模式，才可能成功规训互联网企业，真正实现信息社会的法治化。

一是治理权力的再分散化困境。现代法治在其初生之时，就摧毁

---

① 参见〔德〕贡塔·托依布纳：《魔阵、剥削、异化——托依布纳社会法理学文集》，高鸿钧等译，清华大学出版社 2012 年版，第 154—182 页。

346 系统论法学新思维

了家族、等级、封地、行会、教会、社团等"中间制度"，收回了这些弥散在全社会的中间制度的法律创制和法律适用之权，主张国家法律对全体公民的直接支配。① 但信息社会的法治化，不可能以拆除作为中间制度的互联网企业及其所建平台为前提，否则这个奠基在计算机代码之上的社会就不复存在了。与此同时，在信息社会中，政府也不具备充分的认知资源，而这是其垄断权力、推行法治的基本前提。是故政府必须"尊重互联网内在规律……发挥互联网法多元治理的优势"，② 亦即必须倚重互联网企业这一信息技术主导者所拥有的事实性治理权力，包括通过架构设计而掌握的准政治权力、通过规则设定而掌握的准立法权力、通过用户权限调整等方式行使的准行政权力，以及通过处理在线纠纷而不断扩张的准司法权力。现代法治借助各种制度设计限制了政府权力，但在政府让渡权力的背景下，如何保障宪法和法律所确立的法治原则在信息社会中有效运转，防止互联网企业通过滥用信息技术恣意行使权力？

二是政府规制的动机匮乏困境。即便政府仍然可以制约互联网企业，规范其使用信息技术和行使治理权力的行为，它有何动机这样做？政府组织成为现代法治的主要守护者，根源之一即在于政府与其他社会权力没有共同利益，后者甚至一直构成政府开展社会治理的某种威胁。然而，在信息社会中，政府固然试图限制某些互联网企业，防止其挑战现行政治秩序、社会秩序和主流意识形态，但若互联网企业的信息收集、保存、分析、传播、监控技术有助于巩固政治支配，政府则更可能倾向于借此提升自己的社会控制能力；考虑到互联网企

---

① 参见〔德〕贡塔·托依布纳著：《宪法的碎片——全球社会宪治》，陆宇峰译，纪海龙校，中央编译出版社 2016 年版，第 22 页。
② 周汉华：《论互联网法》，《中国法学》2015 年第 3 期，第 37 页。

业的巨大盈利空间，追求"绩效合法性"的政府也很难不屈从于财税增长的诱惑，放任其"非法崛起"。① 在这两个方面，政府与互联网企业的合谋都"有利可图"，这决定了现代法治的维系必须依靠调动社会的力量，向政府施加监管信息技术的责任。进一步的悖论则是，被信息技术塑造的网络社会，如何可能反过来要求政府防范信息技术的风险？

　　三是干预决策的合理性和正当性困境。即便政府有能力也有动机限制互联网企业使用信息技术，这样的实质性干预如何可能既正当又合理？类似的主题，早已在"福利国家的法""法律的实质化"和"回应型法"的脉络下得到大量讨论，② 涉及政府如何可能在保障经济系统有效运转的同时，抑制市场机制的负外部性膨胀，以及相应的立法如何可能与法治原则相协调，并得到公共意见的认同。但信息社会的情况更加复杂，对干预决策加以合理化的难度前所未有，因为政府干预不再只是关乎资源和财富"再分配"，而是同时对信息技术的进步和互联网经济模式的创新构成限制，也就是限制了资源和财富的"再生产"，限制了社会的发展。这就是为什么除了竞价排名之外，从P2P网贷到比特币交易，政府规制一再陷入两难。干预决策的正当化也无法像过去一样高度依赖民主机制。正如"网约车与出租车之争""阿里巴巴与工商总局之争"所显示的，享受互联网企业"免费"、便捷服务的网络公众往往意识不到信息技术的反噬效应，由此引发"公愤"的情形只是例外。③ 一言以蔽之，在信息社会中，旨在降低风险

---

　　① 参见胡凌：《网络法的政治经济起源》，上海财经大学出版社2016年版，第72—75页。

　　② 参见〔美〕诺内特、〔美〕塞尔兹尼克：《转变中的法律与社会》，张志铭译，中国政法大学出版社1994年版，第81—117页。

　　③ 陆宇峰：《"稳健务实型"网络法律舆论的兴起》，载马长山等著：《社会建设与法治发展年度观察报告2014—2015》，法律出版社2016年版，第169—196页。

的干预决策不仅可能带来更大的风险，而且可能得不到广泛认可，这决定了不论是专家还是民众，都难以为政府规制信息技术提供必要的支持。

有鉴于此，依靠"反身法"实施间接政府干预，刺激信息社会建立自我反思机制，有效提升其自治能力，可能是解决信息技术反噬问题的适当选择。[①] 作为继形式法和实质法之后的现代法律新模式，反身法在"通过法律的自我调整推动社会调整"这个意义上具有"反身性"，特别适合需要大量专业技术知识和充分自主发展空间的复杂社会领域。反身法既不像形式法那样秉持放任主义、坚守国家/社会二分，主张政府退出监管，由信息社会自发形成事实上不平等的权利义务或权力责任关系；也不像实质法那样秉持干涉主义、打破公法/私法二分，将法律作为追求特定目标的工具，向信息社会强加专业化水平和精细化程度都远远不足的外部法律控制。反身法致力于法律与社会的共同演化，它将"程序主义"和"共建共治共享"作为基本理念，尊重信息社会在法治框架之下的规范自我生产。它不介入对信息技术的计划和控制，而是旨在通过构建法律过程和法律关系，达成治理制度与信息社会结构的和谐适配，以此增进信息社会的环境敏感性，激活信息社会的自我反思潜力。

这就克服了政府认知资源的困乏难题，为信息社会中规制与自治的功能互补[②]提供了更具可操作性的方案：一方面，如果国家不得不让渡部分治理权力，那么法律的任务就不应当是直接规制信息技术，

---

① 参见〔德〕图依布纳：《现代法中的实质要素和反思要素》，矫波译，强世功校，《北大法律评论》1999 年第 2 辑，第 609—624 页。

② 这一点已经成为网络法治研究者的共识，参见李洪雷：《论互联网的规制体制——在政府规制与自我规制之间》，《环球法律评论》2014 年第 1 期，第 132 页；郑智航：《网络社会法律治理与技术治理的二元共治》，《中国法学》2018 年第 2 期，第 128—130 页。

但必须按照法治原则为互联网企业的治理权力划出明确界限，通过提供组织规范、程序规范和赋权规范，促使它们优化治理结构、实现内部制约，有效防止它们滥用治理权力和逃避社会责任(比如搜索引擎服务商的搜索结果干预权和消费者保护责任、信息监控服务商的安全监控权和隐私保护责任)，协调它们相互之间的权力冲突。另一方面，如果实质性干预决策的合理性和正当性存疑，那么政府的任务就不应当是控制互联网企业和互联网用户的行为，但必须依据宪法法律为互联网企业设定治理目标、规定治理义务、施加治理责任(比如新媒体平台增加匿名性的治理目标和缩小新数字鸿沟的治理责任)，同时保障互联网用户的基本权利，支持各利益相关方在合理的程序框架和平等的组织框架下共同决策，形成公平的、负外部性最小的治理规则。至于政府规制的动机匮乏和公众对技术风险的认知匮乏，则本身就是网络公共领域结构异化和反思功能丧失的结果，随着反身法对信息技术反噬效应的有效抑制，以及信息社会自治能力的提升，完全可能不断得到改善。

中国进入"风险社会"

△

（代结语）

一、风险社会 ≠ 非正常社会

"风险社会"成为中国学者和传媒人的时髦话题，只是近几年的事情，大概始于乌尔里希·贝克同名著作的中译和出版。此后，媒体对各种突发事件的频繁报道，便一再使用这项描述范畴、解释范式，同时刺激和回应着公众日益增长的不安全体验。转眼之间，中国进入风险社会的事实，似已无可争辩。

然而，风险社会，真的就是"安全"或者"安全感"匮乏的社会吗？欧洲历史上，从"大饥荒"蔓延到"麻风病""黑死病"爆发，从"十字军东征"到"三十年战争"，朝不保夕的时代何其多，为何不见类似标签？是什么横亘在古今之间，令西方社会学家感受到巨大的差异，必得创造新的术语以示区分？

尼古拉斯·卢曼谈到了"时间"观念的剧变。对于欧洲人来说，16世纪以前的宇宙，是"自然"或者"上帝"的造物，早已预定好一个终将到来的"未来"；一切不幸和伤害，只是短暂、偶然的败坏。"宗教改革"以后，"未来"的图像开始变得模糊，"创世"似乎没有一次完成，"看不见的手"继续描绘蓝图；但"过去"仍然与"未来"曲折相连，方向是可能的"完美"，过程是"进化"或者"进步"。唯有20世纪最后几十年，"未来"才与"过去"明显断裂，陷于无可认知的多重面向和不确定状态，"风险"意识才逐渐扩展。有"果"仍然必有"因"，但同"因"未必同"果"；"必然性"和"不可能性"均告消失，世界仿佛在时间之流中失去了控制。国人的"风险"观察也有相同的观念背景吗？答案是否定的。

只有极低概率的损害可能性事前已得充分考虑，且穷尽科学、技术、制度的合理方案，仍然无法完全避免，才谈得上风险问题。现代保险业就是建立在此一前提下，否则所有保险公司都已破产；当然，花钱购买保险，本身也意味着"风险"。这种情况，颇有点类似于古希腊作家索福克勒斯的"俄狄浦斯悲剧"，"预言"中的"宿命"总会实现，而且恰是"自我实现"。不同的是，现代人终究对于"风险"与"危险"有所区分，将前者归因到行动者自身的理性决策，将后者归咎于出乎意料的外部因素。尝试新药的病人冒着产生副作用和耐药性的风险，如果竟然服用了正规药店贩卖的"皮革胶囊"，只能理解为遭遇制药企业故意投毒的危险；灭失关键证据的当事人面临"败诉"的风险，屈打成招而致"冤狱"，不得不说是身处司法滥权的危险；食用"转基因"大豆油有风险，吃到"地沟油"则是一种危险。

至于易犯贪污罪的官员，易被潜规则的演员，易受打击报复的记者，易遭泄愤的医生被称为"高风险职业"，更暴露出"风险"话语使用的混乱。在所有严肃的研究著作中，"风险社会"都被视为允诺了"科学""理性"，乃至"民主""法治""宪治"的"现代性的后果"，来自现代社会内在逻辑的展开而非"崩坏"。正如贝克和吉登斯所说，风险社会是"工业社会"之后的现代社会形态，同样以"反思性"为本质特征，只不过进一步反思了工业社会对科学技术的古典理解。一言以蔽之，风险社会并非"不正常的社会"。

二、现代社会的系统分化

　　风险社会源于现代社会的"功能分化"，亦即诸功能系统的相互分离和自主运作。

　　回看那些"分层分化"的传统社会，经济、政治、法律、道德、宗教、科学、艺术、教育的运转，均统一于占据"中心"地位的高等阶层。大土地所有者始终拥有政治优势和法律特权，并且作为受教育的精英垄断知识生产，维护道德规范、科学真理、宗教教义、艺术标准的持续稳定和相互协调。"贵"才"富"，才"有教养"；"善"即"真"，即"美"，即"虔诚"。那是无"风险"的"和谐"社会，"阶层"吸收了生活的诸多偶然性，"出身"早已决定一个人的"命运"。仍然残留的不确定成分，则由"权威"加以应对——权威排除"论证"，无需"理由"即可赢得"信任"。"合理行为招来的不幸"因此变得不可理解，所有不幸都应当追溯到一个"错误"，它在伦理上是"恶"的，在审美上是"丑"的，在神学上是必然遭到"报应"的。究极而言，人类之有"死亡"，就是祖先偷食"禁果"的罪孽所致。

　　现代社会建立在"阶层"的废墟上，将之等同于"资本主义社会"的古典作者，业已观察到此项变迁。14世纪英国的"圈地运动"，绝不只是"羊吃人"的人间悲剧，鉴于被"圈"的土地本属于贵族领主，承认其"管辖权"是农户租地的前提条件，这段历史实际上反映了资本主义并不能简单用"血腥"进行评价的起点——剥离附着在土地上的政治和法律特权，使其可被"货币"衡量并流转。现代经济的核心特征，就在于形成以"货币"为专属媒介的功能子系统，围绕"支付/不支付"的"代码"自我生产，不受政治和法律的直接支配。

"市场"预期，现在成为经济参与者的唯一决策依据，而"市场"无非是无数预期和"对预期的预期"，根本不具静态的稳定性。无所不在的"经济风险"由此发端，并将试图干预经济的政治力量一道裹挟在内，因为"国家"也只能作为经济参与者，借助财政、税收和中央银行行事。将生产、分配、交换、消费统统纳入"计划"的实践，结果则是现代经济系统的毁灭。

专门负责"生产有集体约束力的决定"的政治系统的发展，同样带来诸多风险。滥觞于马基雅维利《君主论》的"国家理性"学说，记载了中世纪晚期以来政治与基督教伦理的决裂，标志着现代政治开始主张其特有的论证基础，并从此面临"道德风险"。削弱地方性的支配权力以巩固统一于君主的"主权"，开放贵族垄断的公共职位以培育"职业化"的官僚组织，也使政治脱离"阶层"的脉络和"共识"的支撑，容易遭受"专制"的指责。现代"宪治"应运而生，试图"正当化"受宪法限制的权力行使，掩盖其"恣意"性质。但正如美国的情况所表明的，被1787年宪法"分权"和"限权"的政府组织，反而能够"合法"进入传统的自治领域，潜藏着更大的风险。是故仅仅四年之后，"权利法案"或曰"第一修正案"也入宪了，"民主"机器开动起来，不过仍然不是为了消除政治风险，而是旨在将风险责任转移给全体"公民"，让政治系统能够经得起更多的风险。

现代法律以"实证性"相标榜，拒斥"神圣"或者"理性"的"自然法"，以及自身以外的一切论证基础。法律的效力也与韦伯所谓"目的理性"无关：无论事实上能否实现预定的政治、经济或者技术目标，只要符合立法程序的要求，未与其他现行有效法相抵触，任何规则都能获得法律属性。议会可以更改所有法律，但"旧法"只是"失效"了，不是"恶法"或者"非法"，"新法"则不能"溯及既往"；

围绕"司法独立"而进行的诸多制度设计，让法官敢于冒"舆论"批评的风险，以法律的标准对抗其他利益和价值诉求；对于罪犯"逍遥法外"的风险，法院更是无动于衷，因为"诉讼程序"和"证据规则"建构的案件事实，从未允诺揭露"真相"——法律的"正义"不是上帝的"正义"。换言之，法律系统封闭运作，无视与其他功能系统的协调困难，放任"风险"的形成。

　　大众传媒引导现代社会的"自我观察"，却也只是按照自身固有的视角呈现"世界"。"新闻"须有真实性，不为政治和经济所"操纵"，属于老生常谈的职业伦理范畴；发掘平庸生活中令人惊讶的事件，或者将罕见情况炒作成热点，制造出观众感兴趣的信息，才是职业技能所在。现代广告的作用，早已不是介绍商品的质量和规格，以适应经济领域的消费需求，而是把新产品包装为新型产品，打上"时尚"和"潮流"的标签，让原本没有需求的人感觉到"需求"。还有"纯属虚构"的各种娱乐节目，虽然占据了现代人的大量闲暇时间，但无意反映人们的日常生活，拒绝被严肃讨论和"对号入座"。谁像韩剧那样去谈恋爱，像好莱坞大片那样去充英雄，谁就是疯了。整个大众传媒在分离于外部环境的情况下运转着，却不得不追逐受环境影响、无可透视的"信息接收意愿"，这项悖论导致了该领域的主要风险，亦即不及预期的收视率、收听率、上座率、发行量、点击率；由于既不承诺忠于生活，又不负责经济发展，既不承担道德"教化"，又不开展"意识形态"宣传，大众传媒还常常被斥为"快餐文化"和"消费主义"的始作俑者。

　　"科学"是现代社会唯一生产"真理"的系统，且"真理"标准由它自己界定。一项命题的科学属性，不仅与道德原则、宗教教义、政治意识形态无关，也与"实践"无涉。爱因斯坦的"相对论"已经说明，真理不仅不会"放之四海皆准"，而且只能在严格预设前提和参数的条件下，得到逻辑的检验或者实验的验证。随着"非平衡物理学"和基于"混沌"概念的"系统动力学"的发展，新兴的"概率科学"甚至将"确定性"从真理的内涵中剔除；以之作为依据的决策是理性的，却早已预示了失败的可能。更不用说，20 世纪最引人注目的风险问题，就在于现代科技给了人类自我毁灭的能力。当代人的"末日"想象，不是"上帝的审判"，而是资源枯竭、臭氧层破裂、核战争和基因变异。尽管如此，现代科学系统仍然心无旁骛地制造真理，并将运用的难题交给经济、政治、法律等"环境"。

话说回来，当下中国正在担忧的诸多问题，之所以不应纳入"风险"范畴，就在于它们并非"功能分化"所致。正如企业家不去没有"关系"的地方投资，不是害怕经济本身的不确定性，而是害怕权力"价格"的不确定性；居民坚决反对"钼铜矿"项目或者其他"邻避"项目，不是怀疑环境评估机构的科学知识，而是怀疑污染企业的意见取代了科学知识；公众持续质疑主流媒体的信息，不是掌握了真实的信息，而是掌握了政府部门曾经封锁媒体信息的信息。只要政治系统还占据着"中心"，全社会就并未发展出高度复杂性，人们就能够将各种损害后果最终归咎于"体制"，似乎本来不会发生任何不好的事情。

三、风险社会的到来

上述关于风险社会发生学的探讨，丝毫没有暗示说，为了根除风险，应该阻止中国社会的功能分化和各功能系统的"分出"。

与当代欧洲的情况不同，我们恰在可能存在系统自治的地方感受到安全，并报以较高程度的信任。"上访户"不是无视法律，而是寄望于远离地方利益格局的"领导"，能在自己的问题上讲法律；教育专家不是否认"高考"扼杀人才，而是看到这项制度毕竟不问考生的家庭背景，仅仅诉诸"成绩好/成绩差"的区分；宁肯蜗居大城市也不愿返乡的青年，不是高估自己在陌生人社会的成功机会，而是低估自己在熟人社会的生存能力。不用提及什么浩浩荡荡的历史潮流，即便为了摆脱当前的信任危机，中国也不得不迈向功能分化及其后果——风险社会，哪怕这本身即是一项"风险决策"。

四十多年来的"改革"，以一个"去中心化"的社会为目标，旨在结束"权力"对"金钱""法律""真理"，乃至"信息""信仰""爱情""美色""名望"的支配，并使它们彼此分离，不可通约。四十多年来的"开放"，以对接"世界社会"各功能系统为目标，旨在让企业家、法学家、科学家、艺术家能够操着系统特有的"语言"跨国对话，并倒逼"改革"成为不可逆的过程。融入世界政治，就必须保障政治参与权；融入世界经济，就必须保障所有权和契约；融入世界科学和艺术，就必须保障知识产权；融入世界宗教，就必须保障信仰自由；融入世界传媒，就必须保障言论自由。如此种种，构成现代宪法的基本原则，支撑着各功能系统的自我生产，并被迫放弃系统之间的"整合"。

这一进程正在展开，真正存在"风险"的诸多问题正在浮现，只是我们还不习惯以这样的视角去看待。银行利率的不断下调，既没有刺激股市指数的上涨，也没有激发民间投资的热情；"归真堂"对"活熊取胆事件"的科学式辩护，持续对抗舆论的道德式攻击，互不让步；"苹果""唯冠"之争最终调解结案，是捍卫商标权转让合同登记生效的规则，还是保护商标价值的实际创造者，法院表现得进退两难；影视明星、网络红人以及娱乐节目主持人"秀下限""博眼球"，可能身败名裂而致被"封杀"，也可能在一片嘘声中提升关注；传统的"垃圾填埋"臭不可闻，先进的"垃圾焚烧"技术不能保证零排放"二噁英"，更不用说任何项目选址方案都得到相同的回应——"离我家太近"。

在这些问题上，"阴谋论"式的各种猜测，除了提供可资谩骂的对象，再无其他作用。自认"无辜"者，开始自嘲"躺着中枪"。不经意间，网络流行语言准确命中了风险问题的核心：比风险本身更可怕的，是风险责任得不到合理分配与落实。毕竟，"蝴蝶振动翅膀足以引发海啸"，损害的后果可以追溯到无数的原因。这也意味着，风险"归因"必然带有人为色彩，无法被科学地论证，只能诉诸社会结构和社会心理的支撑。越是高度复杂的社会，风险归因就越多元化，也就有越多人切实负起责任；反之，风险归因就越单一，甚至出现需要对任何不利后果负责的少数群体，他们将感受不到自己的任何责任。

应对风险的办法也可以是"转移"，使之变得不易察觉或者容易接受。不过，所有风险转移机制，同样以各功能系统的自主运作为前提——复杂社会只能如此加以动态地稳定。正如吉登斯所言，鉴于"时间"脱离了"地域"的束缚，能够对抗现代风险的"信任"态度，已无法在个人之间形成，必须仰赖抽象的"专家系统"和"象征标志"。政治决策的风险，依靠宪法授权和民主参与得到转移；法律决定的风险，依靠"程序正义"和"职业化"得到转移；科学论断的风险，依靠初始条件限定和方法论澄清得到转移。此外，传媒如果只关注"收视率"，就可以拥抱如潮的恶评；婚姻如果只取决于爱情，就可以坦然面对离婚的可能；艺术如果只追求品位，就不必理会外行的茫然；宗教如果只看重虔诚，就不必回答"有没有来世"或者"有没有天堂"。至于单纯由于错估市场而引致的投资亏损，以及就职的公司可能破产倒闭，人们早就习以为常了。不同于失去了单位的下岗职工，真正可以"从头再来"的人生，完全可以坦然面对成败。

四、现代风险的悖论

总而言之，中国正在讨论着一个"伪风险社会"，但随着功能分化的进一步推进，又必将迎来一个"真风险社会"。好在功能分化本身，已经准备了一些应对方案。

仍有会有许多风险问题令人头疼。比如在"生态风险"的主题上，科学和道德已完全丧失和解的希望。科学知道自己可能毁灭世界，却不知道在何时、以何种方式，道德同样如此。但风险内容的极端化，刺激了道德主张的极端化，毕竟事关"毁灭"。因此，"无知"的道德并不保持缄默，它改变善/恶的判断标准，不再基于伦理上的"你错了"，而是基于心理上的"我恐惧"。当"恐惧"成为正当理由的时候，科学的风险就既无从转移，又得不到接受了。

又如"风险感知"差异带来的麻烦。同样的风险会被不同评估，风险接受意愿，随着受益的大小、距离的远近和承受能力的高低而变。任何政治决策都存在风险，也就都不可能形成"共识"，总会有人感觉自己被"牺牲"了，并控诉社会的"不公平"。更严峻的形势在于，现代人虽然已对"财富分配"的不公感觉麻木，对于"风险分配"的不公却几无容忍态度，何况后者叠加在前者之上。穷人不再嫉妒富人享用山珍海味，但决不允许致癌食品摆上自己的餐桌；穷人没有豪车游艇不是问题，富人开始购置空气净化设备则是极严重的问题。

即便多数人就公共决策的总体目标达成一致，仍存在科学哲学家尼古拉斯·雷舍尔所谓"具体化窘境"。提高医疗保障水平是可以的，但任何收入群体都反对增税；给予妇女更多劳动权益保护是正确的，但性别上的"就业歧视"将立刻加剧，新增大量"待业女青年"；为了维护治安而打击"黑车"是应该的，但交通运输的压力，不能靠强迫出租车到特定区域运营加以解决。抽象的目标，由于具体手段遭到否定，而无法获得实现。

还有风险全球化造成的难题。政治是唯一按照"领土"边界形成内部"再分化"的现代功能系统，人类有史以来最恐怖的灾难和最辉煌的成就都根源于此，不可诉诸虚妄的理想主义简单加以评判。但在无视领土边界的其他功能系统和各种全球性风险面前，以国家为单位的政治越来越力不从心，这是无可否认的明显趋势。是发达国家，还是发展中国家，应该对减少碳排放负起更大的责任？如果华尔街并非美国政府的产业，全球金融的损失是否就需由所有人承担？互联网应当由各国分别施加规制，从而逐渐割裂为诸多"局域网"，还是放任其信息和观念冲击？如何应对劳动权利保护导致的劳动力价格成本攀升，以及随之而来的国外资本撤出和就业岗位减少？在石油国家间的战争足以引发全球能源危机和经济危机，进而引发世界大战的时代，各国可以做点什么？新冠疫情肆虐全球，不同国家基于不同的社会体制、文化背景和政治理念，依据对生命权、健康权、财产权、自由权、发展权的不同理解制定了不同的防治政策，它们之间如何相互协调？

这一切，倒不全是后话，无论我们是否准备好了。

图书在版编目 (CIP) 数据

系统论法学新思维 / 陆宇峰著 . — 北京 : 商务印
书馆 , 2022
ISBN 978-7-100-21605-0

Ⅰ . ①系… Ⅱ . ①陆… Ⅲ . ①法的理论—研究 Ⅳ .
① D90

中国版本图书馆 CIP 数据核字（2022）第 152243 号

系统论法学新思维

陆宇峰　著

商 务 印 书 馆 出 版
（北京王府井大街 36 号　邮政编码 100710）
商 务 印 书 馆 发 行
南 京 新 洲 印 刷 有 限 公 司 印 刷
ISBN　978-7-100-21605-0

2022 年 10 月第 1 版　　开本 889×1240　1/32
2022 年 10 月第 1 次印刷　　印张 11¾

定价：68.00 元